职业技术教育名家文库

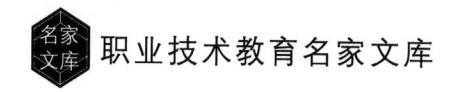

职业教育学习新概念
（第2版）

ZHIYE JIAOYU XUEXI XINGAINIAN

赵志群 著

zjfs.bnup.com | www.bnupg.com

北京师范大学出版集团
BEIJING NORMAL UNIVERSITY PUBLISHING GROUP
北京师范大学出版社

图书在版编目(CIP)数据

职业教育学习新概念 / 赵志群著 . —2 版 . —北京:北京师范大学出版社,2021.1(2024.1重印)

(职业技术教育名家文库)

ISBN 978-7-303-26472-8

Ⅰ.①职… Ⅱ.①赵… Ⅲ.①职业教育—研究 Ⅳ.①G71

中国版本图书馆 CIP 数据核字(2020)第 218463 号

营 销 中 心 电 话	010-58802755　58800035
编 辑 部 电 话	010-58802883
图 书 意 见 反 馈	gaozhifk@bnupg.com　010-58805079

出版发行：北京师范大学出版社　www.bnupg.com
　　　　　北京市西城区新街口外大街 12-3 号
　　　　　邮政编码：100088

印　　　刷：	北京溢漾印刷有限公司
经　　　销：	全国新华书店
开　　　本：	787 mm×1092 mm　1/16
印　　　张：	14.5
字　　　数：	344 千字
版　　　次：	2021 年 1 月第 2 版
印　　　次：	2024 年 1 月第 4 次印刷
定　　　价：	44.80 元

策划编辑：姚贵平	责任编辑：岳　蕾
美术编辑：焦　丽	装帧设计：焦　丽
责任校对：陈　民	责任印制：马　洁

版权所有　侵权必究

反盗版、侵权举报电话：010－58800697
北京读者服务部电话：010－58808104
外埠邮购电话：010－58808083
本书如有印装质量问题，请与印制管理部联系调换。
印制管理部电话：010－58805079

第二版序

本书是科学出版社 2003 年出版的《职业教育与培训学习新概念》的第二版。《职业教育与培训学习新概念》第一版重印了十余次，是我国历史上印数较多的职业教育理论著作之一。根据"中国引文数据库"基于中国知网参考文献的数据统计（检索时间 2016 年 6 月 30 日），该书在我国教育研究领域被引用排名前 100 本国内著作（由国内研究人员创作）中排名第 36 位，在职业教育类排名第二。这说明，了解职业教育的课程和教学规律，提高人才培养质量的活动，得到了职业教育界的广泛重视。

自 2003 年原书出版以来，我国的职业教育取得了巨大的进步，有关职业教育课程和教学研究的文献增加了很多，这使原书的某些内容显得有些过时，但原书的七章内容仍然是我国职业教育教学研究和实践最重要的领域。写作该书第二版的主要目的是根据时代发展补充相关研究和实践的新成果。本书主要补充了关于"工业 4.0"、职业教育集团和职业教育质量保障体系等方面的内容，以及我和我的团队近几年的研究重点，如典型工作任务分析（BAG）、COMET 职业能力测评和授权评价等。利用这一机会，还修改了第一版里的一些错误，主要是文字表达不准确的问题。第二版删掉了每一章后面的相关资料与案例，因为互联网已经提供了极为丰富的资源。在写作过程中，有个别参考资料，特别是在课堂教学中使用的资料无法找到原始文献的确切出处，特别是页码，在此谨向原作者表示深深的歉意。

本书得以付梓，得益于北京师范大学出版社的大力支持。衷心感谢陪伴本书十多年的师长、朋友、同事和学生。本书的疏漏之处，请广大读者不吝赐教。

赵志群

第一版序

序一

　　我国已进入全面建设小康社会、加快推进社会主义现代化的新的发展阶段。党的十六大提出的全面建设小康社会的奋斗目标，为实现中华民族的伟大复兴描绘了宏伟蓝图。走有中国特色的新型工业化、现代化道路，需要数以千万计的专门人才和数以亿计的高素质劳动者。

　　我国是个人口大国，有着巨大的人力资源开发潜力。职业技术教育培训的水平和效益如何，在很大程度上决定着我国劳动者的整体素质。在我国加入世贸组织和经济全球化深入发展的新形势下，加快职业教育改革与发展，加快人力资源的开发，提高劳动者的素质，不仅势在必行，而且非常紧迫。

　　深化教育教学改革，是贯彻落实国务院"关于大力推进职业教育改革与发展的决定"，是提高职业教育质量和效益的根本性措施。我们应当通过职业教育教学改革，全面推进素质教育，切实加强对受教育者的职业道德教育，加强文化基础教育、职业能力教育和身心健康教育，注重培养创新精神、创业能力和实践能力，促进职业教育与培训面向社会、面向市场和面向群众办学，促进职业教育培训与生产劳动和社会实践相结合，促进理论学习与工作过程相结合，加强职业教育的针对性和有效性，不断提高质量和效益，努力办出职业教育特色。

　　职业教育的教学改革离不开广大职业教育工作者的努力。作为职业教育的专职科研人员，赵志群同志在教育部职业技术教育中心研究所工作的十多年里，参加了大量国内和国际职业教育科研活动，在技术、劳动组织与教育培训的关系，职业技术教学过程和职业教育师资培养等领域有着深入的研究和独到的见解，在国内外发表了大量学术论文并出版了著作。这部专著的出版，凝聚了作者辛勤工作的成果。本书引入了行动导向学习和工作过程系统化课程等国际职业教育理论与实践的新理念，结合他在诸多典型实验中获得的经验，较为系统全面地阐述了作者在职业教育培养目标、课程开发、教学方法、学校发展、教师以及教学质量控制等方面的思想和经验。由于作者有良好的外语基础和在国际著名研究机构的留学经历，书中引入的大量国外最新科研成果和实践经验，对于从事职业教育和培训工作的同志来说都是大有裨益的。

人力资源开发和职业教育是一项极有前景的伟大事业，需要更多的同志为之而贡献出自己的辛劳、汗水和智慧。希望作者继续努力，在职业教育培训的理论研究和实践方面取得更大的进步。

黄尧[*]

2003 年 3 月 19 日

---

[*] 黄尧，时任教育部职业教育与成人教育司司长、职业技术教育中心研究所所长。

序二

20世纪90年代初，我曾担任过当时由劳动部和国家教委共同领导的职业技术教育中心研究所的副所长。那时赵志群同志研究生毕业刚刚参加工作。他给我的印象是努力、勤快，富有实干和探索精神。后来我离开了职教所，一段时间相互没有音讯，再后来得知他从师于著名学者劳耐尔（Felix Rauner）[①]教授，成为我国第一个专门研究职业技术教育中学习问题的博士，已是著述和实践俱丰的职业教育培训专家。想来这也是顺理成章的事：一分耕耘，一分收获吧。

2002年底，德国技术合作公司（GTZ）向我们提出聘请赵志群为专家，对劳动和社会保障部职业技能鉴定中心承担的中德政府职业资格证书合作项目进行中期评估，我愉快地接受了德方的建议。在那次合作中，我们深入交流了很多共同关注的问题，感到在职业教育培训的理论和实践方面有不少共识。从这部著作可以看出，这些年赵志群悉心地梳理了国际职业教育培训的前沿理论，深刻分析了中国职业教育培训的实际经验和症结所在，特别是对职业技能开发的微观运行过程这一核心问题进行了系统深入的思考。我们可以看到，赵志群的这本书不仅是一部内容新颖、精湛的理论作品，还蕴藏着相当的实践价值。

改革开放以来，我国在职业教育培训领域取得了巨大的成就。这些成就主要表现在职业教育培训为国家的经济发展培养出了大量技术技能型人才，同时也表现在职业教育培训理论取得了长足的进步。比如说，在基础理论上，我们划清了学科性教育和职业性教育的界限，指出了职业教育培训不是以学科体系的逻辑而是以生产活动规律为指导的基本特征；在指导思想上，我们提出了以职业活动为导向、以职业能力为核心的新型职业教育培训和考核鉴定的指导思想；在技术方法上，我们在学习国外先进理念的基础上，开发和建立起职业功能理论体系，正在开发和建立目标导向的标准体系、行动导向的教学体系、项目反应式个性化培训模式、核心能力开发理论和技术、鉴定题库开发理论和技术，以及多元式多媒体技术方法体系和基于现代质量控制理念的培训和考试质量控制技术等。

当然，我们清楚地知道，科学发展的道路是永无止境的。任何理论的发展，终究要体现在对实践的指导价值上。要想真正利用先进理念来促进中国职业教育培训事业的发展，还需要做很多的工作。其中很重要的一步就是，将这些理念转换为具有充分科学根据的、实际可行的实施策略。比如，在人们知道了职业教育培训是以生产活动规律为基础的基本特征之后，就必须了解生产活动过程与教育培训过程之间的互动规律；在树立了以职业能力为核心、以职业活动为导向的培训考核指导思想之后，就必须全面了解职业能力的内涵以及职业活动导向培训和鉴定的具体方法和原则。在本书中，我们欣喜地看到，赵志群在这方面确实做出了极有价值的贡献。

---

① Felix Rauner，国际著名职业教育学家，德国不来梅大学技术与教育研究所（ITB）创始人。他提出的"设计（Gestaltung，一译建构）导向"职业教育理论已成为西方现代职业教育发展的重要指导思想。

赵志群曾经谦虚地对我说，他奉献给大家的还不是严格意义上的科学研究成果，而仅仅是利用自己在信息和资源方面的优势，帮助大家阅读一些真正具有科学价值的文献，总结一些真正具有推广意义的经验。他说，他不过是在大家进行的理论研究和科学实践中扮演了一个探路者的角色而已。我想，探路是任何新兴事业发展的必经过程。路漫漫其修远兮，我们现在最缺乏、最需要的就是上下求索的探路者，这也正是赵志群的工作的闪光之处。我衷心地祝愿赵志群在这一领域的耕耘取得更加丰硕的成果！谨此代序。

陈宇[*]

2003 年 3 月 20 日

---

[*] 陈宇，时任中国就业培训技术指导中心主任、劳动和社会保障部职业技能鉴定中心主任。

第一版前言：认识职业学习的变革

2001年底，正值中国刚刚加入世贸组织之际，我的好友，原常驻我国教育部和劳动部的德国顾问依德(V. Ihde)先生在劳动部的一次活动中意味深长地讲道："中国刚刚加入了WTO，这就意味着中国在很多方面必须与世界接轨。不能因为有中国特色，在中国使用Windows的人技能就可以比在美国低一些；也不能因为有中国特色，在中国操作数控机床的人就可以比在德国差一些……"

这是一个对中国人民怀着美好感情的外国友人对自己在华七年工作经验和教训的一个总结。作为与他共事多年的朋友，我完全了解这番话的含义：在中国，已经有不少改革设想因"不符合中国国情"而流产，也有很多改革探索因此被扼杀在摇篮之内。例如，教育培训中许多国际上通行、被证明为先进的课程模式和培训方法，或者出于同样原因而无法在国内推广，或者为"适应中国国情"而被修改得面目全非。

我自认为是那种民族感情沉积比较厚的人，可能是因为长期在国外学习和研究，一直致力于人力资源开发和职业教育国际技术合作工作的缘故吧。随着工作经验的积累，我把我们在学习方面的"投入"和"产出"与发达国家进行比较后，常有一种惶惑：

作为中外合作项目短期专家，我曾经陪同德国高年级大学生在中国学习和工作，其专业能力及综合素质都得到了中方合作伙伴的肯定。同样的工作，交给中国大学生，不论他们是在国内读书还是在国外读书，虽然他们总体上都要比德国学生用功得多，却几乎无法胜任。

德国职业教育和培训以高质量闻名于世。我在多家知名企业做过实习生，如西门子(Siemens)和曼恩(MAN)等。我发现，与中国优秀中等职业学校的学生相比，德国培训生(相当于我国中等职业学校学生)的"学习态度"有很大的问题，他们甚至很少知道什么是家庭作业！但是，当我把他们的课堂作业拿给一个在我供职的研究所实习、成绩优良的中国同专业大专毕业班学生做时，他告诉我他看不懂！

我们各级各类学校和培训机构都在努力地工作，多少优秀教师病倒在讲台上，他们像蜡烛一样燃烧自己，照亮别人。可外人却说我们要想培养出诺贝尔奖获得者至少还需要30年的努力(某了解中国教育状况的诺贝尔物理学奖获得者语)。

党中央对实施科教兴国战略予以高度重视，各级政府、企业和个人均投入了大量的人力和物力，可我们的科技综合竞争力排名仍然没有很大提高。20世纪80年代，中国国门大开，我们意识到了自己的落后，于是痛下决心，努力学习：学生按照社会的要求发奋学习，"学好数理化，走遍天下都不怕"；学校和教师按照传统思维对教育的理解培养着"接班人"，"师者，所以传道、授业、解惑也"；企业和社会也对职工教育投入了大量精力。但是，面对已见端倪的知识经济和滚滚而来的经济全球化浪潮，面对成为"世界工厂"的良好机遇，按照传统教育观念和传统经验培养新世纪具有世界竞争力的人才，特别是能够解决实际问题的应用型人才，我们是那么力不从心。

原因何在？

环顾四周，我们突然感觉到，原来所熟知的学习活动竟然也是那么陌生。人们甚至不知道应该学习什么，更不知道怎样去学习。特别是在职业教育培训领域，许多固定的东西动摇了，很多经典规律似乎都与眼前变化毫不相干——当然这不是中国所独有！

学习的大变动，引发了众多学者和政治领袖的思考。

面对这场学习的大变动，法国教育家郎格朗(P. Lengrand)预感到了持续学习的必要性，于1965年提出了"终身教育"议案。但遗憾的是，他对终身教育的内容和地点却没有给出深入的说明。

面对这场学习的大变动，德国社会学家梅腾斯(D. Mertens)1974年提出了"关键能力"(Key Qualifications，后改称Key Competence)方案，并且得到西方社会和教育界的高度关注。可他的英年早逝却给教育界留下了一个迄今未能完结的课题。

面对这场学习的大变动，美国未来学家托夫勒(A. Toffler)1994年在他的名著《未来的冲击》(*Future Shock*)中大声疾呼：在超工业社会生活的人需要掌握学习、关系和选择三个至关重要的技能，这与联合国教科文组织提出的"学会学习、学会生活、学会合作、学会发展"不谋而合。

预言和建议的盛行表明社会遇到了大困惑和大空虚。面对世界的急剧变动，德莱顿(G. Dryden)和沃斯(J. Vos)作石破天惊之语，高唱《学习的革命》，提出"塑造未来世界的15种主要趋势"，呼吁"立即行动，进行一场学习和思维的革命，以适应技术和信息的飞速变化以及我们生产商品及提供服务的能力的不断提高"(Dryden and Vos，1997)。

进入21世纪，中国遇到了发展成为"世界制造中心"、成为制造强国的良好机遇。但应当认识到，中国能否成为世界的制造中心，关键还是人的因素，特别是从事生产和管理实践的劳动者。引进外资和技术，可以使局部技术和设备在短期内达到或接近世界水平。但外国先进设备最终还需要中国人自己来操作和维修。这类人才不可能大量引进，必须由我们自己来培养。如何培养和获得具有国际水平的技术和管理应用人才以及数以亿计的劳动大军？这对中国企业和教育机构(特别是职业教育和培训机构)都提出了严峻的挑战。

学习环境的改变，必须寻求新的学习策略。学习改变着世界，变化了的世界又改变着学习。只有看到这一点，才不至于迷失方向，才能更好地认识昨天、理解今天、把握明天。中国的教育机构和企业必须通过学习强化自己对环境变化的敏感性，提高对未来社会和技术发展的创造能力（而不仅仅是被动的适应能力），否则，就有可能被时代所淘汰。为此，必须做好以下几件事情：

知道我们在何处，认识现在的状况；

知道我们将去何处，了解进化的趋势；

知道怎样做，顺应趋势创造性地做出组织和个人的反应。

在人力资源开发和教育培训领域，永远也不会有现成的、拿来就可以使用的、包治百病的良方。我们必须在研究国外经验和总结其教训的基础上，根据我国国情，寻求适合国情的、具有普遍推广价值的职业学习理论和实施方案。经过十多年的学习和探索，特别是在职业教育与培训的国际合作项目活动中，我经历了无数次成功和失败，在总结、学习了大量经验和教训的基础上，形成了这本小册子。

"洋为中用"是本书的宗旨。书中的内容不是对国外经验的简单概括和描述，所提及的理论和一些具体做法，在中国都有成功的案例。在每一章后都附加了一些中国成功实践的案例以飨读者。

时代的发展已使观念的改变比技术的更新更为重要，总结过去的失误，认真学习历史的、外国的好经验，既不夜郎自大，也不妄自菲薄，才是达到理想目标的有效途径。

赵志群

2003年春于北京

目 录

第一章 现代社会需要什么样的技术技能人才 /1

一、工业革命与技术技能人才的能力要求 /2
二、职业能力——技术技能人才要求的一般表述 /9
三、全面理解技术的含义 /18

第二章 规划有效的学习 /26

一、当前课程和教学中存在的问题 /27
二、职业学习理论如是说 /31
三、教学方式与教学组织形式 /40

第三章 实现成功课程的奥秘 /48

一、职业教育课程的理论基础 /49
二、从工学分离到工学结合 /56
三、建立高质量课程的关键 /66
四、工学结合一体化课程开发方法 /75

第四章 行动导向教学 /89

一、行动导向教学的特点 /90
二、简单的行动导向教学方法 /91
三、促进综合能力发展的教学方法 /96
四、工作岗位学习方法 /105

第五章　新时代的职业院校/116

一、新时代职业教育机构的组织特征 /117
二、职业教育集团：网络联盟 /119
三、职业院校的组织发展 /124
四、职业院校的咨询 /131

第六章　职业教育教师的新角色/139

一、与传统的教师角色决裂 /140
二、职业院校的教师 /146
三、企业培训负责人与培训师 /155

第七章　职业教育质量保障体系/161

一、质量保障的基本理念 /162
二、职业教育的评估 /170
三、典型的评估方法举例 /175
四、COMET 职业能力测评 /187
五、授权评价：基于第四代评估理论的诊断工具 /200

关键词索引/210

插图索引/213

表格索引/216

致　谢/218

第一章 现代社会需要什么样的技术技能人才

一、工业革命与技术技能人才的能力要求

要想促进经济的持续快速发展，实现社会利益、企业利益（如成本下降，生产率和竞争力提高等）和劳动者个人发展（如收入提高和职位升迁等）的多赢，必须建立有效的职业教育体系和人力资源开发机制，这需要职业教育界、经济界和全社会的共同努力，前提条件是了解现代企业的人力资源需求。

进入21世纪后，随着信息化和经济全球化的发展，国际和国内市场供求关系发生了很大变化，卖方市场逐渐转变为买方市场，企业间竞争加剧并经受着前所未有的创新压力。为了在激烈的市场竞争中占据主动地位，企业必须加大技术开发和引进的力度。

然而这仅仅是问题的一个方面。人们发现，单纯引进新技术并不能解决所有问题，特别是先进信息系统和自动化设备带来了很多过去没有预料到的问题。例如，微小的系统故障常会造成整个生产体系停顿，并带来巨大的经济损失；自动化设备一方面可能造成生产能力过剩、开工不足，另一方面也可能降低企业对市场需求反应的灵敏程度。人们逐渐认识到，要想彻底解决这些问题，单纯依靠技术方案是不行的，劳动生产组织方式和人力资源发展同样也起着决定性的作用。

劳动生产组织方式是指在生产、管理、服务和经营过程中劳动者与劳动工具之间的关系，它是通过劳动者不同的工作任务和劳动工具分配方式来区分的。选择劳动生产组织方式的依据是企业员工的职业素质、工作能力、企业领导方式、工作分工模式和工具分配方式等。[①]

事实证明，采用相同的技术和不同的劳动组织方式，对生产力的促进程度会有很大差别。人们甚至发现，不同劳动组织方式还可以使技术按照不同的模式发展，即人类在一定程度上可以"设计"（德语 Gestalten）技术的发展道路（详见本章第二节），如智能化生产模式就是信息技术、精益化生产组织方式与高素质员工共同发展的结晶。可以说，技术、劳动组织和人力资源开发始终处在一种直接的、相互制约和相互影响的关系之中（见图1-1）。

企业要想比其竞争对手更快地为顾客提供价廉物美、品种丰富甚至个性化的产品和服务，就必须在生产和服务中创造性地利用其经济和技术潜力。在制定发展战略时，仅仅考虑新技术和新产品开发是不够的，还需要建立更加有效、灵活的劳动生产组织。优秀的企业必须制定包括技术发展、人力资源开发和劳动生产组织战略在内的一体化发展战略，而高素质员工队伍的建立取决于高质量的职业教育。

劳动生产组织方式对确定企业人力资源需求有重要的影响，它决定了从事不同工作（岗位）员工的层次，以及教育培训的目标和内容。在传统企业中，蓝领工人主要接受实

---

① Pahl, J.-P., & Uhe, E., *Betrifft: Berufsbildung, Begriffe von A – Z für Praxis und Theorie in Betrieb und Schule*, Hannover, Kallmeyer, 1998, p.16.

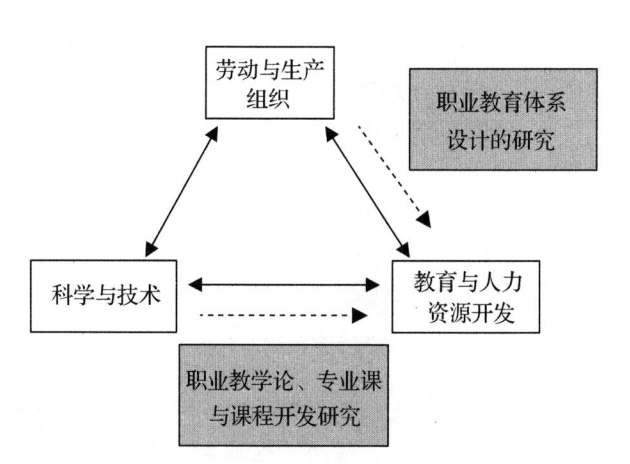

```
          劳动与生产
            组织              职业教育体系
           ↗   ↖              设计的研究
          ↙     ↘
    科学与技术  ←→  教育与人力
                    资源开发
       职业教学论、专业课
       与课程开发研究
```

图 1-1　技术发展、劳动组织与人力资源开发的关系[①]

践技能培训，白领管理者则接受高等教育和进行理论学习。那么，现代企业的劳动分工是怎样的？白领和蓝领不同群体的工作内容和劳动生产方式发生了哪些变化？对这些问题的回答，是制定成功的人力资源开发战略的关键。在此，有关"工业 4.0"的讨论给我们提供了重要的启发。

(一)"工业 2.0"与生产流水线

"工业 1.0"(约 1760—1860 年)是指机械化生产取代手工劳动，人类经济社会从以农业、手工业为基础发展到以工业和机械制造带动经济发展的模式。19 世纪后期，电力和电动机的应用，特别是生产流水线的诞生，开创了零部件生产与产品装配相分离的大批量生产模式，人类进入了"工业 2.0"时代(1860—1950 年)。在不同的工业发展时代，不同的任务分工、计划制订、质量控制、信息交流、岗位学习和领导方式定义了不同的劳动生产组织方式。

管理学家泰勒(F. W. Taylor，又译为泰罗)提出了以劳动分工和计件工资制为基础的"科学管理原则"(Principles of Scientific Management)，促成了传统手工单件生产向批量生产方式转变。1913 年，福特(H. Ford)把汽车装配分解成多个简单操作步骤，建立了世界第一条汽车装配流水线。流水线缩短了生产周期，提高了生产效率，使生产面貌发生了根本变化，产生了代表 20 世纪工业文明的大量生产方式，也被称为"泰勒模式"或"福特制"。

"科学管理原则"把生产活动分割成一系列简单行为，进行详细的工作分析，借此对生产过程进行有效的控制和管理，即：(1)对工人的操作动作进行研究，用以代替单凭经验的劳动；(2)科学地挑选工人并进行培训，以代替允许工人凭爱好选择工作的做法；(3)管理人员与工人亲密协作，保证工作按照规章制度进行；(4)管理人员和工人职责分工明确，

[①] Heidegger, G., Jacobs, J., Martin, W., Mizdalski, R. & Rauner, F., *Berufsbilder 2000. Soziale Gestaltung von Arbeit, Technik und Bildung*, Opladen, Westdeutscher Verlag, 1991, p.56.

各自承担最合适的工作(见图1-2)。①

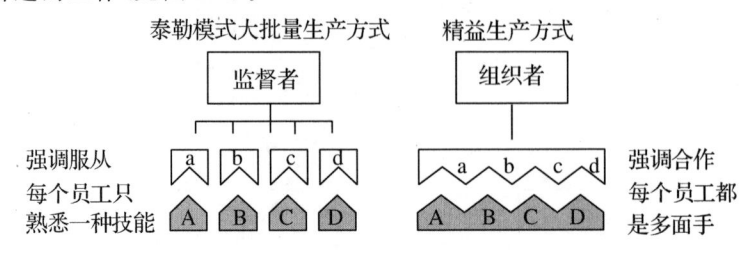

图1-2 精益生产的团队作业方式

泰勒模式的劳动分工详细,岗位工作内容简单,领导和从属关系复杂。工人被分为多个工种的技术工、熟练工和非熟练工人,甚至工程师也被分为设计、工艺和设备等不同领域,即进行详细的垂直和水平劳动分工。垂直劳动分工是产品的设计开发者、生产组织者与生产实施者之间的分离,如白领和蓝领阶层的划分;水平劳动分工是同一层次(如技术工人)职业或工种间的划分(见图1-3)。

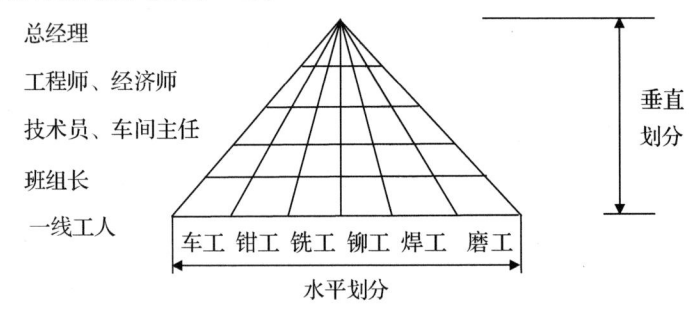

图1-3 职业的垂直划分与水平划分

"工业2.0"模式在20世纪后期发展到顶峰,目前我国多数制造企业仍然按照这一模式组织生产。"工业2.0"对社会结构、教育制度和经济发展产生了重要影响,如大量农民离乡进入工厂,成为按照一定节拍进行重复操作的工人;职业教育与培训机构提供大量短期课程,以快速满足社会分工的需要。

(二)"工业3.0"与"精益生产"

20世纪70年代,可编程控制器(PLC)的诞生和推广使制造过程的自动化不断提高,机器逐步取代人类作业,不仅替代了很多体力劳动,甚至还接管了相当比例的脑力劳动;特别是C语言和更高级编程语言的普及,使工业生产迈入了无人化(或少人化)的"工业3.0"时代(约1951—2010年)。

"工业3.0"对人力资源开发的影响集中体现在"精益生产"模式上。20世纪后期,产品更新换代加快,复杂程度提高,大批量生产模式受到考验。1989年,麻省理工学院沃马

---

① 参见[美]泰罗:《科学管理原理》,韩放译,25页,北京,团结出版社,1999。

克(J. P. Womack)等发表题为《改变了世界的机器》的报告①，总结了丰田公司在生产组织方式方面的成功经验，提出了"精益生产"(lean production)和"扁平化管理"的概念(见图1-4)。

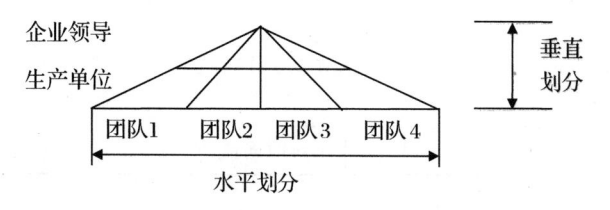

图 1-4 "精益生产"和"扁平化管理"

精益生产采用以人为中心的生产组织方式，把决策权下放到车间。在单件小批量甚至产品多变的批量生产方式下，不强调过细分工而关注部门间的合作，采用灵活的小组工作方式。企业采用适度自动化技术和团队作业方式，发挥人的潜力和积极性，消除企业内等级化、反应迟钝等部门间的隔阂，这不仅是制造过程和信息流的集成，也是对企业活动的整体优化。

精益生产对企业生产组织造成的冲击是革命性的，表现在：(1)小组工作不强调分工，弱化了企业的水平劳动分工；(2)领导不再是监督者，而是小组工作的组织和协调者；(3)一线人员参与生产决策，素质有了空前的提高，潜能得到更大的发挥。"工业3.0"与"工业2.0"模式的比较以及"工业3.0"模式对企业员工素质的要求见表1-1。

表 1-1 "工业 2.0"与"工业 3.0"模式的比较

比较项目	"工业 2.0"模式	"工业 3.0"模式	"工业 3.0"模式对企业员工的素质要求
领导模式	等级分明，决策由中央领导机关做出	领导层减少，每个人都必须对一定的行为负责，具有一定的权限	决策能力、责任心、组织领导能力
分工方式	分工明确，任务单一	常以团组方式工作，需专业协作	合作能力、方法能力、灵活性、自信心
技术革新模式	通过采用新技术而发生跳跃性发展	经过不断革新而逐渐发展	创造性、工作积极性
产品质量控制	各个环节由工人自行保证质量，缺陷和错误在终了时被发现，浪费大	由检查部门事后进行检验，缺陷和错误由工作者本人发现并排除，浪费小	质量意识、自我批评能力

---

① 这里的"机器"既包括计算机和人，也隐喻着具有强大竞争力的、先进的丰田模式本身。见 Womack, J. P., Jones, D. T. & Roos, D., *The Machine that Changed the World*, New York, Rawson Associates, Macmillan Publishing Press, 1990.

续表

比较项目	"工业2.0"模式	"工业3.0"模式	"工业3.0"模式对企业员工的素质要求
同事工作关系	感情疏远，工作单调，缺乏动力	强调工作友谊，团结互助	合作能力
生产组织	工作时间固定	工作时间灵活	纪律性、责任心

精益生产是技术和生产组织的系统化解决方案，它不仅涉及生产本身，还涉及生产前和生产后以及企业内、企业间和企业外的关系，这对技术技能人才提出了巨大的挑战，甚至引发"技术知识的苏醒"，为形成新的"技术认识模式"奠定了基础。精益生产使研究开发与生产组织、企业管理与生产操作层间的联系更为密切，创立新的管理结构与劳动组织，开展高质量的职业教育与培训，成为提高资本的相对边际生产率的重要途径。[①]

(三)"工业4.0"及其特点

进入21世纪的第一个十年，互联网和智能化生产开启了"工业4.0"时代。基于信息物理系统(CPS)的智能化、产品全生命周期的全制造流程数字化以及基于信息通信技术的模块集成，促成了高度灵活、个性化的产品生产与服务模式的诞生，即"工业4.0"。在此我们仅讨论"工业4.0"与技术技能人才培养有关的问题。

"工业4.0"是在信息化和智能化的基础上，生产系统和生产资源按照供应链系统在水平和垂直维度高度一体化的精益生产模式。[②] 其基本特点是：(1)优化供应链协作(SCC)和供应链管理(SCM)，通过自愿合作对中央单元(而不是整个价值链)的逻辑功能进行优化以维持利润；(2)通过对生产系统的历史数据(大数据)分析，建立前瞻性的质量管理体系，预测发展趋势；(3)自我控制的生产风险回避，员工利用智慧系统分析不同建议、做出决策，并进行相关风险防范；(4)在全球性和网络化的产业结构中建立安全缓冲区，特别是(中间)存储容量和时间窗式的安全缓冲区和安全网络，控制"即时生产"(Just in time)中不可控因素的影响；(5)使柔性和分散化的生产、计划和控制体系(PPS)相协调，快速响应顾客需求，进行成本控制。[③]

全球高端制造业目前普遍存在交货周期短、功能复杂、可靠性要求苛刻和成本压力增大的问题。当软件成为系统集成最重要的环节时，技术技能人才的水平就成了核心竞争力的关键。施帕特(D. Spath)等对德国661家企业的调查发现，人的工作(计划、实施、控制、监督)是提高生产率和保证质量的最关键因素。该研究报告总结的"工业4.0"的特点还

[①] 经济合作与发展组织(OECD)：《以知识为基础的经济》，杨宏进、薛澜译，5页，北京，机械工业出版社，1997。

[②] Schmitz, S., Harland, T. & Schmitz, P., "Liegt China vorn? Der lange Marsch zur vierten Revolution," *IT-Production*, Juli/August 2015, pp. 96-97.

[③] Rauner, F., *Grundlagen beruflicher Bildung：Mitgestalten der Arbeitswelt*, Bielefeld, W. Bertelsmann, 2017, pp. 60-62.

包括：
> - 即便是很小的产品系列也可以实现自动化，但人类劳动始终是重要的组成部分；
> - "柔性"是工业生产的关键，柔性是有目的的，需要有针对性的设计；
> - 在对物体和人的智能化数据采集、储存和分配过程中，分散式控制增加，但绝对的分散式控制是不现实的；
> - 智能设备设计必须考虑安全方面的要求；
> - 生产性员工和知识性员工的传统界限不再清晰，所有员工都必须具备工作岗位学习能力。[1]

尽管"工业4.0"目前仍处于探索阶段，但是它对技能人才能力结构产生的影响已经初见端倪。"工业4.0"没有确定生产过程的具体内容和结构，但是扩大了对"人—机协作"方式和工业生产组织的设计空间。人类与人工智能相互作用成为"设计性"任务，智能化工作系统中的指导(Tutor)具有重要的意义。在新的业务领域，人们要在最短时间内熟悉整个工作过程和工作环境，并对适时工况进行准确认知，这促进了高度灵活、个性化、数字化工作和学习模式的诞生，工作岗位重新成为重要的学习场所。人工智能发展是个跨界过程，社会利益相关者作为解决方案的参与者，共同组成扩展的实践共同体，跨学科和交叉学科合作解决复杂问题成为常态，这需要既了解本专业又具有高水平信息技术的复合型人才，关键能力在此扮演着重要的角色。

(四)新工业革命对技术技能人才规格的影响

信息和智能化技术的推广使劳动组织方式发生了巨大变化，这对技术技能人才的能力要求和人力资源开发策略产生了直接影响，表现在劳动水平分工和垂直劳动分工两个方面。

1. 水平劳动分工及其影响

针对新的生产方式，传统的水平劳动分工遇到了很多问题，表现在：(1)分工过细，员工工作活动范围狭窄，灵活性和积极性受到限制；(2)不同岗位间的界限刻板，岗位界限不透明，人员流动受到限制。马克思曾经说过："大工业的本性决定了劳动的变换、职能的更动和工人的全面流动性。"[2] 人员流动性是市场经济发展的重要条件，限制人员流动的生产方式会阻碍生产力的发展。

在精益生产中，水平岗位分工被灵活的、整体性的、以解决问题为导向的新型工作代替，企业对员工的能力要求有了明显的拓宽，如在工作中具有一定安排计划、判断决策、分析复杂系统的能力，以及不断学习新技术的积极性和合作的品质。这意味着对宽基础复合型技术人员需求的增加。例如，在高速铁路运行企业，复合型电工代替了过去供电、接

---

[1] Spath, D., Ganschar, O., Gerlach, S. et al. eds., *Produktionsarbeit der Zukunft—Industrie* 4.0, Stuttgart, 2013, pp. 6, 46.

[2] 《马克思恩格斯选集》第3卷，645页，北京，人民出版社，1995。

触网和变电三个传统工种；在机械制造企业，自动化设备操作维保工取代了原先的单工种岗位，如车工、铣工、机械维修工和程序员等。水平分工弱化意味着职业总数减少，《中华人民共和国职业分类大典》2015年新版收录的职业总数为1 481个，比1999年版减少了547个。对职业院校来说，这意味着专业总数减少或结构优化，甚至需要重新理解"专业"或"职业"基础教育的概念。①

为了获得高素质员工，我们需要对员工的职业能力进行分析。然而在水平岗位分工逐渐弱化的情况下，对工作行为进行详细的分析、评价、测量和总结变得越来越困难，人们甚至很难再对技术技能人才的能力要求做出具体而明确的预测。在制订人力资源开发规划，特别是在进行课程开发时，利用传统的岗位分析方法得出的结果的准确性越来越低。各职业和岗位间的界限模糊，岗位工作要求的相同点增多，掌握这些共同的基本能力成为职业教育的重心。这样，培养全面的综合职业能力成为职业教育的重要任务，包括所谓"关键能力"或"核心素养"（Key Competency）。

过去，企业家的技能人才观与人的全面发展理论常常是矛盾的，因为他们更关注操作能力和职业培训的功利性，关注针对性强的岗位培训。今后这种理解有可能成为历史，因为先进生产方式要求的正是全面发展、灵活而富有创造力的高素质员工。

2. 垂直劳动分工及其影响

"工业2.0"在垂直劳动分工方面引发的一个变化是理论和实践相分离，这表现在两个方面：一是科学研究与生产实践的脱节，二是学校教育（包括高等教育和职业教育）中理论学习与企业实际需要的脱节。即使在同一个企业，垂直劳动分工造成的巨大鸿沟，也使管理者和操作工人几乎没有了解和体会对方工作世界的可能。

然而信息化时代呈现出与历史发展相反的一幕：在扁平化生产中，一些高智能工作重新返回到生产一线。② 这个"复辟"过程不但增加了产品设计的科技含量，也增加了制造过程的科技含量，引发了知识生产模式的转型，并确立起实践性知识的独特地位，这为技术技能人才的专业化（Professionalization）发展奠定了基础。其结果是，垂直劳动分工弱化，蓝领和白领阶层差异减小，对实践性工作者的技术和组织管理能力提出了更高的要求。

垂直劳动分工弱化对企业人才需求的直接影响表现在以下三个方面：

> 对"准学术化"，即灰领层次技术技能人才的需求增加。灰领层次出现的负面影响是：(1)加大了社会人才结构中业已存在的鸿沟，使一般操作工作的技术含量进一步降低，并有可能加剧各层次间的社会矛盾；(2)高估了普通教育课程对技术人才成长的功效，从而影响职业教育的地位，降低整个教育体系的效益。

> 提高了技术工人终身教育的需求。按照传统观念，职业有"高级"和"低级"之分，教

---

① 技术技能人才培养的职业基础教育，除传统意义上的文化基础课（如语文和数学等）外，更重要的是"职业"的基础教育。

② 20世纪后期推广数控技术时曾设想把生产计划工作转移到技术科室完成，但这最终没有成功，原因是这种方式对单件小批量生产来说效率特别低，许多不确定因素需要有经验的技术工人才能被有效修正。参见张曙：《分散网络化制造》，北京，机械工业出版社，1999。

育也相应划分为高层次和低层次教育；只有对"高级职业"才更有必要进行终身教育。垂直劳动分工弱化，意味着"高级"和"低级"职业融合，以及高层次和低层次教育整合。在建立现代职业教育体系时，应设计包括技术工人在内的所有层次员工的终身教育体系。教育不再局限于学校的某一特定阶段，教育也不是某些人的特权，终身学习成为每个社会成员的必需。

> 理论和实践一体化的要求。在精益生产和扁平化管理模式下，从事高智能工作的技术技能人才必须有一定的制订计划、判断决策、分析复杂系统的能力。隐性知识对探索可能性世界具有重要的作用，它深深地嵌入社会情境中，并为各种复杂价值关系所左右。[①] 在职业教育中，必须用整体化的观念看待工作和技术的关系，做到理论和实践相结合，从而发展整体化的工作能力。技术的科学化并不意味着改变职业教育的实践性原则，而是弱化简单、重复的技能练习，加强如"技术敏感性"等高层次实践能力的培养，提高技术技能人才价值理性和事实性评价的能力。只有这样，才能为技术创新打下坚实的基础，并为技术工人参与技术和生产方式的创新过程奠定基础。

二、职业能力——技术技能人才要求的一般表述

在现代劳动生产组织条件下，技术技能人才的工作领域更为广泛，他们必须满足更高的要求：不仅要掌握专业知识和技能，熟练完成本岗位的工作，还要了解相关领域的工作要求，具备独立解决问题的能力和一定的创新能力。企业需要的不再是仅仅掌握特定知识和单一技能的操作者和实施者，而是具有合作精神以及计划、实施和评估等系统行动能力的全面发展的劳动者和高素质社会公民。劳动者的职业素养通过日常工作和社会活动所表现出的职业能力展现出来。

(一) 职业能力

作为职业教育的重要指导思想，"以能力为基础"是国内外职业教育界的共识，然而对职业能力的概念大家却有多种理解，如上海市《国际水平的职业教育专业教学标准开发指导手册》的定义是"个体完成工作任务所达到的水平状态"，即完成任务的客观绩效要求；人力资源和社会保障部《国家技能人才培养标准编制指南》的定义为"在真实的工作情境中整体化地解决综合性专业问题的能力"，这超越了职业功能性要求，强调综合素质和发展潜能。造成这一状况的主要原因是，能力是一个外来概念，在不同文化背景和学科领域中有不同的含义。

1. 基本内涵

职业能力是与职业相关的认知能力特征，对职业能力的理解应当综合考虑教育、经济、文化和职业传统以及劳动市场发展状况等因素。国际上普遍认为职业是一种典型的德

---

① 邓波、贺凯：《试论科学知识、技术知识与工程知识》，载《自然辩证法研究》，2007(10)。

国式的社会组织方式，德国有关职业能力的研究成果是职业能力研究的重要参考。

德语中职业能力的概念最早出现在洛特（H. Roth）主编的《教育人类学》，他把职业能力分成自我能力、专业能力、方法能力和社会能力①，后来职业能力的相关讨论多数是在此基础上进行的。德国通过《职业培训条例》确定了职业教育学习者通过结业考试时应具备的职业能力，包括职业知识、技能和资格。职业能力是完成一个职业的典型工作任务（德语 Berufliche Arbeitsaufgaben，BAG；英语 Professional Task）所需的认知能力、行动能力和主观潜力。

盎格鲁-撒克逊文化不强调工作是否以"职业的形式"组织，英语的职业能力指完成工作任务的能力和绩效，是职业教育与培训中知识和技能的学习成果（Outcome）。英语的能力（Competence/Competency）和技能（Skill）基本上是同义词，尽管职业能力有时也包括"态度"的概念。

作为公认的职业教育培养目标，我国从以下角度对职业能力进行理解：

➤ 从宏观教育目标视角看，职业能力是指某一职业所需的专业能力和非专业能力的总和，是个体当前就业和终身发展所需的能力。②

➤ 我国社会对"岗位"和"职业"区分不明确，对"以职业形式组织的工作"没有足够的敏感性，狭义的职业能力指岗位能力或完成特定工作任务的能力，广义的职业能力指某职业（职业群）共同的基础能力，是经过学习完成某种职业活动的可能性或潜力。③

➤ 在课程开发实践中，职业能力有时被解释为完成工作任务的胜任力④，并按照行为主义方式列举岗位能力要求；而人类学的能力研究更关注工作环境和经验，强调对工作行动分析的"深描（Thick Description）"。⑤

近年来，人们开始普遍关注职业能力的综合性和整体性特征，在谈及职业能力时，常常用"综合职业能力"来表示，这明确体现在国务院等政府机关最新发布的文件中。

2. 与职业能力相关的重要概念

在现代职业教育中，有一些与职业能力联系紧密但又有不同含义的重要概念。

(1) 职业技能

技能是在一定目标指导下，在已有知识和经验基础上经过反复练习形成的一系列规则性的动作体系，包括外显的肢体操作动作体系和内隐的认知活动体系。职业技能是从事一项职业必需的客观条件，一般通过技能等级方式来确定和描述。技能分为"智力技能"和"操作技能"，较低级的技能经过有目的、有组织的反复练习，动作会趋向自动化，从而达

---

① Roth, H., *Pädagogische Anthropologie*, vol. II: *Entwicklung und Erziehung. Grundlagen einer Entwicklungspädagogik*, Hannover, Schroedel, 1971.
② 杨黎明：《关于学生职业能力的发展》，载《职教论坛》，2011(3)。
③ 孟广平：《能力·能力本位教育与职业技术教育课程开发》，载《职业技术教育》，2000 (12)。
④ 徐国庆：《解读职业能力》，载《职教论坛》，2005(36)。
⑤ Lave, J., *Cognition in Practice: Mind, Mathematics and Culture in Everyday Life*, New York, Cambridge University Press, 1988, p. 12.

到较为高级的技巧性技能阶段。职业技能和职业能力的区别是：
> 技能由工作任务的客观要求决定，能力是完成一组任务所需的主观能力和潜力。
> 技能可通过训练获得，与人格(素养)无关，职业能力与人格发展有关，包含对工作的理解、评估和反思。
> 技能可在基于生产实际的考试中一项一项地表现出来，可以被标准化[1]；而职业能力是以智力为基础的，是"理解、反思、评估和完成职业典型工作任务以及在承担社会、经济和生态责任的前提下，共同参与设计技术和社会的发展的本领"[2]。
> 能力发展与人格的发展息息相关，但获得技能不是人格发展的内容，只是适应一项工作要求的前提条件。[3]

(2) 职业道德、职业认同感和职业承诺

职业能力和职业道德的发展受动机和情感的影响，与职业认同感(Identity)和在此基础上建立发展的职业承诺(Commitment)有密切的联系。

职业认同感是个体对所从事职业的目标、社会价值及其他因素的看法，是职业道德和职业精神发展的基础。职业承诺是个体对职业的认同和情感依赖、对职业的投入和对社会规范的内化而导致的不愿变更职业的程度，是与组织承诺有关但高于组织承诺的情感和态度。在职业教育实践中，职业能力、职业认同感和职业承诺紧密相连，共同发展出职业责任感、质量意识、职业精神和职业道德。职业能力和认同感的发展状况可以通过不同阶段的典型工作任务表现出来。

(二) 职业行动能力

职业能力是从事一门职业所需的能力，其中通过行动表现出来的那部分被称为"职业行动能力"(德语 Handlungskompetenz)，在职业教育中有重要的意义。[4]

1. 关于"行动"

"行动"和"行为"是行动研究的两个重要概念，它们的区别在于是否具有意向性。塞尔(J. Searle)认为行为是单纯的肢体运用，没有意向性，而行动则具有意向性。它们的关系可简单概括为：行动等于行为加意向性。[5] 行动的意向性表现在两个方面：一是行动之前分析问题，寻找可能的解决方案，对方案进行比较，依据经验判断，做出最佳的行动决策；二是在行动过程中当遇到未曾预料到的状况，或原定方案经过实践证明不可行而需做出调整时，需修正原来的行动方案或制订新的行动方案。行为是客观的，是观察者观察到

---

[1] Erpenbeck, J. & von Rosenstiel, L. eds., *Handbook Kompetenzmessung*, Stuttgart, Schäffer-Poeschel, 2003, p. XI.
[2] Rauner, F. et al., *Competence Development and Assessment in TVET*, Dordrecht, Springer, 2013, p. 8.
[3] Huisken, F., "Zur Kritik des Ansatzes bürgerlicher Curriculumtheorie," in *Curriculum Handbuch. Band I*, ed. Frey, K., München/Zürich, R. Piper & Co. Verlag, 1975, p. 130.
[4] 职业行动能力与技能不同，技能通过完成细分的某一项子任务表现出来，而职业行动能力则通过完成完整的工作任务表现出来。
[5] 盛晓明、吴彩强：《行动、因果关系和自我——塞尔行动哲学述评》，载《浙江大学学报》(人文社会科学版)，2007(3)。

的其他人的所作所为；行动带有主观意识取向，具有社会属性，是一定社会语境下的行动。行动有多种形式，针对一个给定任务可能有多种结果，也可能针对一种结果有多种解决途径，不同任务可能引发相同或相似的行动。行动过程是能力发展的过程，需遵守书面或经验性的规则，经验只能在一定的学习情境中获得。①

2. 职业教育学对职业行动能力的研究

职业行动能力是产生于德国职业教育的一个重要概念。从1996年开始，德国各州文教部长联席会（KMK）颁布的职业学校《框架教学计划》都提到职业行动能力是"个人在特定的职业、社会和私人情境中，进行缜密而恰当的思考并对个人和社会负责任行事的意愿和本领"②。职业行动能力是在与职业相关的认知基础上获得、发展并可以运用的知识、技能、方法和价值观，常常被称为"完整的行动能力"，它帮助人们在复杂和不确定的职业环境中，设计出目标清晰、理性、灵活、负责任和有反思性的行动并实施。③

按照不同分类依据，对职业能力有不同的分类方式。从组成元素上看，职业能力包括有关的知识、技能、行为态度和职业经验等成分；从能力所涉及的内容范围上，职业能力可分为专业能力、方法能力和社会能力（见图1-5），有研究者为了强调个性发展目标，还增加了个性能力的维度。

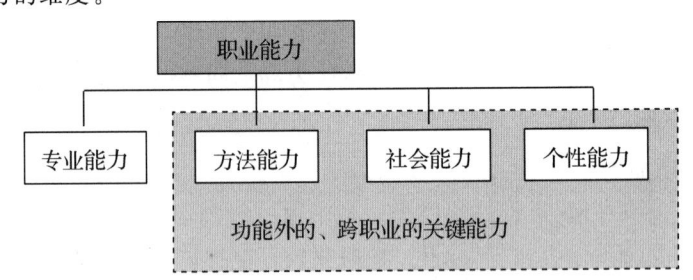

图1-5 职业能力的组成

（1）专业能力

专业能力是指职业业务范围内的能力，是人在专业知识和技能的基础上，在特定方法引导下，按照专业要求有目的地独立解决问题并对结果加以评判的意愿和本领。专业能力的核心是工作方式方法、对劳动生产工具的认识及其使用，以及对劳动材料的认识等。

专业能力是劳动者胜任职业工作、赖以生存的核心本领。在职业教育中，人通过学习某个职业的专业知识、技能、行为方式和态度获得职业能力。高水平的专业能力要求合理的知能结构，具有以下特点：①是与职业共同体专业要求相适应的行为；②满足对工作成

---

① 周瑛仪：《大规模职业能力测评的预测效度——基于COMET方案在汽修、数控与电气专业领域的研究》，博士学位论文，北京师范大学，2015。

② KMK. Handreichungen für die Erarbeitung von Rahmenlehrplänen der Kultusministerkonferenz für den berufsbezogenen Unterricht in der Berufsschule und ihre Abstimmung mit Ausbildungsordnungen des Bundes für anerkannte Ausbildungsberufe. Dokument 15.09.2000，Bonn, 2000.

③ Pätzold, G. & Busian, A., "Lernortkooperation als Mittel zur Entwicklung von Lehr-Lern-Arrangements," in *Handbuch der Lernortkooperation*, Band 1, ed. Euler, D., Bielefeld, Bertelsmann, 2004，p. 504.

果的质量要求(如功能性要求,时间和成本要求等);③选择与工作、生产条件相适应的材料和工具,制订工作计划,有意识地关注错误选择对工作结果造成的影响;④在选择设施设备过程中关注其构造、运行方式以及运行条件;⑤在工作过程中注意多种可能性和基本准则;⑥对自己及其他人的成绩做出客观的评价。专业能力不仅是工具性能力,而且是在精神层面对职业的深入理解。它关注对专业问题的策略性思考,将机械、盲目和不理智的行为转化为有前瞻性的、经得起检验的周全考虑的理智行为。①

(2) 方法能力

方法能力指针对工作任务独立制订解决问题的方案并实施的意愿和本领,它强调解决问题的目标针对性、计划性和获得成果的程序性。在工作世界里,方法能力常表现为获取新知识新技能的能力,如针对新的工作任务,在复杂的工作过程中搜集和加工信息、独立寻找解决问题的途径,并把已有知识、技能和经验运用到新的实践中。方法能力还包括产品质量的自我控制和管理以及工作评价,通过对自己的行为和由此带来的后果做出评价,并为潜在的行为承担后果,强调在实践和理论层面有计划地解决职业和社会性难题的整个过程,强调解决新出现的问题的迁移性。②

方法能力不是抽象的,也不完全独立,它是专业能力和社会能力的组成要素,也表现在个人生活和社会生活中,如个人对家庭、职业和公共生活中的发展机遇、要求和限制做出的解释、思考和评判。方法能力是人的基本发展能力,主要通过社会性学习获得,因此,经验性学习具有重要的意义。

(3) 社会能力

社会能力是与他人交往、合作、共同生活和工作的能力,是经历和构建社会关系,感受和理解他人的奉献和冲突,懂得互相理解,并负责任地与他人相处的意愿和本领,包括社会责任感和团结意识等。在实践中,社会能力体现在工作中的人际交流(如利益冲突处理)、公共关系(如交流与协商、批评与自我批评等)和工作组织(机构组织和生产作业组织)等方面,与群体意识和社会责任心也有关。社会能力既是基本生存能力,又是基本发展能力,是劳动者在职业活动中,特别是在一个开放的社会生活中必备的基本素质。

社会能力是专业能力和方法能力的补充和保障,它无法通过传授方式或灌输式的教学获得,只能在行动导向的团队合作过程中习得。有关社会能力的研究有很多理论,如行为结构理论等。③ 相关讨论还涉及交流与沟通能力、语言表达能力和跨文化的能力等概念。

(三) 个性能力

在德国职业教育界,个性能力有时也作为一个独立的维度被讨论。个性能力是指个体

[①] Rösch, H. *Didaktik des berufspraktischen Unterrichts Bau-und Holztechnik. Ziele-Inhalte-Methoden*. München, TU München, 1990.

[②] Wilsdorf, D., *Schlüsselqualifikationen. Die Entwicklung selbständigen Lernens und Handelns in der Berufsausbildung*, München, Lexika Verlag, 1991, p. 32.

[③] Pätzold, G., *Handlungsorientierung in der beruflichen Bildung*, Frankfurt/Main, Verlag der Gesellschaft zur Förderung arbeitsorientierter Forschung und Bildung, 1992, p. 28.

在工作任务或者工作小组中得到发展，发挥自身才能和动机以及提高工作效率的能力，是对家庭、职场或公共生活中出现的发展机会、要求或限制做出解释、深入思考并加以评判，拓展自己的才能且不断进步的意愿。个性能力既包括个人的品质，如独立性、批判能力、自信心和责任心等，也包括价值观的发展和对自我价值的承诺。

对个性能力进行科学讨论非常困难，不管是在心理学、教育学还是伦理学领域，目前均没有被大家一致接受的观点。由于职业领域不同，不同行为方式对不同职业领域的意义不同，人们更多是讨论一些"工作美德"对职业发展的重要性，如勤奋、可信、整洁、精确性、吃苦耐劳、忠诚、准时和责任心等。[1]

需要强调的是，以上的能力维度划分不是严格的，这既不可行，在教育理论上也是不合适的，因为这样会破坏人格的统一。职业发展成功意味着专业能力、方法能力和社会能力的有效结合。职业能力不但帮助学习者做好职业准备，也为其个体发展和进入社会生活做好准备，是职业教育质量的重要评价指标。

(四)关键能力(核心素养)

20世纪中叶，随着社会劳动水平分工逐渐弱化，职业和岗位间的界限变得模糊起来，对职业人才的资格要求做出具体预测变得更加困难。社会学家梅腾斯(D. Mertens)在对劳动市场与劳动者职业适应性问题进行研究时提出了关键能力(Key Competence)的概念，即"与具体工作任务和专门技能或知识无关的，但对现代生产和社会顺利运行起着关键作用的能力"。[2]

西门子公司在一系列典型实验基础上，开发出了一个系统培养从事高技术和复杂工作人员的关键能力的一揽子方案，起名为"以项目和迁移为导向的教学"(德语 Projekt-und TransferorientierteAusbildung，简写为 PETRA)。该教学方案把关键能力分为"组织与完成生产、练习任务""信息交流与合作""应用科学的学习和工作方法""独立性与责任心"和"承受力"五类(见表1-2)。PETRA 是世界上第一个系统化针对关键能力培养进行教学改革、全面提高人才整体素质的教学改革方案。

关键能力的概念引起了其他西方国家的重视，英国随后开展了很多类似讨论，如"核心能力"(Core Skills，也有 Common Skills 等说法)的概念将其概括为问题解决能力等11项。后来英国国家职业资格证书体系又将其进行了分类，一类为强制性能力，包括通信能力、计算能力和信息技术；另一类为选择性能力，包括问题解决能力、个人能力、现代外语能力等。这样，关键能力的概念向行为主义方向又进了一大步。澳大利亚也有类似方案，如把关键能力分为"搜集、分析和组织信息""交流思想与信息""计划和组织信息""合作""利用数学思想和工具""解决问题"以及"利用技术"七类。[3]

---

[1] Rösch, H., *Beiträge zur Didaktik und Methodik der beruflichenBildung*, München, TU München, 2000.

[2] Mertens, D., "Schlüsselqualifikationen—These zur Schulung für eine moderne Gesellschaft", *Mitteilungen aus der Arbeitsmarkt- und Berufsforschung*, Nürnberg IAB, 1974(7), pp. 36-43.

[3] DECS (Department for Education and Children's Services South Australian), *Key Competencies —Professional Development for Teachers and Trainers*, Victoria University, 1997.

表 1-2　现代企业员工应当具备的"关键能力"[①]

组织与完成生产、练习任务	信息交流与合作	应用科学的学习和工作方法	独立性与责任心	承受力
目标坚定性 细心 准确 自我控制 系统工作方法 最佳工作方式 组织能力 灵活性 协调能力	口头表达能力 笔头表达能力 客观性 合作能力 同情心 顾客至上 环境适应能力 社会责任感 公正 助人为乐 光明磊落	学习积极性 学习方法 识图能力 逻辑思维能力 想象能力 抽象能力 系统思维能力 分析能力 创造能力 在实践中运用理论知识的能力 触类旁通的能力	可靠性 纪律性 质量意识 安全意识 自信心 决策能力 自我批评能力 评判能力 全面处理事务的能力	精力集中 耐力 适应新环境的能力

除关键能力外，人们还用其他类似术语描述那些"非学科专业的"能力，如 Cross Curricular Competence 和 Common Skills 等，即不属于某个学科或职业所特有、具有横向迁移特性，并对成功学习和工作具有重要作用的能力。21 世纪初，经济合作与发展组织(OECD)开展的研究项目"素养界定与选择：理论与概念基础"(DeSeCo)在世界范围内产生了重要的影响。受其启发，我国普通教育界对核心素养也开展了大量研究，但其研究的内容和深度与职业教育的关键能力研究相比，并没有本质性的区别。[②]

职业资格研究者格鲁波(U. Grob)等建立了一个由结构性、功能性、可塑性、内容广度、可实证检验和均衡性六个指标组成的能力评价模型，据此对上述各种能力分类进行检验，发现它们都无法满足模型的全部要求。例如，由于缺乏实证检验，关键能力无法证明其确实能帮助人们有效应对岗位工作中不可预测的需求，同时也没有明确的内部结构。[③]

对(职业)能力的多种认识给我国职业教育实践带来了一些困扰。例如，很多职业教育机构无法区分一些基本概念，在其教学文件(如教学或课程标准)中无法准确区分能力和技能的概念，造成培养目标的偏差；又如，关键能力概念与多元智力理论有矛盾，与公认的领域相关性原则和情境原则也不相符，这会给教学实践带来困惑。对能力理解的多样化不是中国所特有的，雷曼(B. Lehmann)曾经警告说："当前能力研究具有严重的理论缺陷，

[①] Klein, U., *PETRA Projekt — und transferorientierte Ausbildung*, Münche, Siemens — Aktionges, 1990, pp. 27-33.
[②] 张华：《论核心素养的内涵》，载《全球教育展望》，2016 (4)。
[③] Maag Merki, K., "Cross—curricular competencies," in *Handbook of Technical and Vocational Education and Training Research*, eds. Rauner, F. & Maclean, R., Dordrecht, Springer, 2008, pp. 517-523.

有可能退化为毫无意义的概括……最后仅仅成为一种短暂的狂热。"[①]本书对职业能力进行的梳理，希望能对职业教育研究和实践起到一些"警示"作用。

(五)范式转化：从适应导向到设计导向

针对技术技能型人才职业资格的发展趋势，工业社会学有个著名的"极化理论"，即认为未来社会将存在两"极"人群，一极是为数众多的低技能人员，另一极是数量较少的高技能人员；培养低技能人员成本较低，而另一极的高技能者将会是社会和个人发展的赢家。[②] 与此相关，在确定职业教育培养目标时，在促进学习者个性发展的"教育性目标"和适应企业岗位要求的"实用性目标"之间，始终存在着一个矛盾，即职业教育是(仅)满足企业工作岗位的就业需要，还是为学习者的职业生涯发展奠定扎实的基础？不同劳动生产组织方式、不同管理理念对员工个体的理解不同，对职业教育培养目标的理解也有所不同(见表1-3)。

表1-3 不同管理模式下职业教育与培训的目标和内容

管理模式	对人的描述	职业教育目标
泰勒主义	合理化的人 人是人机系统的一个功能部分 可控制的生产因素	提供有工作能力的劳动者 完成具体工作任务 以生产技术为导向
人力资源理论	社会的人 个体人，同时为集体的成员 可被激励，有积极性	塑造人际关系 表达个人感受，实现自我 提高技术技能和能力
精益管理理论	综合的人 积极的创新者和设计者 有成功的潜力	促进个性发展和全面素养提高 团队导向，不同级别和专业的人共同学习 自我反省

当今社会，科学技术日新月异，智能化生产成为重要的发展趋势，知识掌握得多一点少一点对劳动者个体的影响并不是决定性的，关键是要有能力在不断变化的社会中找到自己的位置。从经济学角度看，扁平化管理、团队协作和自主决策是未来工作世界的主要特征，技术技能人才必须具备相应的职业能力和素养。按照"整体化职业教育"[③]的理念，职业教育培养自我负责、具有创新能力和社会行动能力的公民，既要满足企业对劳动者素质、对劳动力支配权的要求，又要使劳动者个人富有活力，有机会实现个人的发展愿望和追求，最终实现企业、社会和个人发展的多赢。职业教育的重心从关注知识技能储存和模

[①] Lehmann, B., "Kompetenzvermittlung durch Fernstudium," in *Kompetenzentwicklung in der beruflichen Bildung*, eds. Clement, U. & Arnold, R., Opladen, Leske + Budrich, 2002, pp. 117-129.

[②] Baethge, M., Gerstenberger, F., Kern, H., Schumann, M., Stein, H. W. & Wienemann, E., *Produktion und Qualifikation*, Hannover, Schroedel, 1976.

[③] Ott, B., *Ganzheitliche Berufsbildung. Theorie und Praxis handlungsorientierter Techniklehre in Schule und Betrieb*, Stuttgart, Steiner, 1998.

仿能力，逐渐转向创新能力的培养，这意味着人力资源开发模式的转变，即从图 1-6 中的模式 1 到模式 2 并逐渐向模式 3 过渡。

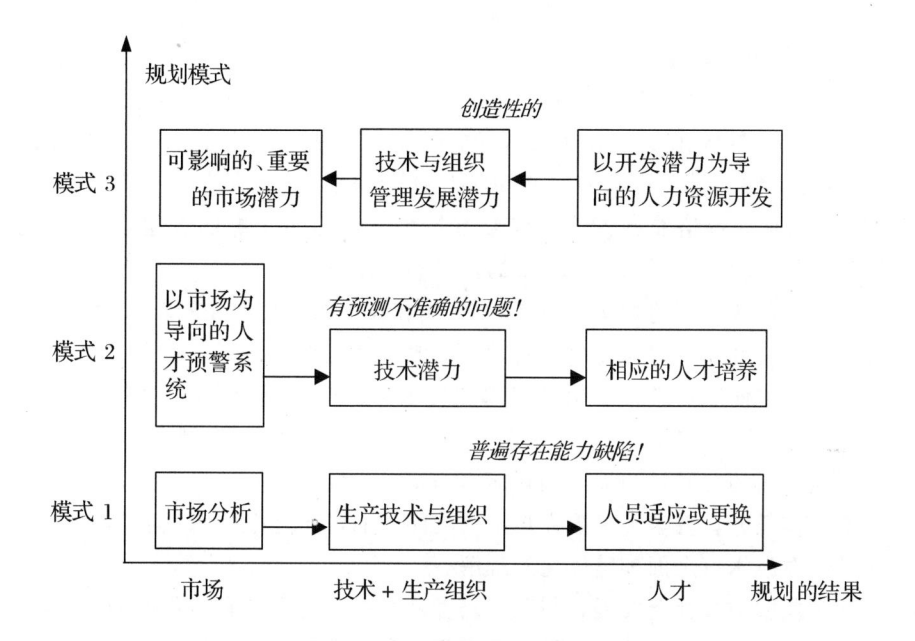

图 1-6　人力资源开发规划的模式①

在模式 1 和模式 2 中，人力资源开发指导思想是如何使技术技能人才适应新技术的要求的？模式 1 根据当前技术发展状况提出人才规格要求，通过教育训练使学习者胜任岗位要求；由于教学内容的滞后效应，人才的能力水平常落后于企业发展的实际需求，造成"能力缺陷"。模式 2 根据对未来技术经济发展的预测提出人员素质需求，并进行人才培养。因为预测存在不准确性，只能给出大致的发展趋势，或者同一种技术引发不同的生产组织方式并造成人才需求的较大差异，形成学非所用的"技能错配"（Skill Mismatch）。

在模式 3 中，技术技能人才是企业创新力的重要因素，职业教育成为企业履行技术管理和生产管理职能、建立高效生产体系的重要手段。在对企业生产管理模式进行设计时，经济技术指标不是唯一的决策依据，技术技能人才素质也是重要的影响因素，如员工的技能、解决问题的能力和灵活性等。在信息化和智能化生产条件下，实现"工作的人性化"具有重要的意义，这需要按照"人性化工作"理论和"完整的工作行动方案"，将生产流程设计为有技术技能人员参与的包括计划、实施和评价等步骤的完整的工作过程，并避免过分精

---

① Staudt, E., Kröll, M. & von Hören, M., "Personalentwicklung und Qualifizierung als strategische Ressouce betrieblicher Innovationen," in *Berufliche Bildung und Betriebliche Organisationsentwicklung*, eds. Dybowski, G., Haase. P. & Rauner, F., Bremen, Donat Verlag, 1993, p. 48.

细的分工。①

　　实现人性化和社会可承受的工作设计，是智能化生产的必然要求，也是高素质劳动者和技术技能型人才成长的必要条件，这意味着职业教育人才培养模式必须实现"从适应导向"向"设计导向"的范式转变。

　　"设计导向"是诞生于20世纪80年代末德国的职业教育指导思想，它认为，职业教育的目标是培养学生"（参与）设计工作和技术发展的能力"。据此，教育、技术和工作三者间没有谁决定谁的简单关系，"技术的可能性"和"社会需求"之间存在着人为的和个性化的"设计空间"。② 职业教育培养的人才不仅要有技术适应能力，更要有能力"本着对社会、经济和环境负责的态度，（参与）设计未来的技术和工作世界"。

　　"设计导向"强调两方面的含义：一是对"工作和技术的设计"。在技术、生产组织和工作的设计过程中，教育通过多元文化取向对社会愿望产生影响，可在很大程度上规划和设计技术的发展。应促使职业教育对生产组织和技术进步产生积极影响，即实现从"适应导向"向"设计导向"的战略性转变。二是在教学过程中应促进学生"设计能力"的提高，满足社会和企业日益提高的对质量和员工创新能力的要求。设计导向学习的内容是职业实践中开放性的典型工作任务，教学不局限在技术的功能方面，而是把技术发展作为一个社会过程看待，让学生对技术有全面和整体化的理解。③

　　参与设计工作领域和社会发展，与我国培养社会主义建设者和接班人的"全面发展"教育目标和提高创新精神和创新能力的社会发展需求是一致的。职业教育培养的不再是简单的操作者和实施者，而是具有全面职业能力和特长的、全面发展的劳动者和高素质的社会公民，教学内容不再是静态的知识和技能，而是解决复杂性综合问题的能力和创新精神。职业教育在广阔的社会环境（学校、企业和社会）中对学习者进行面向职业实际和社会的教育，强调"做人""做事"以及与未来的社会和职业角色相结合，因而职业教育也是普通教育和社会教育的纽带。

三、全面理解技术的含义

　　"设计导向"为职业教育创新提供了重要的启发，职业教育要想实现从"适应导向"向"设计导向"的转变，需要关注人文主义的方法论。

　　人类进入了信息化和智能化时代。过去我们主要关注技术的积极影响，简单地认为技术发展越快，经济就越好，人民生活也会更好。促进技术快速发展成为各国政治、经济甚至伦理上的指导思想。但是当技术发展到一定程度时，当自然资源、生产劳动和知识的平

---

　　① Brödner, P. & Oehlke, P., "Shaping Work and Technology," in *Handbook of Technical and Vocational Education and Training Research*, eds. Rauner, F. & Maclean, R., Springer, 2008, pp. 573-581.
　　② 德文的"设计"（Gestaltung）一词也有"建构"和"创新"的部分意思。
　　③ Rauner, F., "Gestaltung von Arbeit und Technik," in *Handbuch der Berufsbildung*, eds. Arnold, R. & Lipsmeiner, A., Opladen, Leske+Budrich, 1995, pp. 50-64.

衡得不到保证时，技术也会带来消极影响，使许多人感到失落，甚至带来大量结构性失业。

新技术推动生产力的发展，使劳动者与生产技术的关系更为复杂。正如未来学家托夫勒(A. Toffler)所说："有重大意义的新机器不仅提出甚至迫使我们改变其他机器，而且还启发我们去寻求解决社会、哲学甚至个人问题的新途径。新机器在改变人的整个精神环境——人的思想方法及世界观。"①当计算机成为重要的劳动工具、自动化设备替代了体力劳动甚至部分脑力劳动时，工作内容和方式发生了重大变化。纯体力和重复性工作的意义变得微不足道，这是否预示技能型人才需求的减少，甚至消亡？它对职业教育会产生什么样的影响？要想回答这些问题，必须完整地认识技术的含义。

(一)职业性技术

1. 技术包含主观因素

技术是人类借以改造和控制自然，以满足其生存与发展需要的包括物质装置、技艺与知识在内的操作体系。技术不是单纯由科学定理推导的结果，而是它与社会需要相统一的结果。长期以来，我国教育盛行的"分数教育"的一个消极后果是培育了很多科学神话，这在很大程度上树立了错误的科学技术形象，形成了对科学技术的不确切看法，即一方面将科学理论固定化，以为科学理论是永恒的真理；另一方面忽略了科学技术的文化功能和精神价值。

实践证明，技术发展是技术进步和社会需要的统一，是技术的可能性与社会需求(如从业人员素质、经济社会基础、文化认同、政策法规等)共同作用的结果(见图1-7)。例如，智能化生产技术是信息通信技术、精益生产组织方式和一专多能型技术工人综合作用的结果。技术发展的前提是技术、生产组织和人力资源发展相协调。技术发展所追求的目的、价值观以及所表现的文化取向，都是客观和主观需要的共同结果。

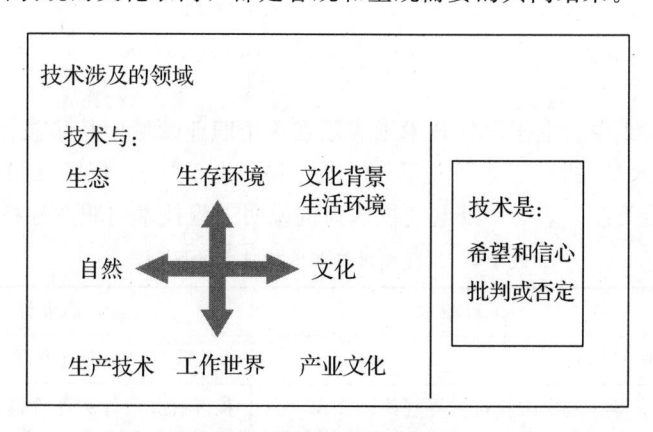

图1-7 技术涉及的领域②

---

① [美]阿尔文·托夫勒：《未来的冲击》，孟广均等译，21页，北京，新华出版社，1996。
② Heidegger, G. & Rauner, F., *Berufe 2000—Berufliche Bildung für die industrielle Produktion der Zukunft*, Düsseldorf, Der Minister für Arbeit, Gesundheit und Soziales des Landes Nordrhein-Westfalen, 1989, p. 15.

除了自然科学、工程理论和工具等客观规律和事物外，广义的技术还包括主观能动性较强的经验性知识，不同产业文化导致的实现手段和经济社会利益体现方式等与从业人员有关的要素。

根据技术与它所附着的职业工作形式之间关系的密切程度，可以把技术大致分为两类（以工程技术为例）：一是与相关人员职业活动关系密切的技术，即职业性技术；二是与人的职业活动没有关系或关系较小的非职业性技术，即传统意义上的工程技术。虽然这两者不完全是排他性的，但每个领域的技术仍然是两者的综合，如汽车技术包括非职业性的直喷燃油技术等设计制造技术，以及与从业人员职业活动联系较大的故障诊断等维修技术。职业性技术是从科学和狭义的技术转化为现实生产力的重要途径，在整个技术中占据十分重要的地位。

事实上，早在400多年前，杰出的思想家和工程科学方法论的奠基人达·芬奇（L. P. da Vinci）就曾经强调"伟大的工匠技术是世界的未来"，肯定了职业性技术对人类社会发展的重要贡献。但是在崇尚读书、轻视实践的中国传统文化中，职业性技术这些"奇技淫巧"一直没有得到应有的重视。对职业性技术的忽视，给我国职业教育人才培养造成了很大的负面影响。

2. 职业性技术与工程技术的区别

职业学习的内容是工作，职业教育教学内容的重点是富含工作过程知识的职业性技术。在很多情况下，职业性技术与工程技术具有相同或近似的名称，因此人们常把工程技术知识误作为职业教育的内容。

事实上，职业性技术与工程技术有不同含义，特别是在高新技术领域。以电子电气技术为例。在工程技术领域，它表示工程学科的一个研究、教学和实践领域，包括无线电通信、数字电路、自动控制和测量等，具有基于数学和物理学理论基础的学科系统化知识体系，往往可首先通过公式计算和预测，而后在实验室得到验证，反映工程师和工程科学家的职业实践。[①] 从方法论上讲，这是技术决定论（Autonomous Technology）指导下的科学实践。

在企业生产实践中，电子电气技术则表示在一个职业领域中从事技术实践活动的人员（如技术工人和技术员）的专业生产或服务活动，是产生于"能工巧匠"的知识和技能，注重技术和生产活动的关系。表1-4以电气技术为例说明工程技术与职业性技术的区别。

表 1-4　工程技术与职业性技术的区别[②]

区别	工程技术	职业性技术
研究对象	自然体系	由人类建立的技术体系
目标	获得有关物质和自然界规律的知识	获得有关设计和评价技术系统的知识

[①] 《简明不列颠百科全书》第2卷，630页，北京，中国大百科全书出版社，1985。
[②] Banse, G. & Wendt, H., *Erkenntnissmethoden in den Technikwissenschaften*, Berlin, Verlag Technik Berlin, 1986, p. 78.

续表

区别	工程技术	职业性技术
功能	解释性功能	方法性功能
知识体系	用于描述自然界的现象和物质	采用标准、计划等形式,利用由规律推导出的方法规范职业行为
认识方法	独立的,以反映为导向 "原因—结果"的关系	综合的,以应用为导向 "目标—手段"的关系

职业性技术与工程技术之间最大的区别在于理论体系的不同,即职业性技术在很大程度上是工作过程系统化的。由于理论上的电气技术并不代表企业实际应用中的电气技术,职业性技术发展必须克服工程学科在实践中的局限性。职业性技术是职业教育的重点内容。

(二)人文主义技术观

职业性技术的理念与技术哲学中的人文主义技术观有着重要的联系。1877年,德国哲学家卡普(E. Kapp)在《技术哲学纲要》中最先开始对机器和技术工具进行细致的考查,将技术工具看作人类意识发展的条件。美国技术哲学家米切姆(C. Mitcham)把技术哲学分为两大学派:一是工程主义学派,从内部分析技术,体现技术自身的逻辑;二是人文主义学派,从外部透视和解释技术,展现技术与社会文化之间的互动。[1] 芬伯格(A. Feenberg)以技术是否负载价值和是否自主为依据,把技术的本质论分为三种类型:

- 技术工具理论:技术既不负载价值又不是自主的,技术是中性的、服务人类目的的工具;技术包含具有普遍性的真理,是实践目的的知识组织。
- 技术实体理论:认为技术是具有自主性的社会存在。例如,海德格尔(M. Heidegger)认为技术的本质是"座架",现代技术以"座架"方式规定并统治当今社会现实;埃吕尔(J. Ellul)认为技术涉及价值和观念,是独立于人类干预而自我决定的社会存在。
- 技术批判理论:技术负荷价值但不是自主的,它为人类所控制。技术是非中性的社会建构,因为社会价值融入了技术的设计与使用。技术发展是不同发展可能的矛盾进程,技术并非定数,而是文明发展选择项被讨论和决定的社会战场。[2]

人文主义技术哲学对技术本质的反思和对技术的人文情怀,特别是它对技术的工作属性和人文属性的认识,是职业教育发展的重要指导思想。例如,设计导向职业教育思想视技术为"技术可能性和社会愿望的统一体",体现了技术的自然属性和社会属性的统一。[3]

---

[1] 王伯鲁:《技术究竟是什么?——广义技术世界的理论阐释》,6页,北京,科学出版社,2006。
[2] [美]安德鲁·芬伯格:《技术批判理论》,韩连庆、曹观法译,3~20页,北京,北京大学出版社,2005。
[3] 何兴国:《职业院校工作过程导向课程实施研究——基于新制度主义理论的视角》,博士学位论文,北京师范大学,2016。

(三)工作过程知识

信息技术的广泛应用，使技术人员与技术之间的关系变得更为复杂，这突出表现在技术人员与其所使用的机器设备以及实际生产过程的关系上。例如，在现代化生产企业（如发电厂和化工厂等）中，技术工人面对的是一堆监视器或仪表，而具体企业是生产电力还是合成纤维成了次要的东西。对发电厂技术工人来说，准确描述汽轮机的工作原理不再重要，而通过显示器确定气压参数并及时准确做出反应更为关键。这样，与传统技术条件下的生产相比，现代生产条件下人与机器的关系界面发生了位移，确切地说是产生了新的界面（见图1-8）。

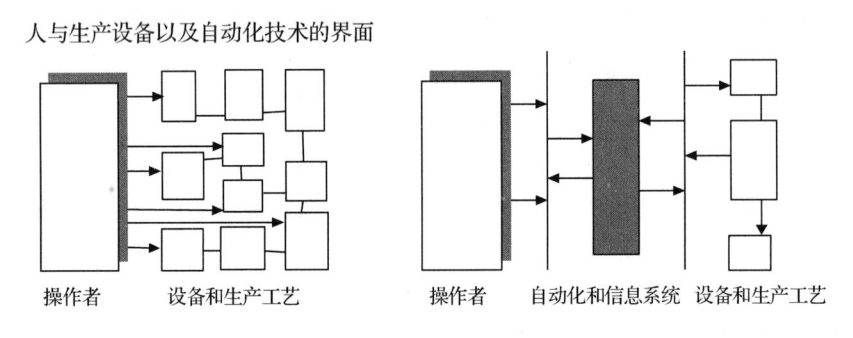

图 1-8 人与机器的界面

技术高度密集也表现在产品售后服务方面，计算机测试和分析系统成为维修现代工业产品和设备（如数控机床和汽车等）的必备手段。技术进步提高了产品质量，使产品寿命延长，维修和故障率降低，这对维修工作意味着：(1)工作内容改变，传统手工作业如钣金工任务减少，而故障诊断和咨询工作增加；(2)工作要求改变：必须借助计算机辅助检测手段，通过特定的符号和数据以及抽象和理性分析来感觉，这意味着对维修工作智能要求的提高。

在高度复杂和专业化的生产条件下，产品的生产和维修逐渐分离。高素质的生产工人可能会熟练使用机器生产某些部件，却不可能搞懂这些部件所隐含的技术问题；同样，维修工人也不可能搞懂产品所隐含的生产技术，他只需要按照符合逻辑的顺序，用特定仪器检查出故障零件并加以更换（作为黑箱）就行了。这样，技术技能人才需要的专业知识不再是系统化的科学知识，而是与实际工作过程有着紧密联系的带有"经验"和"主观"性质的知识（当然包含科学技术成分）和能力，如制订维修计划时的CAP（计算机辅助计划）知识，或商业决策树等知识。这些"职业性"知识很难归入某一个学科，从传统的学科系统化理论也不可能简化或推导出这些知识。这里，实际工作经验起着非常重要的作用。

工业心理学研究发现，在现代技术生产条件下（如CIMS等），技术工人所需要的知识约有一半以上是介于经验性知识和学科理论知识之间的特殊的知识。例如，工人在普通机床上手工进刀时会感受到刀具和机床的载荷，但在操作数控机时就不能，甚至看不到切削过程，感性认识减少到只需要分辨声音。现代机械加工依靠字符和图形来显示这些间接感觉，只有经验丰富的技术工人才能成功表达出他的感性经验，并对加工程序进行优化。德国不来梅大学技术与教育研究所(ITB)将这些知识命名为"工作过程知识"(Work Process Knowledge)，这就是后来的工作过程系统化课程的逻辑起点。

工作过程知识是工作过程直接需要的(区别于理论知识)，在工作过程中自我获得的知识，它是在成功确立工作目标、制订计划、实施计划及评价工作成果的工作情境中积累的。[1] 工作过程知识可以通过经验学习获得，可以是理论知识的应用，还可以是将工作中获得的经验与理论知识进行反思、整合得到的知识(见图1-9)。

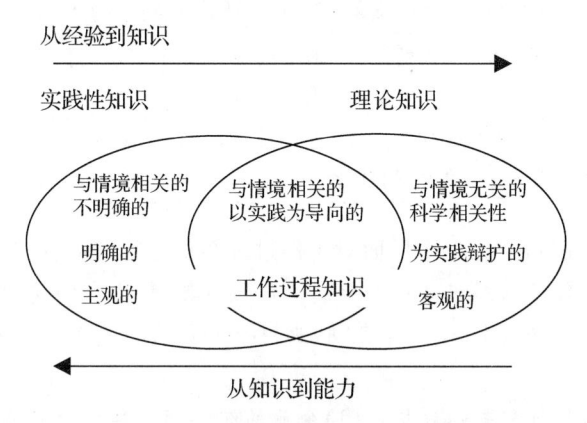

图 1-9　实践性知识与工作过程知识[2]

工作过程知识隐含在实际工作中，是物化在工作过程以及产品和服务过程中的诀窍和技巧。[3] 它不只是关于某一单项工作的知识，也包括企业整体运行中各项工作相互协调的知识，无法从理论知识中推导出来；它是主观与客观知识的结合，包括存在于工作组织和其他工作者那里的难以言明的知识，乃至工作者的生活经验。工作过程知识是工作者在解决复杂问题的工作过程中被建构的，这一建构过程也是工作者实现自己工作目标的过程。

针对工作过程知识的特点，劳耐尔(F. Rauner)在本奈尔(P. Benner)关于护理工作研究的基础上[4]归纳出了六点，如表1-5所示。

---

[1] Fischer, M., *Von der Arbeitserfahrung zum Arbeitsprozesswissens*, Opladen, Leske+Budrich, 2000, p.121.
[2] Rauner, F., "Die Bedeutung des Arbeitsproyesswissens für eine gestaltungsorientierte Berufsbildung," in *Lernfeld: Arbeitsprozess*, eds. Fischer, M. & Rauner, F., Baden—Baden, Nomos, 2002, p.34.
[3] Stevenson, J., "Working knowledge," *Journal of vocational education and training*, 2000(3), pp.503-519.
[4] Benner, P., *From Novice to Expert: Excellence Power in Clinical Nursing Practice*, Menlo Park, Addison-Wesley, 1982.

表 1-5 工作过程知识的特点[①]

特点	含义
敏感性	随着经验的增加，工作者逐渐具备对典型工作情境中细微差别的感知和评价能力
背景性	职业实践共同体成员工作经验增多，可建立起相似的行动模式和价值观，可以实现无法用言语表达的沟通与理解
情境性	只有了解起源，才可以主观感知工作情境，由经验得出的假设、观点和期望，终将汇入已有的情境性行动中，并设计出具有细微差别的行动方案
范式性	只有那些针对新问题、对原有行动方案和行为方式提出质疑并能产生新方案的工作任务，才是具有"范式"意义的"发展性任务"(Developmental Task)，即典型工作任务
可交流性	在实践共同体中交流的事物，具有高度一致的主观意愿。只有共同体内的成员才能理解与情境相关的语言并进行有效交流
前瞻性	完成不可预知结果任务的基础是不完整的知识（知识缺陷），并由此发展"元能力"，从而完成没有标准答案的任务

林德伯格(V. Lindberg)在三个层面对工作过程知识进行解释：

> 职业层面的工作过程知识是关于职业工作的工具（智力和物质的）、材料及其与职业相关的特性、方法与技术、规范（职业规范和社会规范）、职业工作设计和组织的知识。

> 组织层面的工作过程知识包括：(1)企业的组织形式和生产流程；(2)有关企业独特的产品、生产技术和工艺的知识，或者有关特定服务对象和服务内容的知识；(3)显性化的个人或组织经验；(4)组织文化、个人及组织所掌握的隐性知识等难以言明的各种知识。

> 个人层面工作过程知识指个体针对具体问题情境，联结已有知识和学习新知识而建构的解决具体问题的知识结构，包括从过去工作经验中获取的关于现在某一工作过程的知识，以及应用于当前工作过程的知识。[②]

比勒特(S. Billet)的研究证明了以上三个层面的知识，并确认：职业的规范或惯例属于职业层面的工作过程知识，企业生产和经营流程属于组织层面的工作过程知识；个体在具体工作情境中将职业、组织层面的知识整合起来，形成个人层面的工作过程知识。[③] 在工作过程知识获取过程中，实践共同体具有重要的支持作用。费舍尔(M. Fischer)[④]和竹

[①] Rauner, F., *Methodenbuch: Messen und Entwickeln berufliche Kompetenzen* (COMET), Bielefeld, W. Bertelsmann, 2017, p. 53.

[②] Lindberg, V., "Vocatioal knowing and the content in vocational education," *International Journal of Training Research*, 2003, 1(2), pp. 40-61.

[③] Billet, S., "Constructing vocational knowledge: history, communities and ontogeny," *Journal of Vocational Education and Training*, 1996, 48(2), pp. 141-154.

[④] Fischer, G. & Nakakoji, K., "Computational environments supporting creativity in the context of lifelong learning and design," *Knowledge based systems*, 1997(10), pp. 21-28.

内弘高[1]发现，个体的大部分知识来自实践共同体的共同记忆，参与到共同体的实践中，是个体获取工作过程知识的主要途径，这就是莱夫(J. Lave)和温格(E. Weger)提出的"合法的边缘性参与"的理念，即学习者通过获得实践共同体内部的合法身份，从而获得共同体成员所具备的知识和能力。[2]

工作过程知识是"基于工作过程"或"工作过程系统化"课程的理论基础，它体现了人文主义的技术哲学思想，也是建构主义和情境学习理论在职业教育课程中的具体体现。

---

[1] [日]竹内弘高、[日]野中郁次郎：《知识创造的螺旋——知识管理理论与案例研究》，李萌译，40～41页，北京，知识产权出版社，2006。

[2] [美]J. 莱夫、[美]E. 温格：《情境学习：合法的边缘性参与》，王文静译，上海，华东师范大学出版社，2004。

第二章　规划有效的学习

目前尽管职业教育普遍存在教师教得辛苦、学生学得痛苦的现象，但学生的学习收获却不容乐观。调查显示，很多学生认为自己在学校的专业学习收获不大。请不要简单责怪职业学校学生对专业学习不感兴趣，因为同一项调查显示，81%的学生对所学专业是感兴趣的；也不要简单把责任归咎于职业学校学生基础差、缺乏学习动力，因为该调查还显示，职业学校学生与普通高中生在学习积极性方面并没有显著差异。[1] 这些事实背后反映的是，职业教育缺乏为不同天资和个性的青少年提供合适的教育机会的能力。

一、当前课程和教学中存在的问题

(一)学科系统化理念根深蒂固

尽管受到普遍的诟病，但是学科系统化课程(简称学科课程)目前仍然在我国职业教育实践中占据着主导地位。学科课程以系统的科学技术知识内容为中心设计，教学目的是让学生理解这些知识，并尝试用所学知识解决职业生涯和生活中发生的问题。然而，采用学科系统化课程模式培养出来的学生，是否真的能够应用所学知识解决工作中遇到的复杂实际问题，还得打个问号，因为按照情境学习和建构主义等现代学习理论，在缺乏实际工作情境中所学知识的可迁移性会有很大问题。

作为 18 世纪启蒙运动的产物，学科课程依据不同学科之间的相关性，按照先后顺序开设教学科目，其优点是逻辑性、(学科)系统性和简约性较强。然而，随着科学技术和社会进步以及对教育规律认识的深入，学科课程的缺点逐渐呈现出来，这主要表现在：

- 从认识方法上看，学科课程体系按照原子论和机械论观念认识个人、社会与自然的关系，追求"工具理性"，倡导对世界的有效控制，忽视了世界的整体性特征，把原本内在统一的科学技术、艺术与道德等割裂开来；
- 从教育政策上讲，学科课程体系把学科文化强化为"精英文化"，将之与"大众文化"割裂开来，强化了少数人的利益，最终有可能导致学生人格的"片断化"，阻碍了学生综合素养的整体发展；
- 从教学过程上看，学科课程以灌输学科知识为宗旨，把学习理解为封闭在书本上的过程，过多关注知识记忆，忽视发现性学习和行动学习在人的发展中的价值，忽视社会经验的获得和实践能力的形成；
- 在职业教育中，学科课程还有普通教育中所没有的附加困难，即学科系统性与职业活动的系统性完全不同，抽象的概念与职业教育的实践性和应用性要求有较大的差距。

---

[1] 叶肇芳：《中等职业教育教学改革的现状、问题及对策研究》，见教育部职业教育与成人教育司等编：《"面向 21 世纪职业教育课程改革和教材建设规划"研究与开发项目成果汇编·职业教育综合改革研究分卷》，137～154 页，北京，高等教育出版社，2002。

进入21世纪，企业和社会管理进入了以过程为导向的综合化运作时代，除了专业能力之外，人们开始关注劳动者的方法能力、社会能力和个性特征等方面的综合素养的发展。在职业教育中，只有在实际的工作过程中完成综合性的工作任务，才能使学习者获得关联性的知识，而不是孤立和死的书本知识，"按照工作过程的顺序开发课程，是凸显职业教育特色的课程开发的突破口"[1]，这不只是课程内容组织方式的变革，在本质上还体现了课程价值观的变革。

(二)理论教学内容缺乏合理性基础

职业教育教学的另一个缺陷是教学内容的选择和确定问题。专业课教师讲授的重点常常是某一学科的基本概念、原理和公式，即从大学"对应"学科中挑选出来经过"教学简化"（Didactical Reduction）得出的"基础性"和"应用性"知识。确定此类教学内容的主观臆断性很大。人们想当然地认为：扎实的科学理论基础能为掌握新技术、胜任岗位能力要求提供保障。果真如此吗？事实上，我们从来没有见到过严谨的实证调查结果，说明那些通过考试确定的、可用语言描述和表达的书本知识，对学生的职业工作到底起到了多大作用，相关科学研究结果反而对此提出了怀疑。

科学技术史研究发现，技术发明发展与其对应的科学理论常常是两套相对独立的系统，并没有直接关系，而科学发展却常从新技术那里获得启发，科学技术与该领域的职业行动也是两套系统，这就解释了为什么如家电厂在培训维修人员时，很少关心学员是否具有基本电学知识，而只是"片面"强调寻找和排除故障的技能技巧。前文有关工作过程知识的讨论完全支持这一观点。

过去人们认为，通过古典学科（如数学和拉丁语）训练发展起来的能力能自动迁移到其他学科的学习中，或自动应用到要求这种能力的任何领域，但20世纪心理学研究动摇了这一形式训练的信条。欧洲在充裕资助和周密组织下进行的调查发现，这种"自动迁移"并不存在。事实上，书本知识学习成功与未来职业发展成功之间的相关性很低。例如，在现代社会，学习古典人文学科的人数比例下降，学习技术的人数比例不断上升，但这并没有引起国民素质的大幅度降低。

在目前的职业学校教育中，（狭义的）文化课教育占有很大比重，如侧重数理和逻辑发展的数学，侧重语言发展的语文和外语，但职业院校学生多数是学科考试竞争机制下的失利者，对此类学习内容有一种"天然"的恐惧。调查显示，职业院校学生在专业课中的学习效果一般比文化课好，他们对专业实践课的兴致甚至可以说很高。[2]

事实上，职业学校学生与普通学校"好"学生的差异主要是在智力类型方面，而不是在智力水平方面，他们是一个具有特殊智力倾向的群体。按照加德纳（H. Gardner）的多元智力理论，人的智力由语言、数理/逻辑、视觉/空间、音乐/节奏、身体/运动、人际交往和

---

[1] 姜大源：《职业教育要义》，20页，北京，北京师范大学出版社，2017。
[2] 湖南职教中心职业高中专业教学状况调查组：《职业高中专业教学状况调查报告》，长沙，湖南省职业教育中心，1999。

自我反省等元素组成，能力元素的不同组合构成了个体的智力差异和不同的学习方式[①]，如普通高中学生习惯抽象思维，而职业学校学生喜好通过观察和动手学习。如果职业院校学生普遍感到理论学习困难，我们为什么一定要"坚定不移"地以追求知识为教学目标，以理论认知水平作为衡量学生学习的主要标准呢？

作为国民素质教育的重要组成部分，职业教育可以采用（狭义的文化课之外的）其他方法促进学生的全面发展，这已经被现代教育理论和实践所证明。要想适应职业学校学生群体的特殊性，体现职业教育学生的学习规律，职业教育应当学会选择，也要学会必要的放弃，如放弃通过理论学习强化学生逻辑思维能力的方式，而选择其他能让大多数学生更容易接受的方法，如综合性的项目学习，培养学生系统化解决专业问题的能力和创新精神。

（三）实践教学难以反映职业实践要求

目前在职业教育的实践教学特别是实验教学中，很多学习内容是演示或验证一个科学规律，而不是解决实际生产工作中的技术问题；一些实验实习设备是物质化的科学定律，缺乏足够的职业目标性。例如，在电气技术的照明电路实习中，学习内容多被简化到具体电路元件认知和连接等特定的知识技能点上，而实际职业活动中对这项工作的评判标准却要广泛得多，如亮度、灯具位置、照明与布线质量、节能的可能性，甚至灯具及其安装的审美标准等。对此，有房屋装修经验的人多有尴尬而无奈的体会。

即使在一些学生动手机会较多的实验甚至进行技能训练的实习教学中，实践教学与实际工作过程的联系也很少，传授实践性知识和工作过程知识还没有得到足够的重视。学校在很大程度上为学生提供的不是可以直接能被利用的"工作经验"，而是一些关于职业工作的"词句"甚至"符号"。一家著名IT企业人力资源部经理甚至指出，按照现有学校教育模式，学生在学校待的时间越久，就越难适应企业环境的要求，甚至有可能丧失作为一个产业工人的心理基础。职业学校如果无法找到生产企业的关键要求，就无法及时反映企业的需求，也就无法有效地促进社会经济的发展。企业对校企合作兴趣不大的事实，某种程度上反映了企业对职业院校教学效果的不认可，这就给职业教育工作者提出了一个尖锐的问题：我们是否真正了解企业的关键要求？

正如前文所述，技术工人在工作中所需的知识、技能和处理实际技术问题的能力，除少数属纯科学技术知识，多数都可以划归到工作过程知识中。工作过程知识具有很强的职业目标性，它与传统职业教育中的学科知识属于两个范畴，在职业教育中不能用科学技术知识取代工作过程知识的学习。

（四）教学设计以教师为中心

目前职业院校主要是按照班级组织模式、科目课程和教科书方式组织学习。如图2-1所示，职业教育的培养目标——综合职业能力，用一个倒置圆台的剖面图表示。学生在学习开始时已经具备一定程度较低的基础性能力（圆台小截面）。在学习过程结束后，我们希

[①] ［美］霍华德·加德纳：《多元智能新视野》，沈致隆译，8～19页，北京，中国人民大学出版社，2008。

望学生能在方法能力、专业能力和社会能力方面都有所收获（圆台大截面）。事实是，由于缺少通过"按专业文献学习"获得的独立学习能力，"综合的知识与技能"学习较弱，也缺少在实际工作环境中的行为养成，要达到较高级别的方法能力、专业能力和社会能力是很困难的。学生首先学习单项的知识和技能，其行为局限在学校和班级活动中，之后试图在此基础上获得解决实际工作中疑难问题的能力，提高综合职业能力，并在广阔的社会活动中行动自如，这在方法设计上存在很大的不足。

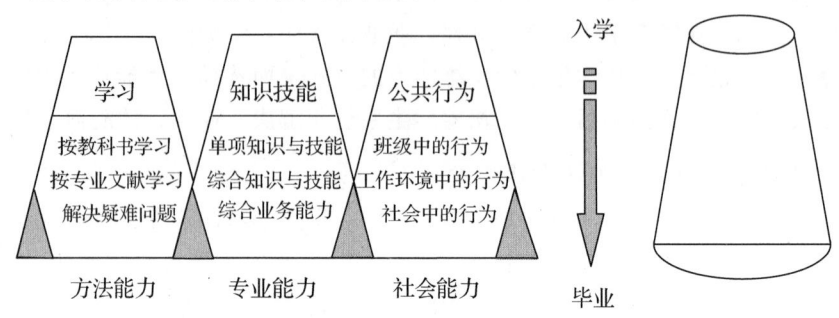

图 2-1　职业能力的培养过程

目前，起源于传统教育"传道、授业、解惑"的讲授式教学仍然是职业教育的主流教学模式。在此，教师处于教学行为过程的主体地位，控制和掌握着教学过程的各个阶段。讲授式教学的缺陷主要表现在：(1)学习是听、读、抄写和看的一个被动的"接纳"过程；(2)学习简化到一个大脑的认知过程，学生的情感、情绪和行动起不到有效的作用；(3)学习建立在"学生已经能够自我负责地学习"的假设基础上，教师较少提供个性化的学习指导；(4)学习是一个理论化过程，学习者系统获取和加工"客观"事实和理论，教师的主要角色是高水平的专业人员；(5)学习主要是个体活动，社会联系的意义微不足道。

讲授式教学，包括借助信息化手段实现的讲授式 MOOC（慕课）等，本质上仍然属于灌输式教学。在此，学习是一个"自上而下"的过程，由独立承担教学责任的教师向学生单方面输出信息。教师"教"的过程是主动的，学生"学"的过程是被动的，在这种限制学生思维自由发展的专制模式下，只有符合教师愿望的行为才是"好的"，是受到鼓励的，而建设性的发现、突发奇想和超前性思考很难得到鼓励，创造能力的培养困难重重。

在灌输式教学中，教师考虑更多的是"如何去教"，而不是学生"如何去学"，这常常使学习活动中充斥着大量、过量和过时的教学内容。目前多数职业院校教学班级学生人数较多，教师无法考虑到学生的个体情况，个性化教学只能是天方夜谭。由于教和学的过程中缺少交流和互动，缺乏学生的信息反馈和有效参与，学习的社会因素与情感因素得不到有效关注，这会大大影响学生的学习积极性，尽管教师汗流浃背甚至鞠躬尽瘁，但学生的主动性仍得不到充分发挥，现代职业教育的很多重要目标，如方法能力和社会能力的发展很难实现。

二、职业学习理论如是说

职业教育的目的是让学生为未来职业发展做好准备,这需要发生有效的学习行为。那么,什么是学习?是否参加了有组织的教学活动就一定意味着发生了学习行为?怎样才能提高学习的效率?

面对知识社会的挑战,职业教育家正在实践基础上努力探索现代职业教育的学习规律,相关研究也取得很大进展,职业教育学习理论从传统的"机械(Mechanical)教育学理论"向"进化(Evolutional)教育学理论"发展,这主要表现在:

> 按照机械教育学理论,理论教学与实践培训是独立的双轨体系,学习策略建立在对"可能性"的想象基础上,职业教育的重点是专业学习;
> 按照进化教育学理论,理论教学与实践培训是一体化过程,学习策略建立在自我管理的"现实性"基础上,专业以外的学习也具有重要的专业意义源。[1]

相应地,教学理论研究的重点也从过去的探索生产性教学策略,发展为探索可能性教学策略。按照可能性教学策略,教学更加重视学习情境和学习主体,强调采用探究式的、自主式和打破常规的学习方法,重视伴随学生主观感受的自我管理式学习过程(见表2-1)。

表2-1 生产性教学策略与可能性教学策略的比较[2]

生产性教学策略	可能性教学策略
教学理论是设计教学过程的理论(如选择、准备和传授教学内容)	教学理论是研究学习情境和主体的理论
主要方法为教学准备、教学简化和内容传授的方法	主要方法为研究式、自学式和打破常规的学习方法
代替学生开发学习内容	伴随学生主观感受的自我管理式学习过程

可能性教学策略从全新的角度来理解和构建职业学习过程,这对职业教育教师提出了更高的专业化的要求,即必须了解人类在职业学习中的学习规律和基本理论,在此基础上设计科学的职业学习方案,建立更佳的职业学习环境,以保证学习活动的有效性。

(一)行为主义学习

学习是经验导致的个体的改变。行为主义学习理论认为,所有行为都是习得的,行为是学习者对环境刺激做出的反应。行为主义把环境看作刺激,把伴而随之的有机体的行为看作反应,学习是刺激与反应之间的联结。行为主义理论主张通过经验获得知识、技能和行为习惯的积累、改变或提高,从而带来新的学习潜能,最终实现改变人类自身的学习的目

---

[1] Arnold, R., " Schlüsselqualifikationen —Ziele einer evolutionären Berufspädagogik," in *Ausgewählte Theorien zur beruflichen Bildung*, ed. Ders., Hohengehren, Schneider, 1997, pp. 134-145.
[2] *Ibid*, p. 140.

的。代表人物有巴甫洛夫(И. Павлов)、桑代克(E. L. Thorndike)和斯金纳(B. F. Skinner)等。

巴甫洛夫的条件反射理论认为，人类的学习行为是一种条件反射。在职业教育中，技能通过重复练习能够形成一定条件反射，从而形成良好的工作习惯，如整洁有序的工作环境能够对劳动安全和环保意识产生所期待的条件反射。

桑代克的学习联结说认为，刺激与反应的联结是神经系统中最基本的反应，学习就是形成这种联结的过程，是尝试错误的过程。偶然的成功会导致错误反应减少，正确反应增多，并最终形成固定的反应，使刺激和反应之间形成特定的联结。

斯金纳主张采用客观的实验方法研究可观察的外表的行为。其操作条件理论认为，学习是一个操作性条件反射过程，即一种积极主动表现出来的行为得到强化的过程。意识是行为本身的一部分，可以把感觉知觉作为刺激控制形式来分析。学习是联系的获得和使用，是形成联系、增强联系和调整联系的过程。有效的学习需要有明显的准备，即学习行为需要"塑造"。可以通过强化来控制行为反应，取得所期望的学习效果。

按照行为主义理论，学习过程是"刺激"和"反应"的关系，即个体行为的"原因"和"效果"间的关系。学习者是一个被动的客体，知识按照统治者的控制和愿望自上而下传递，学习者个人只有被动和反应的功能，学习局限在可观察的外在行为变化方面，"无知"的学习者既无法(参与)构建自己的学习环境，又不可能设计学习策略。行为主义学习理论应用在教育实践上，就是要求教师掌握塑造和矫正学生行为的方法，为学生创设合适的环境，在最大程度上强化学生的合适行为，消除不合适行为。[①]

行为主义理论对人力资源开发实践有深刻的影响，特别是在人事管理方面，如工作绩效评估、激励与惩罚等。然而在当今社会，随着技术整体化、柔性化和人性化的发展，社会不仅需要能够被外部控制的螺丝钉，更需要具有创新能力的全面发展的人，行为主义学习理论与现代教育理念在很大程度上是相矛盾的。

(二)认知学习与反思的实践者

与行为主义相反，认知理论认为学习不是黑箱，而是一个具有特定的内在结构的整体。学习是通过认知重组和把握这种结构，是一个"刺激—重组—反应"的过程。认知学习理论有格式塔心理学和"反思的实践者"等理论，代表人有苛勒(W. Köhler)和韦特海墨(M. Wertheimer)等。

1. 格式塔心理学——"整体大于部分之和"和"顿悟"

格式塔心理学强调经验与行为的整体性，主张以整体的动力结构研究学习现象，认为整体先于且大于部分之和，仅根据各个分离部分无法推断出这个整体。[②] 要想创造性地解决问题，必须让整体支配部分，把细节放在整体化的问题中，把它与整体结构联系起来考察。在认知活动中，要把感知到的信息组织成一个整体，即格式塔(德语 Gestalt 的音译)，

---

① [美]罗伯特·斯莱文：《教育心理学：理论与实践》，姚梅林等译，104～124 页，北京，人民邮电出版社，2004。

② 施良方：《学习论》，140 页，北京，人民教育出版社，2000。

从而对事物的各个部分及其相互关系形成整体的理解。苛勒认为,这个过程不是渐进的试误过程,而是突然的顿悟,即通过对问题情境的观察,理解其构成和要素间的联系,分析制约条件,从而发现实现目标的途径。在问题情境中,学习者领会问题情境的方式很重要。如果能利用过去的经验,看清问题的实质,就会产生顿悟,找到解决问题的方法。[1]

按照格式塔心理学理论,学习者在学习中,要从问题的整体出发,借助过去的经验,通过思维加工认清其各部分的性质、结构以及它们之间的联系,从而形成对问题本质的认识。学习者与外部环境进行交流,把获得的新信息融入已有的认知结构中,从而产生新的学习机会。

2. "反思的实践者"的实践认识论

舍恩(D. A. Schön)将专业实践划分为"高硬之地"和"低湿之地"两个层次,前者有清晰的问题情境和目标,后者面临的问题情境是复杂、模糊和独特的,而且存在价值冲突。基于技术理性的实证认识论可以应对"高硬之地"的挑战,却无法解决"低湿之地"的难题。

舍恩提出了"行动中反思"的实践认识论,认为学习者应该是"反思的实践者",通过"与独特而不确定的情境的反思性对话",运用从经验中形成的"隐性知识"对问题进行"建构与重构",寻求解决问题的方案。学习是解决问题的过程,学习者从多种方法中选出一个最符合自己愿望的方法去解决问题。在实际工作中,问题不会简单直接地呈现给工作人员,工作者必须从不确定和难以处理的情境中勾画确认出具体问题。

在职业教育中,学习是采用新的方式解决问题的过程。每一次行动中反思的经验,都会丰富工作者的资料库,帮助其在日后处理新情境时创造出新的做法。工作者依据过去经验对问题进行框定,其实质是对问题情境进行解释性的理解,这种理解要通过行动进行检验。工作行动会引发环境的变化,工作者可以通过环境变化判断其对问题情境的解释是否正确。如果正确,就达成了对问题情境的理解。如果不正确,则需要重新框定问题,直到最终达成对问题情境的理解。[2]

(三)建构主义学习

建构主义是20世纪80年代以来在认知发展理论和社会文化理论基础上发展起来的学习理论,它以超越二元论的方式看待知识,认为学习是认知者在原有知识经验基础上,在一定的社会文化环境互动作用中主动对新信息进行加工处理、建构知识和意义的过程。[3]

建构主义学习理论表现在知识观、学习观和教学观三个方面。

> 知识观:知识不是客观存在的真理,而是有待验证的关于客观世界的解释和假说。知识是个体内存形成的主观经验,是学习者在与环境的互动过程中基于主体经验的意义构建。

---

[1] 陈琦、刘儒德主编:《当代教育心理学》,157页,北京,北京师范大学出版社,2007。

[2] [美]唐纳德·A. 舍恩:《反映的实践者——专业工作者如何在行动中思考》,夏林清译,112~125页,北京,教育科学出版社,2007。

[3] [美]戴尔·H. 申克:《学习理论:教育的视角(第三版)》,韦小满等译,223~226页,南京,江苏教育出版社,2003。

- 学习观：学习的实质是在主客体互动过程中主动建构知识的意义。学习过程是学习者主动建构内部心理表征的过程，包括结构性知识和非结构性经验背景的建构。[1] 知识建构通过两种方式实现，一是对新信息的意义的建构，二是对原有经验的改造和重组。
- 教学观：强调学习的主动性、社会性和情境性。学习者是信息加工和意义建构的主体，不是被动的接受者。教师是学习的组织者，他设计真实的学习情境，使学习者通过社会互动主动参与学习。建构主义有随机通达、支架式、抛锚式等多种教学设计思想。

建构主义理论与行为主义和认知主义理论存在较大差别。行为主义和认知主义均是客观主义认识论，而建构主义是非客观主义的，它认为认知结构不是对现实世界的准确表征，而是在不同环境中的建构，这是对认知主义的进一步发展。[2]

(四)行动导向学习

行动导向学习是起源于德国改革教育学(Reformpädagogik)学派的学习理论，但是其涉及面远超出一般学习理论的范畴。行动导向的基本含义是：师生共同确定行动产品，由此引导教学组织过程；学生通过主动和全面的学习，达到脑力劳动和体力劳动的统一。它重新定义了教学的"系统性"和"实用性"之间的关系，是建立在现代职业院校和企业教育培训实践基础上的新的教育学范式。我们可以从以下三个层面理解行动导向。

从社会学理论角度看，行动导向的理论基础是改革教育学理论。早在魏玛共和国时代，德国教育学界就开始批判师生交际行为中的非对称性，以提高学生的积极性。20世纪70年代后期，职业教育学研究开始强调，学生不是客体，而应当是行动的主体。提高学习成绩和个性解放不是一对矛盾，可以对职业教育进行人性化的设计，在满足企业要求的同时，促进学生的全面发展。

在教学论研究中，行动导向关注如何在工作过程的大环境中满足动手和认知两方面的要求，关注在教与学的过程中如何发现缺陷和做出不同的选择，这涉及行动意愿、行动组织、行动调节和行动评价。所有行动导向教学研究都有共同的理论假设，即在学习过程中，信息获取、建立概念和开发方案都与学习者的经验有关。这里的理论基础仍然是认知理论和动机理论。

从教学方法上讲，行动导向教学的共同特点是：放弃教学内容的系统性，关注学习的案例性、发展性和知识点的溯源，强调学生在各行动阶段的自我控制和调节，跨越传统学科界限，强调学习者在项目学习中的合作。[3]

---

[1] 张建伟、陈琦：《从认知主义到建构主义》，载《北京师范大学学报》(社会科学版)，1996(4)。
[2] 王有智：《学习心理学》，189~204页，北京，中国社会科学出版社，2010。
[3] Czycholl, R. & Ebner, H. G., "Handlungsorientierung in der Berufbildung," in *Handbuch der Berufsbildung*, eds. Arnold, R. & Lipsmeier, A., Opladen, Leske + Budrich, 1995, pp. 39-49. Schütte, F., "Handlungsorientierung," in *Betrifft: berufsbildung. Begriffe von A−Z für Praxis und Theorien in Betrieb und Schule*, eds. Pahl, J.-P. & Uhe, E., Seele (Velber), Kallmeyer, 1998, p. 91.

职业教育的行动导向教学通过有目的、系统化地组织学习者在实际或模拟的专业工作环境中，参与设计、实施、检查和评价职业活动的全过程，通过学习者发现、探讨和解决职业活动中出现的问题，体验并反思行动过程，最终获得完成相关职业活动所需要的能力。学科知识的系统性和完整性不再是判断职业教育教学是否有效、是否适当的标准。

行动导向学习与认知学习有密切的联系，它们都探讨认知结构与个体活动间的关系。不同的是，行动导向以人为本，认为人是主动、不断优化和自我负责的，能在实现既定目标的过程中进行批判性的自我反思。学习不再是外部控制（如行为主义），而是一个自我控制的过程。

行动导向学习的特点表现在教学内容、教学组织形式、学生和教师等多个方面。

- 教学内容：多为结构较复杂的综合性问题，与职业实践或日常生活有关，具有职业实践达到工作过程的系统性，有一定的实际应用价值，可促进跨学科的学习。
- 教学组织形式：学生自行组织学习过程，学习多以小组进行，留给学生尝试新的行为方式的实践空间。
- 学生：照顾学生的兴趣和经验，通过迁移应用建立理论与实践的联系，强调合作与交流。
- 教师：是学生学习过程的组织者和专业对话伙伴，应习惯学生独立学习的工作方式。①

行动导向学习理论将认知学习过程与职业行动结合在一起，将学习者个体活动和学习过程与适合外界要求的"行动空间"结合起来，扩展了学习者的行动空间，提高了个体行动的"角色能力"，对创新意识和解决问题能力的发展具有很大的促进作用。有关行动导向的教学方法，本书第四章专门有介绍。

(五) 情境学习与认知学徒制

莱夫和温格基于对学徒成长的研究提出的"合法的边缘性参与"学习方式，揭示了由初学者到专家的学习过程，其基本含义是：学习的本质是学习者基于真实的情境，在实践共同体中，通过合法的边缘性参与并完成社会实践活动的行为。

按照情境学习理论，有效的学习过程的特点是：

- 学习必须在具体真实的情境中进行；
- 学习在实践共同体中进行，实践共同体的形成需要三方面的条件，即共同的信念和理解，相互分享自己的理解，有一个共同追求的目标；
- 学习是一个意义建构的过程，初学者由旁观者、参与者转变为成熟的实践示范者，实践共同体的活动情境是真实的，与日常生活和实践紧密相连；
- 学习是参与、理解社会实践的过程，是个体与社会互动的结果。②

---

① Schelten, A., *Einführung in die Berufspädagogik.* 2. Aufl., Stuttgart, Franz Steiner, 1994.
② [美]J. 莱夫、[美]E. 温格：《情境学习：合法的边缘性参与》，王文静译，60～62页，上海，华东师范大学出版社，2004。

情境认知理论把个人认知放在更大的物理和社会的情境脉络中进行考察，认为情境是一切认知活动的基础，认知加工的性质取决于其所处的情境。情境包括物理的或基于任务的情境、环境的或生态的情境、社会的或互动的情境三大类。认知发生在人类社会由人构建的情境中，因此具有社会性。①

认知学徒制(Cognitive Apprenticeship)是在情境学习理论基础上提出的新的学习方式。在认知学徒制中，通过实践，把师傅的默会知识和隐含推理过程可视化，帮助学徒获取知识。认知学徒制强调真实情境中的学习和实践以及专家的实践文化，认为只有在情境中，学习者才能学会如何把知识迁移到其他情境中；学习者只有融入实践共同体中，才能参与类似真实世界专家实践的学习活动，把学校与工作场所、学校与社区紧密联系，促进学习过程中意义的生成。②

(六) 社会性学习

与行为主义注重描写可观察的外在行为变化不同，现代职业学习理论更重视内部变化，更重视在思维和目标指导下的活动，在关注情感因素(如激励、学习气氛、学习的社会因素)的同时强调整体化的学习。思考、感觉和行动成为学习战略的基础，有效的学习表现在学习者个人或团队在职业实践中对所学内容的内化处理，因此社会性的学习过程必不可少。

社会性学习的目的，是让学习者学会在不同社会环境中正确行动的知识。社会性学习一般以小组形式进行，学习小组感受并验证自己的行为标准和价值观，体会自己的社会角色。信息交流在个体学习和个体知识与社会学习和社会知识之间起着重要的连接作用。只有通过信息交流，个体知识才能获得通向团队的通道并在组织中传播。对企业培训来说，社会性学习和社会知识比个体学习和个体知识具有更大的价值，它可以提高企业的内在品质及其在外部环境中处理复杂问题的能力，促使团队的集体智慧快速转化为企业的生产力。

社会性学习有两种主要模式，即科尔伯(D. Kolb)的经验学习和班杜拉(A. Bandura)的社会认知学习理论，其共同的理论基础是：(1)个体活动和学习建立在(常常是无意的)使用经验、设想和观念基础之上；(2)学习必须与具体实际情境相结合；(3)(无意的)认识、经验和设想如果不能成为有意的知识，则会干扰学习过程并阻碍新信息与原有知识的一体化；(4)要想长期保持新学的知识，需要建立通用性的活动规范和方案。

1. 经验性学习

在现代社会，人们必须面对许多全新的课题，解决这些问题既没有参照物，又无法与已有经验建立起直接的联系，这需要具备对已有经验的迁移能力和很强的创造能力。经验性学习不但适用于实现情感类学习目标，而且适合从具体经验中学习在复杂多变环境下解

---

① [美]威尔逊、[美]迈尔斯：《理论与实践脉络中的情境认知》，见[美]戴维·H. 乔纳森等编：《学习环境的理论基础》，郑太年等译，63~66页，上海，华东师范大学出版社，2002。
② 周瑛仪：《大规模职业能力测评的预测效度——基于COMET方案在汽修、数控与电气专业领域的研究》，博士学位论文，北京师范大学，2015。

决综合性问题的能力。

按照经验学习理论，学习和解决问题的核心不仅仅是搜集和获得经验，更重要的是对这些具体的经验（即经历）的评价和反省。

如图 2-2 所示，学习是一个"始于经验，又回归于经验"的过程，这个过程可分成四个阶段：(1)学习的起点是具体活动中直接领悟的经验；(2)学习者进行反省，新经验通过反思式的观察与原有的知识相联系；(3)学习者通过逻辑思维，将这些经验内化为可以理解的合乎逻辑的抽象方案（理论）；(4)通过实验，在新的情境中主动尝试和验证这一方案。

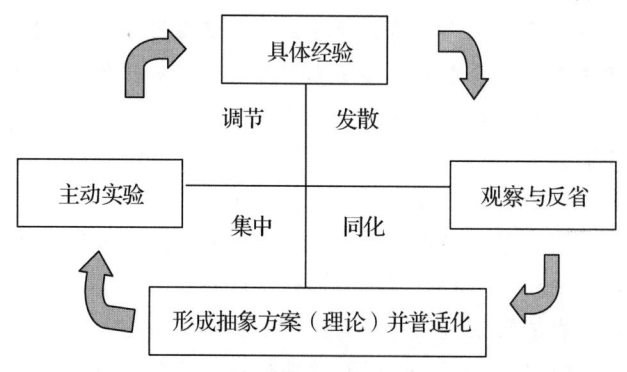

图 2-2 经验性学习[1]

经验学习理论是认知学习和活动导向学习理论的补充和发展，它将抽象的"建立方案和一般化"的认知过程与具体的"获得经验"结合起来，不仅可以解释个体学习行为，其团队社会学习理念也为建立学习型组织提供了理论基础。[2] 经验学习理论的缺陷是没有考虑学习的环境因素，如教师等。经验学习需要一个完整、封闭的循环过程，这是多数教育机构难以提供的。为了解决这一问题，通常由多个专业或部门的学生或员工共同进行的项目教学实现。

2. 社会认知学习

社会认知学习理论是在经典的操作学习理论基础上，对认知、激励和行为过程进行的综合性解释。班杜拉认为，经典的学习理论忽视了社会这一变量对人类行为的制约作用。由于人总是生活在一定的社会条件下，所以必须在自然的社会情境中研究人的行为。他认为：人在社会中的学习是在个体经验基础上，通过个体的观察和模仿实现的。通过观察式学习（或模仿式学习），个体可以获得完整的行为模式，而不需要行为主义的"尝试—错误"过程和亲自获取经验。对个人来说，通过有目的地观察他人的成功经验或失败教训，更容易进行学习。

按照班杜拉的观察（或模仿）式学习理论，在观察学习过程中，人们获得示范活动的象

---

[1] Kolb, D. A., *Experiential Learning: Experience as the Source of Learning and Development*, Englewood Cliffs, NJ, Prentice Hall, 1984, p. 42.
[2] Drosten S., *Integriete Organisations— und Personalentwicklung in der Lernenden Unternehmung: ein zukunftsweisendes Konzept auf der Basis einer Fallstudie*, Bielerfeld, Bertelsmann, 1996, pp. 29-32.

征性表象,并引发适当的操作。观察学习由两个阶段四个环节构成。

> 关注:学习者关注示范者,示范者行动的特征、观察者的认知特征以及观察者和示范者间的关系等因素,对学习效果产生影响。

> 保持:示范者虽然不再出现,但他的行为仍给观察者以影响。示范行为以符号的形式表象化,从而保持在记忆中。

> 再现:把记忆中的符号和表象转换成适当的行为,包括运动再生的认知组织和根据信息反馈对行为的调整。

> 强化:在能够再现示范行为之后,通过强化,使观察学习者(或模仿者)经常表现出示范行为。行为强化的方式有外部强化、自我强化和替代性强化。通过这三种强化方式,激励学习者再现示范行为。[1]

其中,前两个环节属于"获得"阶段,后两个阶段属于"实施"阶段。

社会认知学习理论把个体与其所处的社会环境统一在一起,强调个体与环境的互动作用,通过自我反思和控制过程发展能力,这为培养团队精神和发展组织学习提供了重要的理论基础。特别是在管理和组织能力培养中,社会认知学习不但是对管理行为进行观察分析的基础,而且为在组织中修正(领导)行为提供了具体的方法。实践证明,按照社会认知学习理论设计的"行为修正培训班",可以有效地提高工作绩效,因此,社会认知学习理论也是人力资源开发实践中应用效果很好的学习理论。

3. 组织学习

组织学习是"发生在组织的社会结构中的通过群体互动和共享对知识进行应用、组织和创造的建构过程"[2]。当今社会,组织学习是一个组织(如企业、学校和机关等)通过学习提高创新能力和竞争力,谋求长远发展的重要手段。组织学习的理论和实践对职业教育也有重要的启发。

阿吉里斯(C. Argyris)和舍恩认为,在组织学习中,"组织成员通过错误检测与校正,使组织适应环境变迁,并增进效能"[3]。组织学习是以个体和组织间的交互作用为基础的组织内部过程,每个成员对学习过程和结果都产生影响。但组织学习不是个体学习的简单加和,而是通过组织学习,组织在过去的行动和绩效与未来的行动之间产生新观点、新知识,建立新的联系,提高发现错误和进行相应修正的能力。组织学习改变了组织的价值观和知识基础,建立起组织对环境的全新认识,提高了组织解决内部问题和应对环境变化的能力。

组织学习的内容有两个部分,即显性知识和隐性知识。显性知识(又称"官方知识")是组织法定的行动模式,如组织结构、岗位标准和企业规章制度等,也包括公认的社会规

---

[1] Bandura A., *Lernen am Modell: Ansätze zu einer sozial-kongnitiven Lernthorie*, Stuttgart, Klett-Cotta, 1976, pp. 9-67.

[2] 李燚:《管理创新中的组织学习》,51 页,北京,经济管理出版社,2007。

[3] Argyris, C., & Schön, D. A., "Organizational learning: a theory of action perspective," *Reis*, 1997, 10(77/78), pp. 345-348.

范，如节约用水和环境保护。隐性知识（又称"实践性知识""默会知识"或"缄默知识"）是组织成员反映组织的目标、行为和结果间关系的非正式行动模式。尽管人们在公开场合很少讨论这些知识，它却默默地发挥着作用，特别是在与显性知识发生冲突时，胜者常常是隐性知识。在无意识中，隐性知识常常决定着组织成员对环境的感知以及采取的行动策略。

阿吉里斯把组织学习分为三个层次，即单循环学习、双循环学习和再循环学习。

(1) 单循环学习（Single Loop Learning）

个体是组织行动和组织学习的载体，他在一个由集体隐性知识定义的框架里活动，该框架同时也确定了组织的理想状态。单循环学习是发现与理想状态的偏差，并减小或消除这些偏差的过程，目的是保证组织达到自己所定义的标准。单循环学习是在特定范围内提高效率的过程。个体学习是组织学习的必要条件，但不是充分条件。

在单循环学习中，只有在个体学习成就（如发现和改正错误）对组织产生影响并在集体学习基础上发生组织行为变化时，才发生组织的学习行为。单循环学习是以提高组织工作效率为目标的机械学习方式，其标准是组织的现有标准和规范，它还涉及不到隐性知识。组织管理的目标是保持稳定，因此单循环学习是被动的学习过程，不考虑个体和组织的转变和发展，是被动适应的机构化、规范化和标准化过程。

(2) 双循环学习（Double Loop Learning）

随着社会的发展，许多传统的标准已不适应社会发展的需要，组织成员必须以批判的眼光来分析、审视和修改现今的隐性知识。双循环学习可以解决单循环学习不能解决的隐性知识的学习问题，使学习超越改正错误的层次。

在组织发展实践中，针对是否要对现有隐性知识进行重新评价和修改的问题，常常有不同意见。当多数成员都同意对隐性知识进行系统整理和优化时，就会发生双循环学习。

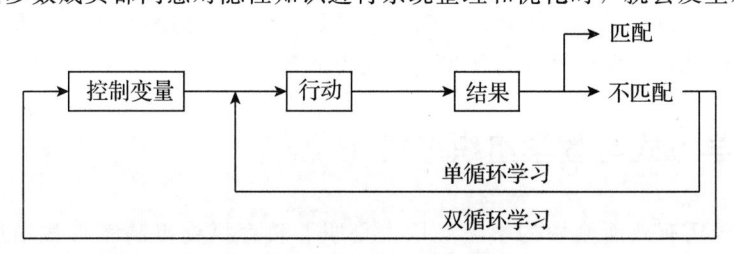

图 2-3　单循环学习和双循环学习

如图 2-3 所示，在单循环学习中，组织通过检测自己的行动和策略，并予以纠正，从而达到预期的目标。在双循环学习中，组织行动的理论和价值观发生改变，其行动和策略也随之改变。[①] 双循环学习之所以比单循环学习层次更高，是因为它改变了下一步单循环学习的认知基础。

尽管双循环学习以观察环境为基础，并能产生新的隐性知识，但它仍然是一个被动的

---

① ［美］克里斯·阿吉里斯、［美］唐纳德·舍恩：《组织学习Ⅱ：理论、方法与实践》，姜文波译，19～20页，北京，中国人民大学出版社，2011。

适应过程，而具有创新能力的组织是不能被外部环境所左右的。因此，在双循环学习模式的基础上还必须发展更高层次的学习模式，即"再循环学习模式"。

(3) 再循环学习(Deutro Learning)

按照巴特森(G. Bateson)的解释，"再循环学习"是"学习学习能力"，即获得解决问题的能力。[①] 由于学习成为学习的对象，因此它对低层次的学习也会产生一定影响。按照再循环学习理论，要想获得学习能力，必须在单循环学习中建立能够快速有效改正错误的学习环境；而在双循环学习中，则必须优化和强化认知过程中的"反省"，保证形成大家能够接受的隐性知识(见图2-4)。在此，应建立组织发展中所必需的"讨论和争斗文化"。

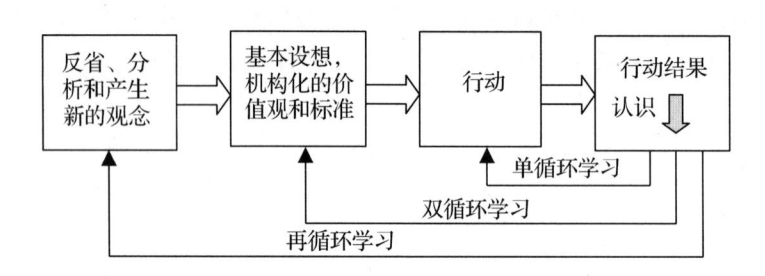

图 2-4 再循环学习

克林墨基(R. Klimecki)等把再循环学习模式称为"发展性学习"，认为组织发展是建立在员工互动基础上的主动过程，它更多的是自我管理，而不是由外部环境或上级决定的。发展意味着组织解决问题能力的提高以及行动范围的扩展。[②] 因此，再循环学习不仅可以改变组织的知识体系(标准)，包括发展目标、发展战略和结构，而且可以获得对组织来说最为宝贵的隐性知识。更重要的是，再循环学习是对认知结构的基本反馈和优化过程，是组成成员产生新思维，提高解决问题和创新能力的基础。

三、教学方式与教学组织形式

让学习者经历有效而愉快的学习经历，是职业教育机构提高教育教学质量的重要手段，这需要教师通过采用合适的教学方式、教学组织形式和教学方法来实现。系统了解、掌握职业教育的教学法，不但对教师和培训师，而且对学习者也有重要的意义。

职业教育的教学法体系，是在职业教育教学理论指导下的教学方式、教学组织形式和教学方法的整体，除了传统的理论教学和实习培训方法，还包括现代企业培训中专门设计

[①] Bateson G., *Ökologie des Geistes: Anthropologische, Psychologische, Biologische und Epistemologische Perspektiven*, Frankfurt/Main, Suhrkamp, 1983, p. 228.

[②] Klimecki, R., Probst, G. & Eberl, P., "Systementwicklung als Managementproblem," in *Managementforschung*, vol.1, eds. Staehle W. H. & Sysow, J., Berlin, de Gruyter, 1991, p. 115.

的方法(如以项目和迁移为导向的培训方法，PETRA)和传统的职业经验获取方法，如图 2-5 所示。

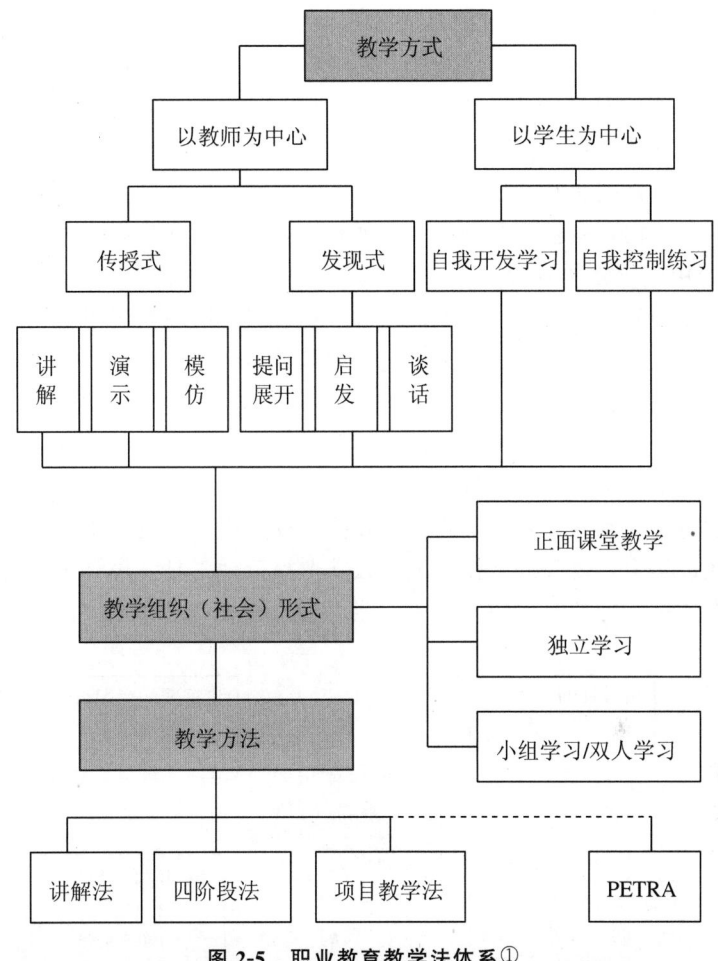

图 2-5 职业教育教学法体系[1]

(一)从以教师为中心转变为以学生为中心

教学方式是教学方法的活动细节，即由学习内容决定的教师与学生活动的分配方式。职业教育教学方式分为两大类，即以教师为中心的教学方式和以学生为中心的教学方式。

1. 以教师为中心的教学方式

以教师为中心的教学方式中，教师是教学活动过程的主体，他控制和掌握教学过程的各个方面。以教师为中心的教学方式主要包括传授式教学和发现式教学。

传授式教学包括讲解、演示和模仿式教学。在此，教师有充分的主动性，容易控制教

---

[1] Bähr, W., *Handbuch zur Ausbilder－Eignungsprüfung und Ausbildungspraxis*, Band 3: *Planung und Durchführung der Ausbildung*, Bonn, IFA－Verlag, 1992, p.21.

学过程。由于教师单方面输出信息，缺乏信息反馈和足够的学生参与，学生的学习积极性易受到影响，记忆效果也不理想。

传授式教学采用简单的教学组织形式和展示式的教学媒体（如黑板和 PPT 展示等），缺乏有意识的学习环境和学习情形的营造，对教师教学能力的专业化要求局限在"讲授"和"示范"上，这无法体现现代教学理论倡导的"学习顾问"意识和能力，也很难实现促进方法能力和社会能力发展的教育目标。

发现式教学包括提问展开、启发和谈话式教学，是从以教师为中心向以学生为中心教学过渡的方式，教学内容由教师和学生共同展开，教师起引导作用。

2. 以学生为中心的教学方式

以学生为中心的教学方式中，学生在没有教师直接帮助的情况下达到学习目标。教师的任务是为学生独立学习创造条件，主要起咨询和辅导作用。以学生为中心的教学方式分为自我开发式学习和自我控制式练习。

自我开发式学习是在没有教师直接帮助的情况下，学生围绕已明确了的学习目标独立完成学习任务，这里的独立学习本身就是职业教育的重要目标。行动导向等现代职业教育教学理念要求学生独立制订计划、实施计划并控制检查结果，这对采用自我开发式学习提出了要求。在此，学生在复杂的工作环境中独立选择劳动工具、设计工作方法、控制工作过程和保证工作质量，能够有效地发展职业能力和关键能力（见图 2-6）。

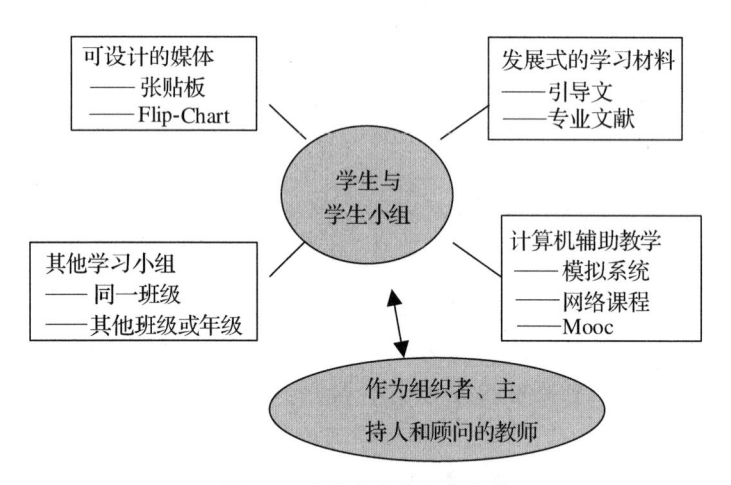

图 2-6　以学生为中心的教学

自我控制式练习发生在所有学习方式之后，是对学习内容的复习、记忆或系统化加工。在此，学生的活动占主体地位，教师的任务是对学习过程进行控制和质量保证。

以学生为中心的教学可以全面促进学习者的职业能力发展，是现代职业教育的主要教学方式。对这种方式缺乏足够重视，是造成当前教育教学质量低下的主要原因。理论上说，以学生为中心的教学可以达到任何一个学习目标，但前提条件是学习者要了解达到这一目标的手段和方法，并有强烈的成就欲。这一条件限制了它在教育教学实践中的应用。

因此，人们创造了一些辅助手段，如引导文教学法和多种新媒体，来减少实施中的困难（参见第四章）。

（二）多样化的教学组织形式

教学组织形式，是指为完成特定学习任务，师生按一定标准组织的教学活动结构，是师生间的相互关系和合作形式，也称为教学社会形式。常见的教学组织形式有正面课堂教学、独立学习、双人学习和小组学习。其中，双人学习和小组学习属于合作学习，在现代教育培训中具有重要的意义。

1. 正面课堂教学

教师与学生面对面的正面课堂教学，是与班级授课制对应的传统而典型的教学组织形式。它有利于发挥教师的主导作用，保证学习的系统性、正确性和深度，是专业理论教学和一些实践课（如实验）教学的基本组织形式。课堂教学的突出优势是有严密的组织性和计划性，以及教学内容和教材容易更新。

2. 独立学习

独立学习是学生在没有教师和其他同学直接帮助的情况下，独立学习或复习学习内容，主要目的是促进独立工作能力以及心理承受力等个性品质的发展，如学生按照任务书独立完成学习与工作任务。程序教学法是一种经过周密计划的独立学习的典型例子。

独立学习的优点是：学生可以按照愿望较为自由地学习部分或全部内容；教师可根据学生情况灵活调整学习时间、进度、方法和风格，可采用不同的教学媒体，从而使教学更有吸引力。独立学习无法培养学生的合作能力，也不适合顽皮和自制力不强的学生。独立学习需要一些基本条件，如图书馆、技术档案和网络资源库等，开发相应的学习资源具有重要的意义，包括传统的文字材料、视听媒体和学习软件等。独立学习是传统课堂教学的支持和补充，而不是替代。

3. 小组学习与双人学习

小组学习是指多个学生在没有教师或其他同学直接帮助的情况下，学习和复习教学内容，解决实际问题。它是较独立学习要求更高的、与以学生为中心的教学方式相对应的学习组织形式。在小组学习中，每个学习小组的学习内容可以相同，也可以不同。学习任务相同和不同的小组教学步骤如图 2-7 所示。

与其他学习组织形式相比，小组学习的优点是：(1)学习发生在复杂的社会环境中，学习者的信息交流、合作能力等关键能力可得到系统性的锻炼，从而达到层次较高的认知目标；(2)可培养学习者分析工作内容、分配任务、协调工作过程、评估和展示成果等多方面组织管理和创新实践能力；(3)学习者学习解决冲突、承担责任以及互相学习互相帮助的能力，判断自身行为对整个小组的影响，并确认个体的发展需求；(4)在企业培训中，小组学习还可以提供自由交流和讨论的环境，加强管理者和被管理者之间的交流。

小组学习的缺点主要是教师的组织工作复杂繁重，只能在规模较小的班级中开展，学生的学习态度和学习能力对学习效果影响也较大。在推广小组学习形式之前，常采用双人学习作为初级形式。

```
学习内容相同的小组学习          学习内容不同的小组学习

教师布置题目，明确学习目标      教师布置题目，明确学习目标

所有小组得到同样的任务          把总任务分成若干个分任务

完成任务，协调组内事务          小组对分任务进行归类和挑选

小组总结工作成果                完成任务，协调组内事务

小组代表在全班展示工作成果      小组总结工作成果

全班对工作成果进行比较和讨论    各小组代表按顺序展示工作成果

确定最终成果                    全班讨论各小组工作成果

                                各小组工作成果汇总成总成果
```

图 2-7　学习任务相同和不同的小组教学步骤

双人学习是最小单元的小组学习，是两个学生在没有教师和其他同学直接帮助的情况下学习、练习和复习教学内容的一种初级的合作式学习组织形式。与独立学习相比，双人学习具有一些特殊的功能，如学生可以初步了解和练习合作式的行为方式，学习共同承担责任；初步学习如何合理督促对方工作，如何提供互相帮助鼓励他人，并相互检查、共同保证学习成果。

小组学习和双人学习改变了传统教学中的师生关系和学生间的关系。学习者之间的交流不是单纯的传授知识和学习知识的关系，而是具有一般社会特征和社会品质的角色之间的交流，师生之间也不是简单的支配和从属关系，而是富有情感体验的精神协调关系，可以建立起真实、接受和理解的关系，并为建立和谐、积极而充满活力的学习气氛奠定基础。

4. 合作学习的特点

如上所述，学习合作（小组学习和双人学习）并不是大家简单地聚在一起做一些事情。在合作学习中，每个学习者都应当对自己的学习行为以及对自己对别人的影响有清醒的认识。合作学习有以下特点：(1)小组全体成员共同承担工作和学习任务，小组尽可能独立自主完成任务；(2)教师尽量不为学生事先分配好任务，整个学习过程的组织权、设计权尽量掌握在学习小组成员手中，由学生自己设计和调控工作过程；(3)学习小组自己对取得的成果和学习目标进行控制；(4)师生和同学之间有机会交流学习经验。

在合作学习中，教师主要起陪伴和咨询作用。他只给学生提供需解决的问题，对学生提出的建议和设想进行筛选，帮助学生制订工作计划，协调分工，从组织上保证整个教学任务的完成。

学习小组是实现合作学习目标的基本组织单元，一般为4~6人一组。组建学习小组根据学生性别、个性特征、现有能力和经验以及特长爱好等方面的差别进行，这不同于传统的行政小组，在此应注意：

- 组内异质，组间同质，可为开展学习竞赛创造平等的条件。有时也可同质组合，能使弱势学生有出彩机会，在学习过程中获得尊重和激励。
- 合理分工，结果整合。小组间大体均衡，但在小组内把学习任务分解成若干部分，小组成员各负其责。学生除必须完成独立承担的任务外，还要为小组集体成果负一部分责任。
- 个人计算成绩，小组合计总分。小组学习既追求团体总分，也不放弃个人得分，既发挥优势学生的积极性，也促进弱势学生参与。大家需要人人努力且互相帮助，才能获得团体好成绩。
- 分配角色，分享领导。学生可根据课题内容轮流担任小组负责人，亦可分担不同任务角色，使每个人都在不同角色中得到锻炼和提高。

(三)教学方法的发展趋势

现代职业教育将立德树人、发展综合职业能力和促进全面素养发展作为首要目标。要实现这一目标，必须在教学策略上进行重大变革，通过以学生为中心的探究和研究性的认识、思维和工作方式，在自我控制和合作式的学习环境中提高解决问题的能力。总的来说，职业教育教学方法呈现出三个方面的特点，即整体化、自我管理性和行动导向。

1. 整体化

职业教育的目的是促进职业能力发展，其学习内容涉及社会政治、专业工作、社会和伦理等方方面面，需要采取理论和实践相结合的整体化学习方法。整体化的学习包括认知、技能、心理和社会等方面的内容：(1)专业的学习：通过学习掌握专业知识和技能形成专业能力；(2)解决问题的学习：通过学习学习方法和工作技术形成方法能力；(3)社会和交流式学习：通过掌握基本合作和交流技能形成社会能力；(4)情感和伦理的学习：通过反省和认识自己以及负责任地参加社会和政治活动，形成情商。[1]

整体化学习的目的是促进学生个性的发展，促进学生独立意识、独立决策能力和责任心的发展，是促进青年人成长和实现"职业成熟"的必要条件。哲学家康德(I. Kant)强调，成熟是人们不经他人指导而具备理智行事的能力。职业成熟，指因具备所要求的全部能力而具有职业独立性，能够按照给定职业标准完成工作任务并能对该标准进行反思。[2]

---

[1] Ott, B., "Gangzheitliches Lernen in der technischen Berufsausbildung. Ein lernpsychologisches Strukturmodell," *BbSch*, 1994, 46(6), pp. 199-204.

[2] 参见 Rauner, F., *Grundlagen beruflicher Bildung. Mitgestalten der Arbeitswelt*, Bielerfeld, Bertelsmann, 2017, pp. 493-495。

在整体化的学习中，学生自己制订工作与学习计划，通过自己的活动持续追求每一个最优的结果。学生独立解决问题，能对未来的个性发展和职业发展产生持续、积极的影响。在此，教师的任务是为学生建立能发挥其主动性的学习环境，并以学生为中心开展教学。

2. 自我管理性

有效的职业学习在很大程度上是自我管理式的学习。在教师创设的能充分发挥学生主动性的学习环境和资源条件下，学生根据自己的需要设定学习目标，确定所需的学习资源，选择学习方法并评价自己的学习结果；教师的职责是帮助学生更好地管理、控制好自己的学习活动。

自我管理式学习是一种"我要学"和"我想这样学"的场景，其基本特点是：(1)学生按照自己的需要确定学习进度、时间和地点；(2)以现实生活和工作环境为基础，学生(员)从自己的教师、同学甚至竞争伙伴身上获得所需的知识和技能；(3)课程设置灵活，学生根据需要选择学习内容，不必重复已经学习或掌握的内容，可随时利用评价标准评价自己的学习成果；(4)学生对自己的学习负责，成为学习的主体。

自我管理式学习的优点是明显的，主要表现在：(1)激发学习动力：学生从自己的兴趣出发，目标明确，有较大的学习动力；(2)培养学习型人格特征：当学生习惯了主动学习，热爱学习并不断主动寻求学习机会时，学习就成为一种内化的品德；(3)实现个性化教学：学生自己决定学习内容、学习进度、工具和方法，满足教学的个性化需要；(4)符合成人学习规律：在工作岗位和工作过程中自主、灵活地学习，有较高的学习效率；(5)随时了解学习效果，获得激励和反馈：按照事先确定的学习目标和评价标准，通过工作中的实际运用和思考，容易对学习成果给出客观评价；(6)降低学习成本：学习组织安排灵活，提高了学习资源使用效率。

3. 行动导向性

培养目标的综合化发展和专业要求的提高，要求在专业教育中不仅传授专业知识和技能，更要注重综合能力的培养，简单的知识和技能学习方法变得力不从心，行动导向成为职业教育教学方法选择的必然。

行动导向教学采用跨学科的综合课程模式如项目教学，不强调知识的系统性，而关注案例学习、发现式学习以及学生自我管理式学习。教师的任务是为学习者提供咨询帮助，并与其一道对学习过程和结果进行控制和评估。行动导向教学的教学方法遵循以下原则：(1)相信学生具备理性思考能力，甚至可以自我否定；(2)认为教师和学生是不完美的人，但是会从错误中学习；(3)推动和促进学生独立思考，提出多种建议，而不是教师给出答案；(4)鼓励学生制订计划、控制学习过程，并检查学习成果；(5)提倡共同负责，而不是教师对整个教学过程负责。

在行动导向教学中，教学内容是结构较为复杂的综合性问题，与职业实践或日常生活有密切的关系。处理解决这些问题，一方面要按照工作过程系统化的原则进行，另一方面需要跨学科的学习。应尽量让学生参加所有教学活动的计划，并照顾学生的兴趣和已有经验，包括文化和技能基础、心理特征和社会发展状况等。作为学习过程的组织者和专业对话伙伴，教师在教学过程中不仅要注意学生的外部活动，更要注意学生的内部活动，促进学生思维、想象和创新能力的发展。例如，引导文教学法通过表面看似松散的组织形式，为培养学生的创新能力和独立工作能力提供了操作性很强的工具。

第三章　实现成功课程的奥秘

尽管目前对教育产业化问题的讨论没有结束，但是职业教育培训市场的竞争却如火如荼地进行着。在各种招生大战背后，事实上开展的是教育质量的竞争。职业教育机构如果想提高其教育服务质量，首先必须提高课程的质量。

课程（Curriculum）是教育机构为实现一定的教学目的而设计的学习者的学习计划或学习方案，在此对学习者的学习目标、学习内容和学习方式都做了设计和规定。职业教育实践中出现了很多课程模式，对职业教育课程改革的呼声也颇为强烈，有关课程及其类型、开发和评估方法是业界讨论的重点。

一、职业教育课程的理论基础

当代国际社会普遍认为，职业教育的任务是让青年人学会工作，为其走入工作世界（The World of Work）奠定基础，即职业教育是"基于工作的学习"（Work-Based Learning，WBL），职业教育课程必须反映工作世界的要求和学习者能力发展规律两方面的要求。

（一）从学科系统化走向工作过程系统化

1. 学科系统和工作系统不同

当今社会是知识爆炸的时代，大量知识不断涌现，传统学科知识的边界不断扩展，人不可能有足够的时间和精力去掌握和运用无限增长的、碎片化且相互交叉的知识，只能采用理性和实用主义策略去学习。清华大学杨百寅教授把知识分为三种，即理性知识、感性知识和活性知识。其中，理性知识代表着人类对真实世界的真实性、规律性的认识和理解；感性知识是由人类行为直接触动而不一定通过思辨形成的知识，通常来自个人行为、行动、实践或者经验积累；活性知识是指为了追求自身自由与社会公平所产生的价值性认识。三类知识的学习都只能以整体化的方式进行，在工作中需要的知识也只能在整体化的工作过程中获得，但传统的学科课程却无法提供这个基本条件。

学科课程的系统性与工作过程的系统性是不同的。例如，在数控技术人员培养过程中，学科课程按照"机械制造基础""机械设计基础""公差配合"等工程科学知识的系统化结构进行设计。但在企业的实际工作中，数控切削技术人员却按照"启动准备——夹紧工件——输入数据——移动刀具"的程序完成工作任务，职业活动过程以及在此过程中需要的专业知识的系统性，与学科课程的"系统化知识"完全不同，如图3-1所示。

工作过程系统与工程科学或其中任何一门分支学科的知识系统不同。工作人员在实际工作中按照工作过程的顺序调用自己的专业知识，如果他在教育培训中只接受过学科系统化教育，那么他在应用这些知识之前必须打破原有知识体系，再将凌乱的知识按照工作过程进行归位，这是多么高而苛刻的要求！

当今社会科学技术高度发展，各领域的职业活动这一大系统中的多数元素已经发展成为独立、结构完整的学科，如与数控技术有关的"工程力学""机械原理""互换性测量"等。

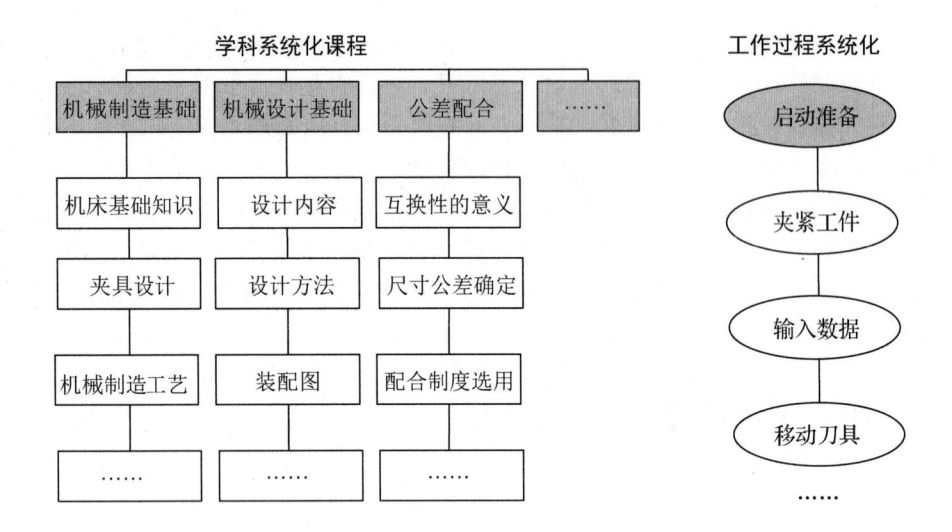

```
                学科系统化课程                          工作过程系统化

    ┌──────────┬──────────┬──────────┬──────┐
  机械制造基础  机械设计基础   公差配合    ……            启动准备
    │          │          │
  机床基础知识  设计内容    互换性的意义                  夹紧工件
    │          │          │
  夹具设计     设计方法    尺寸公差确定                  输入数据
    │          │          │
  机械制造工艺  装配图      配合制度选用                  移动刀具
    │          │          │
    ……         ……         ……                           ……
```

图 3-1　学科系统化课程与工作过程系统化的区别

这些学科与职业活动失去了直接联系，其内容成为非职业性的科学技术。在科学技术和工作过程高度渗透的时代，任何技术问题的解决都是技术过程和社会过程（职业活动）的结合。在职业教育中，学科系统（经过简化后）只是职业活动这一大系统的子系统。职业教育的系统性首先应当保证职业活动这一大系统的完整，而不是所含学科子系统如"机械原理"的完整性，否则就会混淆全面和局部的关系。

更为重要的是，学科课程中建立的"科学概念"与工作世界里的"实践概念"也是不同的。职业教育的目的不是学习一个科学概念，因为它只代表了实践概念中很小一部分内容，只能有限地支持职业活动。例如，"电压（电势差）"的科学概念和实践概念就有很大的差别。在物理学中，电压的定义是：

电荷 q 在电场中从 A 点移动到 B 点，电场力所做的功 W_{AB} 与电荷量 q 的比值，叫作 AB 两点间的电势差（AB 两点间的电势之差，也称为电位差），用 U_{AB} 表示，则有公式：

$$U_{AB} = \frac{W_{AB}}{q}$$

其中，W_{AB} 为电场力所做的功，q 为电荷量。

根据这个定义，电压是一个场量，如果不了解场的理论就很难理解电压。在电学教学中，一般采用实验的方式启发学生理解这些内容。然而在工作世界里，电压则是另外一回事。电压的技术实现方式与其不同的使用价值有关，如从 5 伏干电池到 110 伏、220 伏或 380 伏交流电压，甚至 1000 千伏超高压，"电压"这一技术事实对消费者、工程师、技术工人、旅游者、教师或经济学家意味着完全不同的意义和要求。"电压"反映不同的实践概念，对安全和高质量的专业化行动有着重要的意义，这也是职业教育的基础。

学科知识的系统性和完整性不是判断职业教育有效性、适当性的标准。工作过程系统化的教学通过有目的地、系统化地组织学习者按照工作实际要求，设计、实施和评价职业活动的全过程，通过发现和解决职业活动中出现的问题，体验并反思工作过程，使学习者最终获得职业能力。

(二)职业能力发展的逻辑规律

1."从初学者到专家"的五阶段理论

在职业学习过程中，可迁移的经验具有重要的意义。经验是由实践得来的知识或技能，是人们通过对原始材料进行有意识加工得到的第一个已理解了的产品，它与个人经历有关，是职业学习的基础。在实践中，职业教育的学习者自觉或不自觉地已经从生活或学习活动中积累了一些经验，如护校学生曾患过病或者帮助过患病的亲友，因此，职业学习不是"从不知道到知道"的过程，而是在一定经验基础上从"初学者"到可进行反思的"高手（专家）"的职业能力系统化发展过程。

美国科学家德莱弗斯兄弟（H. L. Dreyfus & S. E. Dreyfus）的研究发现："人类的理解是一种类似于知道怎样在世界生存的能力，而不是知道许多事实和规则。"[1]通过研究飞行员等职业的能力发展过程，他们把能力发展划分为"从初学者到专家"（from Novice to Expert）的五个阶段。

- 初学者（Novice）：其行为受到与能力相关的规则、客观事实和特征的指引，很少考虑情境因素，如新手司机在学习换挡规则时，不涉及行驶时的交通情况。他们往往会按照遵循这些规则的程度来评估自己的表现。
- 提高者（Advanced Beginner）：初学者通过在现实情境中运用规则的阶段成为提高者，开始意识到要考虑情境因素，如结合换挡规则和发动机声音来决定是否该换挡。
- 有能力者（Competent）：他们已学会处理冗余信息，既能应用通用规则也会考虑情境因素。他们能根据具体情况判断和区分信息的重要性；为了实现目标，能够有意识地做出决策。由于这些决策是有意识的，所以他们会为自己的行为负责，会在情感上关注结果。
- 熟练者（Proficient）：其标志是形成了知觉，或者获得了"知道怎样（Know-how）"的知识。以往的经历使他们回想起曾经发生过的类似情景和采用过的有效方式。他们无须经过有意识思考就能采取行动，但是一旦碰到根据经验认定的重要信息时，仍会进行分析和有意识的决策。例如在雨天，熟练司机会本能地意识到在靠近弯道时开得太快，会有意识地决定是否踩刹车或把脚从油门上挪开。
- 专家（Expert）：能凭直觉轻松自如地行动。熟练的操作技能已成为其自身的一部分，不需要有意识地进行决策，会根据经验采取可行的行动。除非结果非常关键或出现了新的情况，并且有足够时间时，专家才在行动之前进行思考。

---

[1] Dreyfus, H. L. & Dreyfus, S. E. , *Mind over Machine: The Power of Human Intuition and Expertise in the Era of the Computer*, Oxford, Blackwell, 1986, p. 17.

按照德莱弗斯兄弟的解释，初学者和提高者不能做任何判断；有能力者经过有意识的思考做出判断；熟练者和专家根据过去的具体经验进行判断，他们的判断往往无法用语言进行解释。专家拥有的知识是缄默的，并且蕴含于专家的行为之中，这不是与行为相分离的规则知识。经验是能力发展过程中的关键，它是产生直觉的唯一途径。①

2. 各阶段典型工作任务的特征

心理学家哈维赫斯特(R. J. Havighurst)提出的发展性任务(Developmental Task)理论为职业教育"任务引领学习"奠定了重要的理论基础。发展性任务是个体面临的未曾完成过的任务，他在处理任务过程中能够学会最初由于能力缺乏做不到的事情。随着生命的发展进程，个体必须在不同阶段完成不同的发展性任务，这些任务受到来自生物内部(如身体发育)、心理(如生活愿望)和社会文化的影响；只有完成发展性任务，人才会获得成功，并为完成以后的任务奠定基础。② 加州大学本奈尔教授在研究护士职业能力发展时，确定了发展性任务对职业能力发展的重要意义，即发展性任务恰当地展示了对护理人员能力形成挑战的"范式化工作情境"③。

在职业教育课程开发研究中，劳耐尔提出了"发展性逻辑结构"课程理念④，并在此基础上确定了每两个发展阶段之间职业的发展性任务的名称和特点，即四个级别的典型工作任务，如图3-2所示。

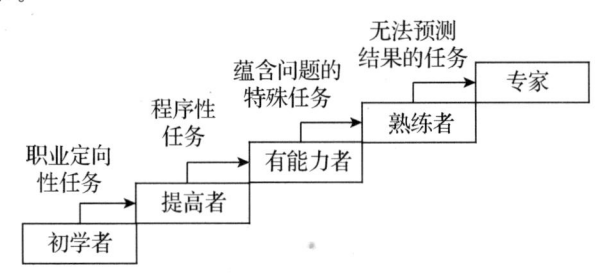

图3-2 各阶段的典型工作任务

每两个职业发展阶段间一般有3~4个典型工作任务，反映该职业独特的工作内容和工作方式。一项工作任务是否属于典型工作任务，只能由具有丰富实践经验的实践专家(Expert Worker)判断。例如，"室内综合布线"是一个典型工作任务，它体现了"生产车间照明与动力线路改造""居室照明线路维修"和"体育馆照明线路安装"等具体任务(代表性任务，Representative Tasks)共同的工作方式和内容。典型工作任务是建构职业教育课程体系的基础，它们不仅代表一个职业的典型的工作关系，同时还可以促进人的职业能力

---

① Barbaba J.D., "Novice to expert: A exploration of how professionals learn," *Adult Education Quarterly*, 1999, 49(3), pp. 133-147.

② Havighurst, R. J., *Developmental task and Education*, New York, Longmans & Green, 1972.

③ Benner, P., *From Novice to Expert: Excellence and Power in Clinical Nursing Practice*, Menlo Park, Addison-Wesley, 1984.

④ Rauner, F., "Entwicklungslogisch strukturierte berufliche Curricula: vom Neuling zur reflektierten Meisterschaft," *Zeitschrift Berufs-und Wirtschaftspädagogik*, 1999(3), pp. 424-446.

发展。

> 职业定向性任务：初学者通过完成职业定向工作任务成为提高者，他学习本职业（专业）的基本工作内容，了解职业轮廓，完成从职业选择向工作世界的过渡，并初步建立职业认同感。典型的职业定向性任务如日常或周期性的工作、设备装配和简单维护等。学习该类任务可帮助学生了解本职业的基本概念、标准化要求和典型工作过程。在此，学生须遵循特定的规则和标准，逐步建立质量意识并有学习反思的机会。

> 程序性任务：提高者通过完成程序性任务成为有能力者，他对工作系统、综合性任务和复杂设备建立整体性的认识，掌握与职业相关联的知识，了解生产流程和设备运作，获取初步工作经验并开始建立职业责任感。典型的程序性任务如设备检修和系统调整等。学生完成此类任务时需要利用专业规律系统化地解决问题，针对部分任务和环节独立制订计划、选择工艺和工具并进行质量控制。他们需要具备关联性思考的能力，对技术和生产组织结构进行整体化的思考。

> 蕴含问题的特殊任务：有能力者需要掌握与复杂工作任务相对应的功能性知识，完成非规律性的任务并形成较高的职业责任感，从而成为熟练者。典型的蕴含问题的特殊任务如故障诊断、复杂系统调试等。在此，学习者仅依靠现成的规则和旧有的问题解决方式是不够的，他需要拓展新知识，具备一定的质量、效益意识和反思能力。

> 无法预测结果的任务：熟练者通过完成无法预测结果的任务成为专家，他需要学习系统化的知识、建立知识与工作实践的联系，并发展组织和研究能力，这需要他不断实践和建立高度的敬业精神。典型的无法预测结果的任务如复杂故障诊断和排除、营销方案策划等。这些任务一般在技术文献中没有记录、信息不全，学生需要自己确定问题情境和设计工作方法，甚至制作部分工具（如软件等），具备高度的质量意识并关注环保和产品成本，具备较强的反思和创新能力。[①]

3. 不同发展阶段的知识形态

在德莱弗斯能力发展阶段理论的基础上，德国不来梅大学技术与教育研究所在大众汽车公司汽车生产技术和商业领域的实证研究中，发现和确认了向每个更高级阶段发展所需要的知识范围，如图3-3所示。

[①] 欧盟 Asia-Link 项目"关于课程开发的课程设计"课题组编：《职业教育与培训：学习领域课程开发手册》，50～59页，北京，高等教育出版社，2007。

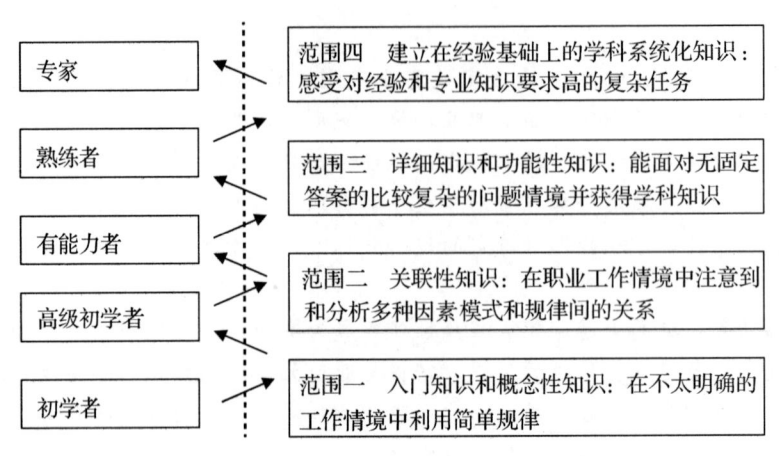

```
专家     ←――  范围四  建立在经验基础上的学科系统化知识：
                      感受对经验和专业知识要求高的复杂任务

熟练者   ←――  范围三  详细知识和功能性知识：能面对无固定
                      答案的比较复杂的问题情境并获得学科知识

有能力者 ←――
              范围二  关联性知识：在职业工作情境中注意到
高级初学者←――        和分析多种因素模式和规律间的关系

初学者   ←――  范围一  入门知识和概念性知识：在不太明确的
                      工作情境中利用简单规律
```

图 3-3　不同发展阶段所需要的知识形态

其中：

➤ 入门知识和概念性知识：围绕"该职业的本质是什么"的问题，如该职业的主要工作内容是什么，如何利用已有基础在职业活动中尽快成长。这里，职业道德具有特别重要的意义。

➤ 关联性知识：围绕"为什么是这样而不是那样"的问题，如技术领域中对复杂设备、商业领域中对营销信息流的全局性理解。只有了解工作系统中发生的各种复杂关系（如生产技术和劳动组织），才能正确和高质量地从事操作、调节、分析和修护等较为复杂的工作。

➤ 详细知识和功能性知识：关于"工作细节和设备功能"的知识。在完成复杂任务时要首先分析问题和设计方案，这除了有可能涉及较为深入的科学和技术知识，还常常需要一定的技巧和经验。

➤ 建立在经验基础上的学科系统化知识：关于"如何科学地解释并解决实际问题"的知识。这是向更高层次（如研究性学习和技术创新等）发展的基础，是职业发展"后劲"的真正体现。[①]

"从初学者到专家"发展阶段理论、各阶段的典型工作任务特征以及知识形态理论，共同构成了按照职业能力发展规律建立职业教育课程体系的理论基础。它可以帮助我们解决职业教育课程开发的两大难题：一是如何按照能力发展阶段来确认相应的典型工作任务，即确定课程的基本框架；二是如何结合人的职业发展需求，将职业能力发展过程中的专业学习内容进行系统化处理。从实践角度看，这对开发高质量的职业教育课程具有重要的指导意义。

---

① 欧盟 Asia-Link 项目"关于课程开发的课程设计"课题组编：《职业教育与培训：学习领域课程开发手册》，50～59 页，北京，高等教育出版社，2007。

(三)完整的行动模式

现代工业心理学的研究表明,人类的职业活动过程总是按照一定的规律进行的,即行动过程按照"完整的行动模式"进行,可以划分为"明确任务/获取信息""制订计划""做出决策""实施计划""检查控制"和"评定反馈"六个阶段,如图 3-4 所示。

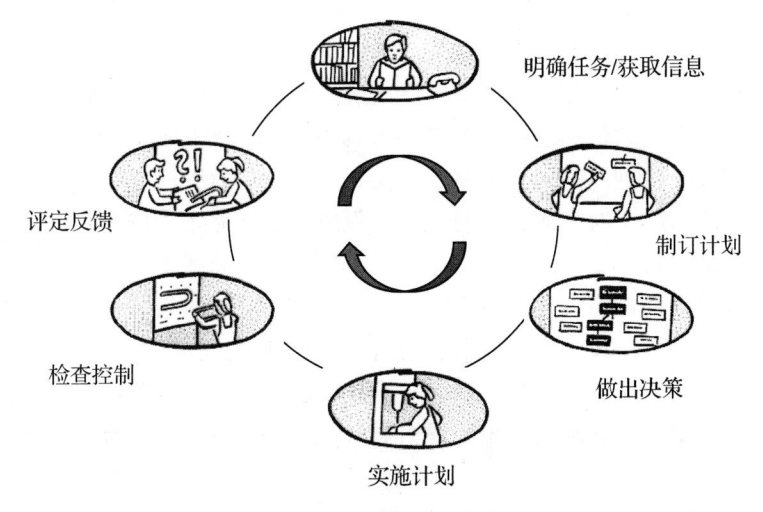

图 3-4 完整的行动模式

每一阶段的主要行动内容分别是:

(1)明确任务/获取信息

明确具体的工作任务和目标,主要目的是对工作有一个整体设想。行动者根据任务说明设想出工作行动的内容、工作程序、工作阶段划分和工作条件,获取与完成任务有直接关系的信息。这一阶段的重点是描绘出目标,弄清存在的困难以及为达到目标所需要做的工作、所需要的条件和应当满足的要求。

(2)制订计划

确定完成工作的途径、步骤和所需的工具材料。在此阶段,为了弄清完成工作任务的必要条件和组织保障,须在大脑中模拟和想象出具体工作过程,这对学习者的工作经验和专业知识提出了较高要求,对学生来说特别困难,但这恰恰是促进解决问题能力和创新能力发展的必要途径。

(3)做出决策

从计划阶段列出的多种可能性中确定最佳的解决途径。这里需具备科学和理性的决策能力和决策技术。决策往往以小组的形式集体做出。

(4)实施计划

即狭义的工作过程本身,其基本组成元素为工作目的、工作对象、工作材料、工具和工作方法。在实践中,计划的实施过程经常与"制订计划"的结果有一定偏差。只要学习者能够观察和记录下这些偏差,并在后面的评估阶段中分析造成偏差的原因,就能达到良好的学习效果。

（5）检查控制

在实施过程中采用适当方式对工作过程进行质量控制，以保证得出所期望的结果。本阶段的主要功能是检查任务是否完成。可通过引导问题来检查控制所制成的工件或制订的方案。

（6）评定反馈

对工作过程进行质量控制，保证得出所期望的结果并对结果进行客观评价。评价需要从技术、经济、社会、政治和思维发展等多方面对工作过程的设计和工作成果全面进行。评价的目的不仅仅是找到缺陷，更重要的是找到产生缺陷的原因。①

"完整的行动模式"是对完成任务的工作过程的系统化描述，借此我们几乎可以分析工作和生活中发生的一切行动，因此它是职业教育教学设计的基本指导思想。要想培养学生系统工作和处理问题的能力，必须重视"完整的行动模式"中的每一个阶段。传统教学正是因为仅涉及或重视个别阶段，如获取信息（在教学中常被简化成被动地学习理论知识）和实施（常规技能培训），而忽略了诸如计划、决策和检查控制这些关键性的环节，所以造成了人才培养的结构性缺陷，如缺乏计划和评估能力，而这些能力却恰恰是形成综合职业能力的基础。

二、从工学分离到工学结合

（一）职业教育课程模式的发展轨迹

课程开发是使课程的功能适应社会、经济和技术发展需求，持续决定和改进课程的过程。传统的职业教育学习内容是从学科知识中简化出来的，尽管也关注知识的方法性和工具性要求，但是无法完全满足职业教育"学会工作"培养目标的要求。

从20世纪80年代后期开始，强调实践教学成为课程改革发展的共同趋势。我国通过中外合作项目引进了基于工作分析的课程开发方法并进行了大量实践，特别是能力本位（Competence Based Education，CBE）理念、DACUM（Developing a Curriculum）课程开发方法以及德国双元制职业教育课程等。回顾历史发现，这些改革始终是围绕着如何处理和优化理论学习与实践学习的关系展开的，而且课程模式与工业生产模式有着密切的联系。对照"工业4.0"的讨论发现，这里存在着惊人的相关，即存在着"课程1.0"到"课程4.0"模式。厘清这一发展过程，对把握未来课程的发展方向具有重要的意义。

1. 理论与实践并行的课程："课程1.0"

我国悠久的手工业传统并没有导致制度化的职业教育诞生。职业学校从建立伊始就有很强的精英教育痕迹，其课程主要围绕理论学习和技能训练两个中心建立。理论教学与技

---

① Pampus, K., "Ansätze zur Weiterentwicklung betrieblicher Ausbildungsmethoden," *Berufsbildung in Wissenschaft und Praxis*, 1987, 16(2), pp. 43-51.

能训练相对独立，不追求（或无法追求）在内容和时间上的协调，这就形成了"理论与实践并行的课程"，即"课程 1.0"模式，它体现了教育家福谢依（W. Foshay）的"并行课程"（Parallel Curriculum）理念，即期望学生在进行系统知识学习的同时，探索解决工作现实中的实际问题[1]，这与"工业 1.0"（机械化生产取代手工劳动）对教育体系产生的影响，即由教育培训机构取代传统学徒制并产生了学校式课程是一致的。

在"理论与实践并行课程"中，教学目的是理解知识并借此解决工作中的问题，强调知识的完整性和系统性。例如，机电技术应用专业教学标准规定的专业课包括机械制图、机械基础等，辅之以钳工、电工等技能培训课程，实践与理论教学在内容上没有直接对应关系[2]。人们广泛采用"教学简化"方法开发课程有两个原因，一是职业教育的组织者和实施者多数都是由传统学科教育体系培养出来的，二是当前职业院校课程体系多数是在学科理念下建立的，并没有特别关注工作世界的要求。

理论与实践并行课程忽视了工作世界的整体性，学生难以获得针对复杂工作的经验。由于过分关注知识学习，或者由于设备设施和组织条件所限无法进行深入的实践活动，针对实践的体验常常被忽视，并行课程的理念也很难真正实现。此外，职业院校学生不擅长抽象的思维和演绎式学习，在脱离具体情境的理论学习中存在很大困难，更无法实现知识的迁移。由于学科系统化与职业实践之间的巨大差距，"课程 1.0"无法满足职业教育实践的要求。

2. 理论服务于实践的课程："课程 2.0"

19 世纪后期，生产流水线的诞生使人类进入了"工业 2.0"时代。职业教育满足经济发展需求的功利性使然，人们开始在岗位任务分析基础上开发课程。泰勒的"科学管理原则"的推广使这类方法得到了广泛应用。我国大量采用岗位分析方法与 CBE 模式的学习引进有关。

CBE 中广泛采用 DACUM 课程开发方法，从岗位需求出发，将知识学习作为习得技能的支持手段和能力发展的基础，强调通过知识技能积累实现能力提升，对知识没有系统性和量的要求，这构成了以"理论服务于实践"为典型特征的课程类型，即"课程 2.0"。广泛流传的口号"理论知识必须以够用为度"就是对追求这种课程理想的真实写照。"课程 2.0"的"能力本位"理念在很大程度上取代了我国传统的"知识本位"理念，这对当时政府工作重点转移到经济建设上来提供了重要支持，几乎引发了职教课程理念的一场革命。

CBE/DACUM 把学习理解为"投入"和"产出"之间的线性关系，把能力理解为完成岗位任务可观察、确定和描述的技能、知识和态度，认为这些因素之和就是职业的整体，能力发展是按照教育者意愿自上而下进行传递的，这体现了行为主义理论对学习的理解。它较少关注职业认知能力发展等教育性目标，忽略隐性知识的影响，不关注复杂工作要素的

---

[1] Foshay, A., "Shaping curriculum," in *Influence in Curriculum Change*, eds. Unruh, G & Leeper. R., Washington, DC, Association for Supervision and Curriculum Development, 1968.

[2] 中华人民共和国教育部编：《中等职业学校专业教学标准（试行）：加工制造类（第一辑）》，67 页，北京，高等教育出版社，2014。

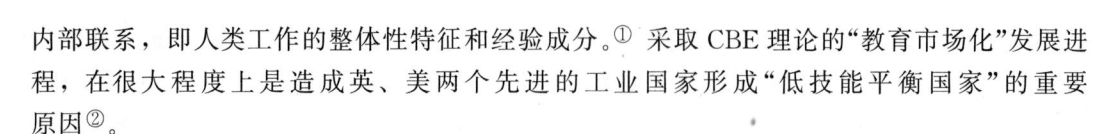

内部联系,即人类工作的整体性特征和经验成分。[1] 采取 CBE 理论的"教育市场化"发展进程,在很大程度上是造成英、美两个先进的工业国家形成"低技能平衡国家"的重要原因[2]。

3. 理论与实践一体化课程:"课程 3.0"

随着信息技术和自动化技术的普及,工业生产进入了"3.0"时代,这对技术技能型人才的职业素养提出了更高要求,劳动者的全面发展具有重要的意义。有效的学习是学生在真实工作情境中对工作的任务、过程和环境进行的整体化的感悟和反思,必须进行整体化的课程设计,让学生不但学习专业知识技能,而且能够在工作过程中获得职业认知,并最终形成对工作和技术的"设计"(德语 Gestaltung)能力。[3] 这需要手脑并用的做中学和"行动导向的学习",需要在更高层面建构理论与实践的关系。

从 20 世纪末开始,人们在工学结合一体化课程即"课程 3.0"方面做了大量尝试。德国从 1996 年开始实施建立在工作过程系统化理论基础上的学习领域(德语 Lernfeld)课程,该课程很快传入到我国。在中国,项目教学作为一种课程模式也得到了较为广泛的实践。[4]

高素质技术技能型人才需要在专业能力、方法能力和社会能力方面满足更高要求,工学结合一体化课程的目标是培养这种综合素质,其基本特点是:课程目标是发展综合职业能力,学习内容是职业的典型工作任务,学习过程具有工作过程的整体性,学生在综合的行动中思考和学习。

工学结合一体化课程从整体化的工作世界出发认识知识与工作的联系,由此获得背景意识和"工作过程知识",这符合建构主义和情境学习等当代主流学习理论的基本原则。在实践中,一体化课程分为两个发展阶段:较低级的是理论实践一体化课程,高级的为工学结合一体化课程,后者强调学习内容包含技术、社会和环境等与工作有关的全部要素。

实践证明,真正按照一体化课程理念进行的改革实践取得了积极的成果[5]。但是,一体化课程改革是一项系统性工程,它在传统的学校教学管理制度(如班级制度、理论实训教学各自独立管理等)下很难实现,这对教学管理提出了很大挑战。首先,教学、管理和服务理念发生变化,参与人员需要在理念和行动上达成一致,这在实践中会遇到很多困难。其次,新课程开发增加了开发成本,小班教学的教学运行和管理成本也会增加。再次,新课程对教师的要求超越了当前教师的实际水平,多数院校缺乏具有足够实践经验的

---

[1] Hager, P., "Competency Standards," *The Vocational Aspect of Education*, 1995, 47(2), pp. 141-151.

[2] Hirtt, N., "Education in the 'knowledge economy': consequences for democracy," in *Bildung in der Demokratie*, eds. Aufenanger, S. et al., Budrich, DgfE, 2011, p. 172.

[3] Heidegger, G., "Gestaltungsorientierte Forschung und Interdisziplität," in *Handbuch Berufsbildungsforschung*, ed. Rauner, F., Bielerfeld, W. Bertelsmann, 2005, pp. 575-581.

[4] 参见姜大源主编:《当代德国职业教育主流教学思想研究——理论、实践与创新》,北京,清华大学出版社,2007。

[5] 赵志群、林来寿、张志新:《高等职业教育课程改革学习效果评价:一项实证研究》,载《国家教育行政学院学报》,2014(7)。

教师。最后，面对来自教师（特别是文化课教师和基础课教师）、管理者、学生甚至学生家长的不理解，还需要做很多解释性工作。

(二) 工作过程系统化

在职业教育领域，人们希望通过新的学习方案提高学习者的综合职业能力，而不仅仅是系统的书本知识。学科系统化课程与这些需要相距甚远，打破学科系统化课程体系成为职教界的共识。但是在破除旧世界的同时，必须首先考虑要建立一个什么样的新世界，即新的课程体系究竟应当遵循什么样的系统原则。

职业教育为不同能力和天资的学生提供多样化的教育服务，其首要任务是培养学生从事一个职业所需的专业能力以及与个人和社会活动相联系的能力，即综合职业能力。职业教育还要促进学生学习能力和综合素养的发展，以适应未来社会和企业的变化，并为接受终身教育做好准备。

综合职业能力不但是个体学习成果的体现，也是社会和行业发展的实用性成果。职业教育与具体行业和职业行为相联系，其教学过程必须与实际工作过程相联系，即遵循"基于工作过程"或"工作过程系统化"的基本原则：(1) 学习目的是为从事某职业必须经历的典型情境（Situation）做准备；(2) 通过行动来学习，学习者尽量进行自我行动和独立思考；(3) 学习过程包含完整的行动过程，涉及职业现实的方方面面，如技术、经济、法律、生态和社会等多方面的内容；(4) 行动过程是一个社会学习过程，学生要在企业和社会实践中学习，以具备妥善处理利益冲突等社会能力。可以看出，仅仅传授基本的、原则性的理论知识是不够的。要想全面培养和促进综合职业能力的发展，只能通过符合职业发展规律的、工作过程系统化的课程来实现。

1. 什么是工作过程？

要想对职业活动这一复杂的系统做出恰当的分析，需要有合适的工具。工作过程（Work Process）是一个帮助我们分析复杂工作系统的结构化工具。所谓工作过程，是工作者在企业里为完成一件工作任务并获得工作成果而进行的一个完整的工作程序。对于多数实践性职业来说，工作过程是由劳动组织方式、不同的工作内容、工具以及主观工作能力来决定的，它是一个综合的、时刻处于运动状态但结构相对固定的系统，外部对工作过程的影响力十分有限。

从职业社会学角度来看，一个职业之所以能够成为一个职业，是因为它具有独特的典型工作任务，即"代表着一个职业的专业化水平的任务"。完成这一任务的工作过程，是对该任务所涉及的工作的对象、方法、工具、劳动生产组织形式进行的综合性处理，并满足个人、社会和企业的特别要求。对工作过程的描述，是对该职业这些要素进行的综合考虑，即工作过程是"人"的活动过程，不是企业的生产或服务流程，工作过程与生产流程有一定联系，但有本质不同。

> 工作过程是人的技术活动，有一定的主观个体差别，而生产流程更为客观，由企业的生产实践决定。
> 复杂产品的生产流程或综合性服务流程往往包含多个工作过程，如化工厂只有一套

生产流程，而化工技术人员却要完成多个工作任务，具有多个完整的工作过程，如"中间工序产品的检测"和"化工设备维护与保养"等。
➤ 在手工业特征明显的职业（如木工）中，工作流程有可能完全由一个人执行，这时工作过程与生产流程是一致的。

总的来说，工作过程的核心要素是人，而生产流程不是。按照潘伽罗斯（P. Pagalos）等建立的模型，工作过程有四个基本组成元素，即工作人员、工具、产品和工作行动，如图3-5所示。① 工作过程是这些元素在特定的工作环境中，按照一定的时间和空间顺序，达到所期望的工作成果的过程。这里的工作成果既包括具体的产品，也包括提供的服务。

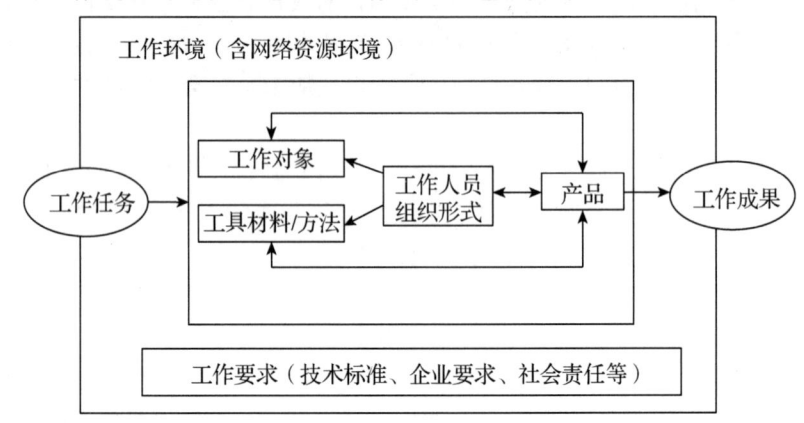

图 3-5　工作过程的组成要素

工作过程的复杂程度和范围是由工作任务的性质、工作单位以及产品种类决定的。在工作过程中，不同职位、教育和经验背景的人扮演的角色不同，但他们的工作一般都是按照"明确任务/获取信息""制订计划""做出决策""实施计划""检查控制"和"评价与结果记录"这一完整的行动模式进行的。

2. 工作过程系统化课程

在职业教育课程开发领域，工作过程系统化是与学科知识系统化相对应的一个概念，指工作者完成工作任务的完整的工作进程。工作过程要实现的目标是取得工作成果，它可以是具体的产品或服务。工作过程的要素包括人、工作对象、工具、工作方法和工作要求。这些要素相互作用，在特定的工作环境下按照要求实现工作成果，工作过程随之结束。

工作过程系统化（在中国亦称"基于工作过程"或"工作过程导向"）课程理论诞生于20世纪90年代初的德国，是职业教育应对信息技术发展带来的劳动生产组织方式变化要求的新举措。它不再只强调某一岗位的知识与技能，而把企业的整个生产和（或）经营过程纳

---

① Pangalos, J. & Knutzen, S., "Möglichkeiten und Grenzen der Orientierung am Arbeitsprozess für die Berufliche Bildung," in *Berufsliches Arbeitsprozesswissen*, eds. Pahl, P.-J., Rauner, F. & Spöttl G., Baden-Baden, Nomos, 2001, pp. 105-116.

入职业教育视野，使受教育者(未来的劳动者)对整个企业的生产和(或)经营过程有系统化了解，明晰自己在生产服务中承担的角色，以及自身与组织之间的内在联系，从而完成要求更高的、整体化的工作任务。①

工作过程中的学习不仅是事实性知识的积累和心智技能训练，更重要的是将知识和技能进行有效整合，这一整合过程只能在学习者个体内部以隐性的方式进行，而不可能用语言或示范的方式传授。工作过程系统化课程将学习与工作结合起来，为职业学习提供了一个有效的一体化载体，它包含工作过程的各个要素。工作过程系统化课程让学生在一个(尽量)真实的工作环境(同时也是学习环境)中，针对具体工作任务，要求学生取得一个特定的工作成果(产品或服务)。为此，学生必须进行满足专业要求的工作行动，这需要学习专业知识和技能，正确使用工具并与工作人员进行沟通，并考虑社会、企业及顾客等的要求。在此，工作过程知识具有重要的意义。

工作过程系统化课程理念对我国职业教育，特别是高等职业教育课程和教学改革产生了重要的影响②，它有以下特点。

> 工作行动的整体性：在完整的、综合的行动中进行思考和学习，不管需解决的问题大小和复杂程度如何，都要完成确定工作任务、制订计划、实施和评估反馈整个过程，理论和实践相结合，解决跨学科的问题。

> 以学习者为中心：面向学生，尊重每个学生的需要，关注学生在行动过程中丰富多彩的学习体验和个性化的表现。

> 强调对学习过程的思考、反馈和分析：在学习过程中，职业行动的过程和结果具有开放性，鼓励学生的自我管理式学习，评价标准多元化。

> 培养学生知识应用能力：通过相互支持和协调的新型师生关系，促进学生解决问题能力和合作能力的发展。

在工作过程系统化课程中，学习者从多种可能性中选择行动方式，达到给定或自己设定的目标；他在学习行动开始之前，就能对可能的行动后果进行预测，通过有计划的行动，有意识地、有目标地影响整个学习和工作过程。专业教学内容不再是简化了的学科理论知识，而是"以职业形式存在的、从事实践行动的技术技能人才的专业工作"，是产生于劳动实践的"能工巧匠"的知识和技能，是学生在下意识状态下积累的(常常不能通过考试反映出来的)与实践紧密相连的知识。在实践的基础上获得知识，并达到脑力劳动和体力劳动的统一，这是唯物主义方法论在课程和教学中的体现。

(三)工学结合一体化课程：学习领域

"学习的内容是工作，通过工作实现学习"——工学结合作为职业教育的重要特征已经

---

① Rauner, F., "Die Bedeutung des Arbeitsprozesswissens für eine gestaltungsorientierte Berufsbildung," in *Lernfeld: Arbeitsprozess. Ein Studienbuch zur Kompetenzentwicklung von Fachkräften in gewerblich-technischen Aufgabenbereichen* eds. Fischer, M. & Rauner, F., Baden-Baden, Nomos Verlagsgesellschaft, 2002, pp.25-52.

② 何兴国：《职业院校工作过程导向课程实施研究——基于新制度主义理论的视角》，博士学位论文，北京师范大学，2016.

被广泛认可,在工学结合职业教育探索和实践中,除了需要解决校企合作机制等管理层面的问题,在中观和微观层面上也要建立适合国情的、符合工学结合要求的课程模式,这需要系统化地解决课程领域的一系列问题,如明确促进综合职业能力发展的培养目标,通过高质量的职业资格研究建立学习领域,按照工作过程系统化原则进行教学设计等。工学结合一体化课程的典型表现形式是"学习领域"。

1. 职业教育的"学习领域课程"

当前,技术、经济和社会正在进入一个以人为中心的时代,传统精细分工的简单岗位工作正在被以解决问题为导向的综合任务所取代。技术技能人才应当具备综合职业能力,其前提是在校期间系统化地完成一些典型的、综合性的工作任务。综合职业能力培养需要合适的"内容载体",这个载体就是"学习领域"课程。学习领域是诞生于德国的职业教育课程模式。按照德国各州文教部长联席会议(KMK)的定义,学习领域是"通过学习目标、教学内容和课时分配的描述构成的主题单元"[①],它对应职业的行动领域。

学习领域是以一个职业的典型工作任务为基础的专业教学单元,它与学科知识领域没有一一对应关系,是从具体的"工作领域"转化而来的,常常表现为理论与实践一体化的综合性学习任务。通过一个学习领域的学习,学生可完成某职业的一个典型工作任务,处理一种典型的"问题情境";通过若干系统化学习领域的学习,学生可以获得某一职业的职业资格。表3-1 为某高职院校数控技术专业的13门学习领域课程。

表3-1 某高职院校数控技术专业学习领域课程

课程编号	课程名称	课程编号	课程名称
1	手动工具制作零件	8	计算机辅助设计与制造
2	普通机床制作零件	9	数控加工难点处理
3	普通机床制作组合件	10	工装设计与制作
4	单件常规零件数控加工	11	新产品试制
5	批量零件数控加工调整	12	数控加工工艺改进
6	数控机床加工组合件	13	数控加工技能指导与培训
7	机床常见故障检测与维修		

学习领域是一个全新的职业工作的信息载体,学生通过直接体验掌握镶嵌在各项实践行动中的知识、技能和技巧,获得全面、有效和有用的教育。它按照职业能力发展逻辑规律建立课程体系,学习者按顺序完成典型工作任务,实现"从初学者到专家"的职业发展。在此,学生首先对所学职业(专业)的内容和工作环境有简单的感性认识,然后学习理论知识;知识学习过程与职业实践相对应,专业理论不再抽象,而是企业、社会和技术工人个

---

① KMK. Handreichung für die Erarbeitung von Rahmenlehrplänen der Kultusministerkonferenz für den berufsbezogenen Unterricht in der Berufsschule und ihre Abstimmung mit Ausbildungsordnungen des Bundes für anerkannte Ausbildungsberufe. Dokument der KM,Bonn,2011,pp. 14-16.

体相互作用的具体体现。学习领域课程与传统学科课程的比较如表 3-2 所示。

表 3-2 学习领域课程与传统学科课程的比较

学习领域课程	传统学科课程
以职业行动为导向的教学理论	学科知识和(行为主义的)学习目标导向的教学理论
跨学科的任务	学科划分详细
在教学中独立计划、实施和控制	以教师和教授为导向的教学
注重职业和社会行动能力培养	以传授事实性知识为重点
注重综合职业能力培养	以知识储备为目的
行动导向教学,开放式学习情境	纯语言传授,封闭式学习情境
多样化课程,个性化内容	一致性课程,内容针对大家

从知识传授顺序角度看,学科课程采用由核心向外围发展的结构,理论知识学习在感性认识之前,而学生在对专业没有感性认识的情况下很难真正学会理论知识;学习领域课程则按照"合法的边缘性参与"原则,由外围向核心发展,学生首先通过直接的认知教学学习。学习领域课程还有以下特点:

> 不仅培养学生适应工作要求的能力,而且培养学生本着对经济、社会和生态的负责态度,(参与)设计工作世界的能力,实现全面发展;
> 以典型工作任务为依据设置科目课程,将其按照从初学者成长为专家的能力成长逻辑规律进行排序,教学内容是职业的工作内容,是工作目标、劳动生产工具、方法和劳动组织方式的有机整体;
> 将对职业发展具有重要意义的、复杂的、蕴含问题的学习与工作情境作为教学出发点,通过处理复杂问题获得具体的专业知识(包括工作过程知识)和技能,积累经验,并对职业行动过程进行反思,通过学习处理实际问题,最终获得综合职业能力;
> 强调工作过程的完整性,学生在实验和探究行动中发现和解决问题,体验和感受完整的行动过程,实现对职业工作的全面理解,积累工作经验,实现学习从抽象知识到具体行动的迁移;
> 将专业学习、开发和研究性学习甚至社区服务等社会实践结合在一起,强调通过实践增强创新意识和能力,学习科学的工作和学习方法,增进学习、工作与发展的密切联系。

2. 与"学习领域"相关的重要概念

职业教育学习领域课程引入了一些学习理论的概念,有必要对此加以简单解释。

(1)普通教育中的"学习领域"

学习领域是一个来自教育学的概念。在普通教育中,学习领域一般与学科知识领域是对应的,如道德伦理与价值观的学习、语言学习、自然科学和人文科学的学习等。在各国中小学教育实践中,对学习领域的划分有多种方式,如语言、科学、艺术、个人知识和伦理学等。英国教育家斯宾塞(H. Spencer)将普通教育划分为"直接有助于自我保全的活动""间接有助于自我保全的活动""抚养教育子女""与维持正常的社会和政治关系有关的活动""满足爱好和情感的活动"等学习领域。① 随着人类的进步,人们对可资利用的学习领域一直在不断进行反思。

职业教育的学习领域是一个跨学科的课程计划。从学习领域的名称就可以看出,学生能够通过该学习领域的学习获得哪些能力,如"单件常规零件数控加工"。一个专业学习领域课程的门数,是该专业的职业活动特点确定的,没有特定的数量规定。学习领域按照实际工作要求确定,其学习目标和学习内容的选择取决于职业活动的要求。确定学习领域的原则是:学习那些今后需要完成的典型工作任务,而不是日后在工作中有可能涉及的知识和技能。

在德国,国家对每个专业的学习领域制定了有约束力的教学标准,但为达到这一标准所传授的学习内容则由教师自己决定,这就为个性化教学提供了可能。教师在设计具体的学习情境时,可按照本地区行业、企业和学生特点进行灵活处理。在学习领域课程的教学中,要保证学习内容的逻辑联系和结构完整性,保证专业知识的最低限度,但不追求知识的系统性。

(2)典型工作任务

典型工作任务是对从事一个职业具有典型意义的、代表该职业专业化水平的综合性任务。典型工作任务具有以下特征:①具有结构完整的工作过程,包括计划、实施、控制和评估等环节;②反映了职业工作的内容和形式,涉及所有的工作要素,如工作对象、工作条件和工作要求等;③在整个职业活动中具有重要的意义和功能;④工作任务的结果或过程是开放性的,完成任务能够促进从业者的职业能力发展。② 一个典型工作任务构成职业教育的一个学习领域课程。每个专业通常有10～20个。

典型工作任务的理论基础可以追溯到发展心理学家哈维赫斯特的"发展性任务"理论以及德莱弗斯兄弟的"从初学者到专家"能力发展理论,德国不来梅大学对典型工作任务的理论和开发方法进行了系统性的研究。典型工作任务是开发学习领域课程的基础,需要通过整体化的职业与工作分析获得,一般通过实践专家访谈会确定。

(3)行动领域

"行动领域"(德语 Handlungsfeld)是德国职业学校的教学设计和教学文件中对典型工作任务的另一种表达方式,指"在职业、生活和公众有意义的行动情境中相互关联的任务的集合"③。行动领域是综合性的任务,它产生于人们在职业或社会生活中的重要的活动情境,涉及技术、工作、社会和个人等多方面的问题。

---

① [英]E. 斯宾塞:《斯宾塞教育论著选》,胡毅、王承绪译,59页,北京,人民教育出版社,1997。

② Reinhold, M., Haasler, B. et al., *Curriculum-Design II. Von beruflichen Arbeitsaufgaben zum Berufsbildungsplan*, Konstanz, Christiani, 2003, pp.9-10.

③ 姜大源主编:《当代世界职业教育发展趋势研究》,149页,北京,电子工业出版社,2012。

(4)学习情境

"学习情境"(德语 Lernsituation,英语 Learning Situation)也是学习领域课程中教学设计的一个术语,指与学生所学内容相对应的、包含问题的生活(工作)事件,是构成学习领域的基本主题单元。学习情境是在典型工作任务的基础上,由教师设计的学习的"情形"和"环境",是对典型工作任务进行教学化处理的结果。

在教学实践中,学习情境常以"学习与工作任务"的形式出现,简称"学习任务",它把理论知识、实践技能与实际应用环境结合在一起,是学习领域这一宏观教学计划的具体化,即具体的学习任务。例如,网络技术专业学习领域课程"网络组建与管理"包含三个学习情境:"家庭网络组建与管理""企业办公型网络组建与管理""基于服务器园区网络组建与管理"。职业教育的学习情境包含基本的工作要素,如工作岗位、工作环境、工作对象、工作条件、劳动组织方式、工作要求和工作成果等。学习情境既是教师引导学生主动学习的教学安排,也是学生对职业行动情境进行的反思。学习情境的设计因学校、教师、学生而异,具有范例性特征。[①]

图 3-6 说明了典型工作任务、学习领域与学习情境的关系。可以看出,学习领域是典型工作任务的教学化处理,学习情境是学习领域根据学校的实际情况设计的具体学习任务。在特殊情况下,并不完全排斥某个学习领域发展成为一门学科课程。

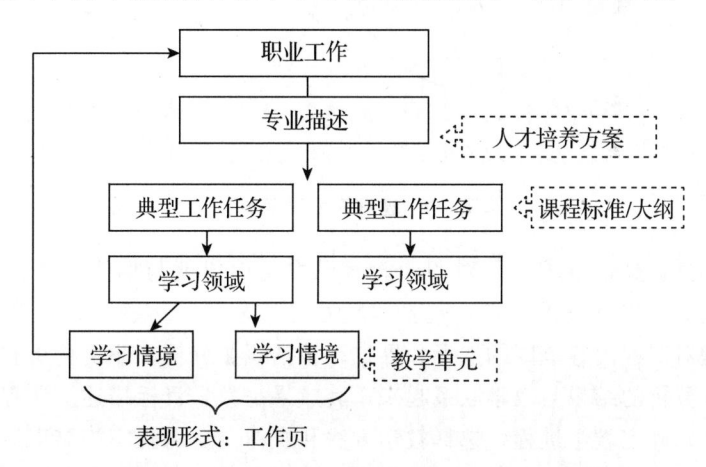

图 3-6 典型工作任务、学习领域与学习情境的关系

学习领域课程强调学习者在具体的学习情境中自主地建构知识。教学过程不是学习者根据预定目标对现有知识进行"机械装配"的过程。尽管有整体教学计划,但是随着学习活动的展开和具体内容的需要,会不断生成新的学习目标。学生在这一开放的学习过程中,不断加深认识和体验。

[①] 徐涵:《工作过程为导向的职业教育理论与实证研究》,103~111 页,北京,商务印书馆,2013。

三、建立高质量课程的关键

课程开发,也称为课程设计或课程编制,指教学计划、教学大纲和教材的编写,是对教学计划、大纲和教材应达到的目标、选择的内容、采取的结构以及评价的标准进行的可行性研究。职业教育课程开发需要回答以下问题:社会经济和劳动市场对人才的需求是什么?采用何种课程结构和类型更容易实现这一目标?如何对课程进行管理,如成绩考核鉴定?有何种质量保证措施?

职业教育课程开发是一个复杂的系统性工程,它可以描述为两个相互联系的系统:第一个是课程目标和内容的选择与确定,这是职业资格研究的过程;第二个是课程的组织实施、评价和改进。它们总共可划分成如图 3-7 所示的七个步骤。

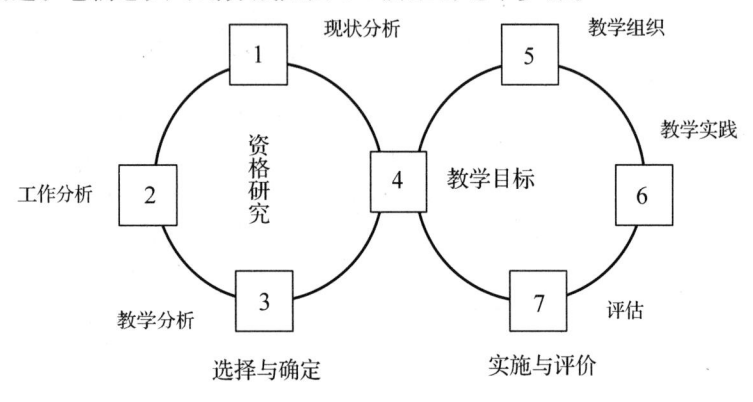

图 3-7 课程开发过程①

在此,现状分析是指寻求社会对职业教育已取得的成就与期望取得的成就之间的差异,在宏观上把握课程开发的方向,包括确定社会需求、了解教学对象和保障外部条件等。工作分析是对课程内容范围的选择和界定,包括职业分析、职责分析和任务分析。教学分析是把职业分析的结果与教学联系起来,其成果是教学目标描述。课程组织设计对课程内容进行安排,确定教学进程,选择教学方法和媒体。在课程实施结束后,检查课程实施的结果和进程。

在实践中,职业教育管理部门、职业院校、受教育者和用人单位最为关注的是劳动市场的交换行为。成功的课程是劳动市场顺利运行的推进器,满足劳动市场的需求是职业教育高质量的重要标志。这样,课程开发的核心就成了如何最大限度地实现职业教育的功利性目标,职业资格研究成为职业教育课程开发的首要任务。

---

① 参见 Nölker, H. & Schonfeld, E., *Vocational Training: Teaching, Curriculum, Planing*, Grafenau/Württ, Expert Verlag, 1980, p. 92, 有改动。

(一)职业资格研究

1. 职业资格与资格研究

职业资格(Qualification),简称"资格",是对从事某一职业所必备的学识、技术和能力的基本要求,是人们学到的能力与职业任务的系统化结合,是从事一种职业活动时能够应用和通过学习获得的能力或潜力,包括知识、技能和技巧。[①] 职业资格通常通过对某一领域的职业活动、学习内容以及与人相联系的能力说明来表示。在实践中,一般通过对某一工作岗位能力要求的总和来表示职业资格。

资格研究的任务是明确"教育与工作"间的关系,并在"工作"与"工作对职业行动的要求"以及"学习内容和学习过程"之间建立起合理的联系。由于这种联系在多数情况下都十分复杂和隐晦,所以资格研究需要极强的方法论指导。

资格研究的主要内容是分析工作任务、工作过程、能力要求和学习过程之间的关系。在当代史上,每过一段时间,资格研究中就会出现一些对社会发展具有重大影响的综合性和基本性问题,资格研究的成果在学术界和公共生活中常常引人注目,如社会学家梅腾斯针对自动化技术发展和人们对无人工厂的恐惧提出的"关键能力"方案[②],是至今都有重要影响的资格研究成果。从历史上看,在教育学和心理学领域开展的资格研究比较重视认知领域的能力,对心智技能关注不足。20世纪后期以来,资格研究开始重视情感领域和社会能力的研究,甚至出现了看似矛盾的概念,如"跨功能的资格"(Extra Functional Qualification),以及作为资格重要组成部分的关键能力(核心技能)等。它们与具体的职业没有直接关系,却对职业发展起着重要的促进作用。国际资格研究的主题集中在两个方面,一是社会发展与职业资格内容之间的关系,二是职业资格的结构问题,这与各国社会政治制度和经济发展水平有着密切的关系。

2. 职业资格结构的发展趋势

资格研究的重要任务是对职业资格的结构变化和发展趋势做出预测,特别是中期预测。过去,人们曾对此做出过三种截然不同的预测。

- 资格水平降低:由于复杂工作被分解成多个简单工作,人们不再需要高的能力和资格,生产过程被划分成按照简单程序重复进行的操作,工人被分为多个工种的熟练工、半熟练工和非熟练工,工程师被分为设计、工艺和生产工程师。企业仅需要"部分技术工人"或"部分工程师"就够了,即资格需求呈现出水平降低的趋势。
- 资格水平两极分化:社会职业活动中中等难度的任务减少,对高水平、高资格和低水平、低资格劳动者的需求增加,资格发展存在两极分化趋势。[③]

[①] Hartung, D., Nuthmann, R. & Teichler, U., *Bildung und Beschäftigung:Probleme,Konzepte und Forschungsperspektive*, München, K. G. Sauer Verlag, 1981.

[②] Mertens, D., "Schlüsselqualifikationen—These zur Schulung für eine moderne Gesellschaft," *Mitteilungen aus der Arbeitsmarkt-und Berufsforschung IAB*, 1974(7), pp. 36-43.

[③] Mickler, O., *Facharbeit im Wandel:Rationalisierung in Industriellen Produktionsprozess*, Frankfurt/Main, Campus-Verlag, 1981.

> 职业资格水平提高：随着工作任务复杂化程度的提高，需要更高的能力和资格，社会对高等院校毕业生将有更大的需求。

可以看出，尽管人力资源主管部门和企业为了对劳动者进行有效管理都在开展资格分析，但这绝不是一件简单的事情。在水平岗位分工逐渐弱化的趋势下，要想对职业工作行为进行准确的分析和描述越来越难，传统的岗位分析得出结果的信度越来越低，这就产生了一种极端的意见：在现代社会，职业和职业教育失去了与技术、经济和劳动组织发展的直接联系，出现了"去职业化"倾向；有人甚至认为按照职业形式组织的教育无法满足社会发展的需要，而只能通过提高学习者的综合素质来实现这一目标，这一观点在我国特别是在经济发达地区也有市场。

2. 课程开发领域的资格研究

在职业教育课程开发过程中，通过资格研究确定一个专业的"职业工作内容"是一个要求很高的跨学科、综合性研究领域，需要解决很多难题，如确定职业的具体要求并对其进行解释和归类，确定、分析和描述典型工作任务并将其转化为符合职业学习规律的课程。随着职业学（Vocational Disciplines，德语 Berufswissenschaft）研究的建立和发展[1]，资格研究也成为职业学的重要研究内容。

20世纪末以来，职业学研究开发了很多资格研究的工具，它们综合了量化研究（如概率分析、技能点量化评估）和质性研究（如实践专家访谈会、情景预测）方法，还特别考虑了工作者主观特性的影响。贝克（W. Beck）等按照四个层次将职业学的资格研究方法进行归类。

> 行业分析：通常采用文献分析法在整个行业对某职业的典型工作岗位、工具和任务进行分析，确定选择案例的标准。
> 案例分析：选择代表性企业，观察生产过程并记录，通过访谈发现针对工作过程设计的最佳设想。
> 工作分析：采用专家智能研究和人类学等研究方法。
> 实践专家访谈会：以典型工作任务的形式描述职业工作，并为课程设计划分其难度等级。[2]

资格研究是对工作世界的实证分析，其研究结果是有关资格要求、职业描述、专业设置、课程开发和学习评价的基本数据。研究人员的能力结构对资格研究结果有很大影响。关于不同背景研究人员（如工程师和教师等）对同一职业的资格研究成果的比较研究发现，只有当研究者熟悉技术工人语言、能从专业角度解释所观察的专业行为，即成为该职业的

---

[1] Pahl, J.-P. & Volkmar, H., *Handbuch Berufliche Fachrichtungen*, Bielerfeld, Bertelsmann, 2010.

[2] Becker, W. & Meifort, B., "Ordnungsbezogene Qualifikationsforschung als Grundlage für die Entwicklung beruflicher Bildungsgänge," in *Qualifikationsforschung und Curriculum*, ed. Rauner, F., Bielefeld, W. Bertelsmann, 2004, pp. 45-59.

实践共同体成员时，才能保证成果的正确性和准确性。①

职业教育课程开发领域的资格研究方法的研究重点：一是政府机构组织进行的权威的资格研究程序的制定，二是职业和工作分析方法的探索和研究。

3. 由政府机构组织的权威的资格研究程序

利用科学的职业资格研究流程，可以对课程（或教学标准）开发的各环节的工作方法和质量进行控制，这需要满足两个要求：一是职业分析要关注技术、职业活动和职业教育间的复杂关系，关注整体化的工作情境；二是采用开放性的技术标准，以满足经济、技术和社会不断发展变化的要求。

我国过去的专业设置和课程开发没有系统化方法。20世纪初，教育部等在"技能型紧缺人才培养培训工程"中最先开始探索开发职业教育课程体系的技术程序，上海等地方政府也开始建立地方性的课程开发流程。目前，教育部已初步建立了专业教学标准的开发流程，人力资源和社会保障部在《国家技能人才培养标准编制指南（试行）》中也尝试制定了一体化课程开发的流程，并采用了如典型工作任务分析等整体化职业分析方法。

德国是相关标准化工作做得最早和最好的国家之一。从20世纪70年代开始，德国联邦职业教育研究所（BIBB）就建立了权威性的国家资格研究程序，主要包括四个步骤：问题概述；案例分析；活动分析（广泛性调查）；进行评估和开发课程。② 时至今日，这一程序一直在不断得到修订和完善。澳大利亚的培训包开发也建有系统化的程序。

（二）职业教育课程开发方法的发展

针对职业教育"课程1.0"到"课程4.0"模式的发展，课程开发方法经历了不断发展变化的过程。

1. 针对"课程1.0"的"教学简化法"

学科系统化课程强调知识的完整性和系统性，课程开发是一个对工作所涉及学科理论知识进行"选择和简化的过程"，即通过"教学简化"的方法"从具体到抽象，从靠近到疏远，从简单到复杂"③，使复杂知识能够被职业院校的学生所接受。在多数职业领域如电气技术等，我们很容易在大学找到一个职业所"对应"的学科，也较容易将学科系统化知识移植到职业教育中来。课程开发的任务就成了从"对应"学科知识中选择"合适的内容"并进行相应的教学简化。按照这种模式开发的课程，学习内容与职业行动之间的关系是间接的。

由于学科知识与职业实践之间的巨大差距，教学简化课程开发方法无法满足职业教育实践的要求。在学科课程体系中，很多人将学生的个性发展和遵循学习规律放在首要位置，而相对忽略了学习内容的合理性。在此，学习内容是可以交换的，这是典型的从普通教育移植的课程模式，即将教育目标定位于学生认知能力、一般行动能力和个性的发展。

---

① Rauner F., "Zur Untersuchung von Arbeitsprozesswissen," in *Mensch-Maschine-Interaktion*, eds. Eicker, F. & Petersen, W., Baden-Baden, Nomos, 2004, pp. 249-267.
② Benner, H., *Ordnung der staatlich anerkannten Ausbildungsberufe*, Bielerfeld, Bertelsmann, 1996, p. 59.
③ Nölker, H. & Schoenfeldt, E., *Glossar：Internationale Berufspädagogik*, Sindelfingen, expert verlag, 1985, p. 72.

其结果是，职业教育最多提供的仅仅是一种职业基础教育，典型的如美国的综合高中模式。

2. 针对"课程2.0"的工作分析法

工作分析方法最早可追溯到吉尔布雷思（F. B. Gilbreth）等的研究。21世纪初，泰勒（F. W. Taylor）的"科学管理原则"的推广使这类方法得到了广泛应用，即通过对工作行为和劳动分工方式进行分析，获得职业行为的基本组成元素，再对这些元素在工作中的重要性进行分析和评价。目前有影响的工作分析方法是DACUM（Developing a Curriculum），它是由加拿大在20世纪60年代开发，由诺顿（R. Norton）进行系统发展的对实践专家的主观判断进行客观化处理的方法。①

DACUM把工作分解成相对独立的职责，每项职责都是从事该工作应具备的一项能力。将其分解成若干任务，每项对应一项专项能力（技能），通过岗位能力归类建立课程框架并组织课程内容。图3-8说明了DACUM课程开发中最重要的工作步骤、参与人员、工作任务和成果。可以看出，DACUM方法是一种能够较好把握和分析工作中的客观因素的直觉的、经验性判断方法。

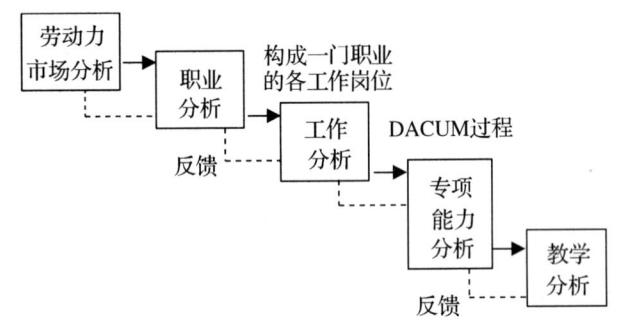

图 3-8　DACUM 课程开发方法的流程

总的来说，DACUM是一个集中优秀实践工作者、课程开发专家和教学专家集体智慧的有组织的工作分析过程，目的是识别从事某一岗位工作的所需能力，从而为教学分析提供基础，其结果是DACUM表，即课程开发是"将专家的主观判断进行客观化处理的过程"。

DACUM将能力理解为完成工作任务的可观察、确定和描述的技能，认为这些因素之和就是职业的整体，这种行为主义研究方式忽视了各因素的内部联系，没有关注受教育者全面职业素养提高的问题。② 例如，其分析对象是按泰勒组织模式的工作岗位，这强化了劳动分工原则；而将所观察的工作行为分解为具体的能力点，这种由单项能力组合成综合

---

① Norton, R., *The DACUM Handbook*, Columbus, The Ohio State University, 1997.
② Buch, M. & Frieling, E., "Die Reichweite von Tätigkeits- und Arbeitsanalysen für die Qualifikations- und Curriculumsforschung," in *Qualifikationsforschung und Curriculum*, ed. Rauner, F., Bielefeld, Bertelsmann, 2004, pp. 135-149.

能力的研究方式，忽视了人类劳动的整体特性和经验成分，即 1+1 不等于 2。

当前，社会发展对技术技能人才的综合素质提出了更高的要求，工作分析必须关注工作过程，无法忽视技术、社会和环境等多种要素的影响以及隐性知识和能力成分，然而 DACUM 很难满足这一要求。DACUM 也没有提供将工作分析结果（如 Skill 和 Competency）进行系统化处理的理论基础和工具。

如果生产组织方式永远按照泰勒主义继续下去，而不发生如精益管理这种重大变革，DACUM 就会永远成为课程开发的灵丹妙药流传下去。然而精益生产模式普遍推广，加上日益增长的对人的全面发展的要求，因此 DACUM 的局限性也就显而易见了。

3. 针对"课程 3.0"的典型工作任务分析法

信息技术、新生产组织方式和人的全面发展的要求，对从业者的综合能力提出了更高的要求，职业教育必须培养学生"解决综合性实践问题"的能力，综合性学习内容涉及技术、社会、环境等与工作过程有关的方方面面。先进的职业教育课程开发必须解决以下问题：(1)职业工作在主观上是否能够作为整体化的行为并付诸实施？(2)在强调创造能力培养的过程中，如何统筹单项能力和综合能力的培养？(3)如何构建完整的学习过程？

这样，人们开始进行整体化职业分析的尝试，即将职业分析、工作分析、行为结构分析、能力资格分析和个人发展目标分析结合在一起。这需要将能力评估与未来预测（Scenery）等多种方法相结合，还要考虑主观特性所造成的影响。

从 20 世纪 90 年代开始，随着工作过程系统化课程讨论的开展，人们开始寻找更加科学的、能对现代职业工作特征做出恰当描述，并能反映职业学习规律的工作分析方法。德国不来梅大学开发的"典型工作任务分析法"(BAG)和"实践专家研讨会"等方法[1]延续并发展了 DACUM 的专家研讨会方法，通过引入"发展性逻辑课程结构"理论[2]等现代职业教育理论，实现了从学科范式向以发展理论为基础的范式转变，并把对实践性知识的认识提高到了一个新的水平。

BAG 的实践专家研讨会与 DACUM 研讨会的不同之处在于，前者将工作作为一个整体来看待，对工作任务进行筛选、分析和区分，并按照职业发展逻辑进行分类，关注工作过程的整体性和关联性，其分析结果不是简单的 DACUM 能力列表，而是一系列综合性的典型工作任务，由此确定和描述学习目标和教学内容，使工作过程完整的职业教育成为可能（见图 3-9）。

在美国，本奈尔等也采用类似方法确定了护士教育的范例工作情境。她的"实践知识理论"为典型工作任务分析提供了理论依据。[3] 由于对职业生涯发展和工作环境等职业的

---

[1] Kleiner, M., Rauner, F., Reinhold, M. et al., *Curriculum-Design I: Identifizieren und Beschreiben von beruflichen Arbeitsaufgaben*, Konstanz, Christiani, 2002, pp. 20-34.

[2] Rauner, F., "Entwicklungslogisch strukturierte berufliche Curricula," *Zeitschrift Berufs- und Wirtschaftspädagogik*, 1999(3), pp. 424-446.

[3] Benner, P., "The role of articulation in understanding practice and experience as sources of knowledge in clinical nursing," in *Philosophy in an Age of Pluralism*, ed. James T., New York, Cambridge University, 1994, pp. 136-155.

"次级因素"进行系统化的处理,BAG 能对职业工作进行深层次和整体化的定位,包括:(1)知识和技能的资格组合;(2)由工作对象、工作条件和工作要求确定的系列典型工作任务组合;(3)由资格和任务确定的"自由行动空间";(4)社会分工和评价的结构性特征。[1] 这使该方法能够更好地满足对现代职业进行科学描述的要求。

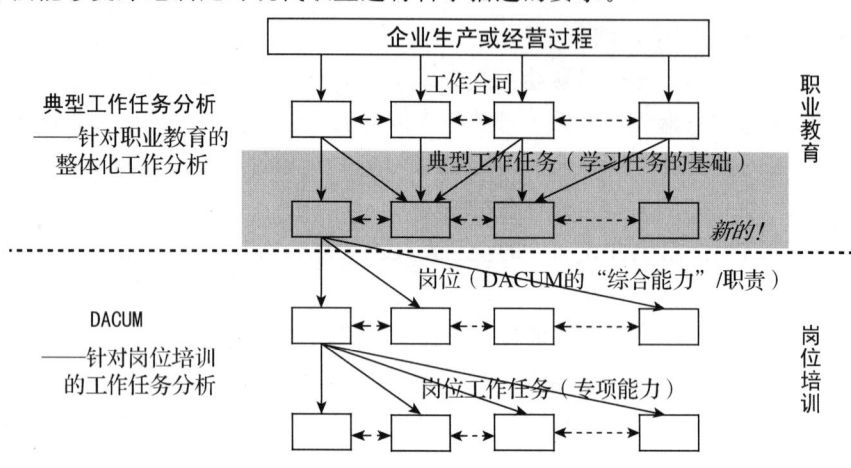

图 3-9 典型工作任务分析与 DACUM 的比较

典型工作任务分析对职业生涯和工作环境等职业的"次级因素"进行深层次和整体化分析,即"把职业工作作为一个在主观和客观上一体化的行为进行分析",这需要对课程开发的各个环节进行质量控制,包括行业和职业分析、任务分析和课程设计等,这对课程开发方法提出了两个要求:一是职业分析要关注技术发展、职业活动和职业教育三者间的关系,关注整体化的工作情境;二是保证课程内容有一定的开放性,以满足经济、技术和社会发展不断变化的要求。

通过典型工作任务分析,可以对现代职业进行科学的描述,即确定"由工作对象、工作条件和工作要求所决定的典型工作任务以及相应的行动空间"[2]。它按照全面发展的职业教育目标,为确定学习任务提供了基于先进教育学理论的系统方法,确保之后的教学设计遵循以下教学原则:(1)教学符合学生的兴趣、期望和认知规律,能够促进学生的自我发展,学习过程同时也是学生个人知识和能力的发展过程;(2)学习与职业和社会实践息息相关,不但教给学生在复杂社会实践中的行为模式,而且教给他们如何对自己行为标准和行为结果的价值进行反思;(3)帮助学生建立和确立自己职业活动的系统。[3]

当然,职业分析的结果并不是教学依据和内容的全部,因为意识形态和个人发展等方

---

[1] Dostal, W., "Occupational Research," in *Handbook of Technical and Vocational Education and Training*, eds. Rauner, F. & Maclean, R., Dordrecht, Springer, 2008, pp. 162-169.

[2] *Ibid.*

[3] Pangalos, J. & Knutzen, S., "Möglichkeiten und Grenzen der Orientierung am Arbeitsprozess für die Berufliche Bildung," in *Berufsliches Arbeitsprozesswissen*, eds. Pahl, P.-J., Rauner, F. & Spöttl G., Baden-Baden, Nomos, 2001, pp. 105-116.

面对教学的要求是不能通过对职业的分析得出的。

(三)现代教育技术对课程建设的启发

互联网时代的工作世界和教育发生着巨大的变化。一方面,信息技术对企业员工的关键能力(如流程优化、质量控制和创新等)提出了更高要求,这些关键能力只能在工作过程中学习和获得;另一方面,智能化扩展到整个工作过程和工作环境中,促进了高度灵活、个性化和数字化学习模式的诞生,工作岗位重新成为重要的学习场所。尽管我们对互联网时代职业教育课程的特点还没有准确的把握,但在课程建设中无疑需要特别考虑信息化发展的要求和挑战。

与多数国家甚至发达国家相比,我国建立了内容广泛的职业教育开放性公共教学资源平台和学习资源库。然而,很多教学资源的目的仍然是帮助学生理解教学内容,这体现的是建立在"认知论"基础上的传统的教育技术观,即学习资源设计强调个体认知过程及其对学习者认知结构变化的支持。

事实上,由于"学生在线上活动中获取的经验与课程主题传递的思想难以结合",人们不可能简单通过去情境化、合理化和标准化技术手段使复杂学习内容变得容易理解。[1] 按照情境学习理论,学习只能在人际互动中通过社会性协商进行知识的社会建构[2],理论和实践技能的获取是学习者在真实工作任务中的主观的知识建构过程。尽管教育技术可以在一定程度上支持这一过程的实现,但学习不是教师自上而下的强制过程,而是学习者"自我调节式"的知识建构过程(Self-regulated Learning)。

目前在职业教育信息化方面我们关注的是信息技术的知识传递功能,即对学习内容进行"科学"的教学设计并建立相应学习环境,如传递信息(如讲解知识)、体验过程(如模拟实验)、激励学习或降低学习难度(如呈现复杂的操作过程),或者作为模拟的工作设备(如模拟驾驶操作软件)[3],而发达国家的信息化教学多是在情境主义学习理念下指导的实践。创设学习情境的基础是真实的工作任务和结构完整的工作,这需要根据具体情况对工作流程进行优化,为教与学的涉及者之间的沟通交流提供更好的支持,从而促进学习者的综合职业能力的发展。

所谓"课程 4.0",应当是开放性的综合学习系统,不倡导仅仅用于展示"事实性"知识的教学软件或作为一个成品的"信息化教学设计",而是努力为学生和教师提供在教与学的过程中自我建构知识的机会和空间。这启发我们应当注意如下内容。

1. 探索信息技术条件下的职业学习"新范式"

通过设计在现代教育技术(包括"互联网+")支持下的跨职业、多学习场所的学习性工

---

[1] 北京师范大学智慧学习研究院、美国新媒体联盟:《2016 新媒体联盟中国基础教育技术展望:地平线项目区域报告》,5 页。

[2] [美]J. 莱夫、[美]E. 温格:《情境学习:合法的边缘性参与》,王文静译,3 页,上海,华东师范大学出版社,2004。

[3] Dehnbostel, P., "Lernumgebung gestalten," in *Handbuch Berufsbildungsforschung*, ed. Rauner, F., Bielefeld, W. Bertelsmann, 2005, pp. 378-383.

作任务，确保学习者成为教学过程的主体。在此，需适时采用多种情境教学模式和方法，如在考虑实际问题的复杂性时建立接近学习者的个体学习环境（即抛锚式教学）①，按照"从初学者到专家"能力发展逻辑设计系列化的学习任务，从而保证初学者能够发展成为"领域专家"（认知学徒模式），或者对思想进行可视化的鹰架式整合等②。

2. 关注职业教育学习内容"工作世界"的要求

现代信息化教学系统更加强调通过信息技术实现"针对工作对象"的学习，从而满足"工作世界"的要求。学习者不仅通过信息化系统学习知识，更重要的是在其支持下完成实实在在的专业化的工作任务，在此，学习系统设计的"用户友好性""工作指导性"和"专业的可对话性"非常重要。"专业的可对话性"是学习系统开发工作中人机交流和互动方式设计的核心，人类功效学理论具有重要的指导作用。国际标准 ISO9241《关于办公室环境下交互式计算机系统的人类工效学国际标准》针对学习系统设计的"对话特性"提出了一系列原则，如任务的适当性、可控制性、可个性化和可促进学习等。这里的"可促进学习"意味着，只有当人机对话能够支持和指导使用者学习操控整个系统时，才能促进学习③，这也是现代交互式职业学习系统设计的基本原则。

3. 建立职业教育的信息化教学理念

在教学资源开发时应深入思考这些资源在教学和工作实践中的实际应用，这在方法上不仅是将教育技术和教学内容进行简单整合，还意味着必须推动教学理念的改变。信息化教学的目标不仅是找到"最佳"的教学媒体，使复杂教学内容变得对学生来说易于理解（即达到效率标准）；更重要的是要在信息技术的帮助下，把复杂工作现实转变为一种学习者可以驾驭的学习情境。这里需要研究，信息技术必须具备哪些结构特性和物理特征，才能为学习者在完整的行动过程中进行的知识建构提供支持。特别需要反思的是：按照何种教学范式去定义学习平台，并确定该平台所提供的学习内容和交流方式，才能更有效地实现真正意义上的职业学习。

4. 研究信息技术化教学在职业教育中的实现方式

纵观日益复杂的技术世界，教育技术是一种有限的自动化技术，它只能改变人的交流方式，而"人"才是信息化学习的中心。信息化学习系统不是一个顾客可以按照说明书简单操作使用的系统或设备，而是现代信息技术支持下的一系列教与学的活动，它始终与新的学习理念和方法相关。职业教育的教学信息化有三种表现类型，即作为现有教学过程附加物的教学软件，专门开发信息技术支持下的综合性学习环境，以及对职业学习的机构、组

---

① Collins, A., Brown, J. S. & Newman, S. E., "Cognitive apprenticeship: Teaching the crafts of reading, writing and mathematics," in *Knowing, Learning and Instruction*, eds. Lauren B. R. & Hillsdale, N. J., Erlbaum, 1989, pp. 453-494.

② Mayer, R. E., *The Cambridge Handbook of Multimedia Learning*, Cambridge, Cambridge University Press, 2005.

③ Becker, M., "Learning with Tutorial Working Systems," in *Handbook of Technical and Vocational Education and Training Research*, eds. Rauner, F. & Maclean, R., Dordrecht, Springer, 2008, pp. 475-481.

织和文化架构进行整体设计。①

信息化技术要与以学习者为中心的学习方法灵活组合,在此还要特别关注经验性和自主性学习策略,即在提供专业解决方案的同时,促进学习者提高对工作和生活的设计能力。未来,如果能通过大数据和人工智能技术实现信息化教学的可跟踪性,以及对自主学习过程的再利用,那将是我国教育技术的重大突破。

信息化技术和混合式学习方式为基于工作的职业学习和生涯发展提供了新途径,它改变了传统的职业学习方式,重构了职业教育机构提供教育服务的形态。因此,职业教育课程改革不仅改变了课程的形态以及课程开发和实施过程,而且还需要从教育管理部门的专业建设与管理以及职业院校的课程制度建设、流程再造等多个方面进行系统化的设计。

四、工学结合一体化课程开发方法

(一)工学结合一体化课程开发流程

要想开发出高质量的职业教育课程,需要对课程开发流程进行严格的质量控制。工学结合一体化课程开发的关键是职业资格研究,包括行业情况分析、工作分析、典型工作任务分析、学习领域描述和学习情境设计等环节,如图3-10所示:

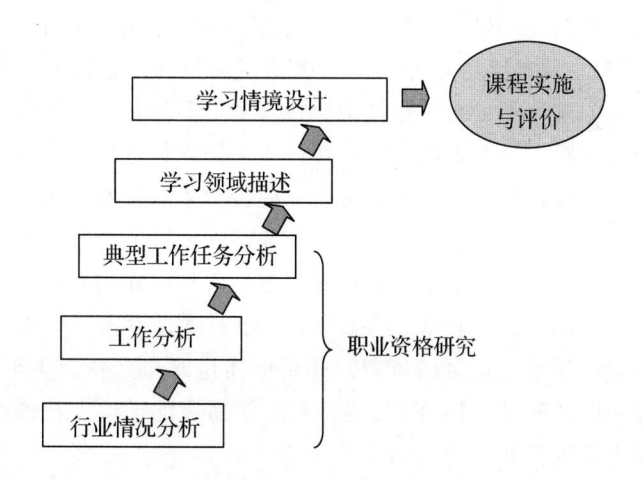

图 3-10 课程开发的基本流程

以就业为导向的职业教育课程开发的关键是职业资格研究,这在人力资源管理领域被称为"胜任特征分析",包括行业情况分析、工作分析和典型工作任务。职业资格研究的目的是确定工作内容、职业要求和学习内容之间的联系。课程开发的主要成果是专业教学标准、人才培养方案和课程标准,另外,还有人才需求报告和专业调研报告等配套教学文件

---

① Euler, D., "Virtuelles Lernen in Schule und Beruf," in *Meilensteine der beruflichen Bildung*, eds. Achthagen, F. & John, E. J., Bielefeld, W. Bertelsmann, 2003, pp. 297-322.

和材料。

1. 行业情况分析

行业情况分析的任务是收集某一行业经济发展基础数据，对该行业职业发展和职业教育状况进行分析，宏观上把握人才需求与职业院校现状，以确定专业定位、培养目标和课程内容。行业分析的内容包括行业人才结构现状、职业发展趋势、人才需求、职业发展和岗位对工作能力的要求、相应职业资格、现有课程实施后反馈信息、毕业生就业状况等。[①] 行业情况分析主要回答以下问题：

- 该职业领域（职业小类）普遍采用哪些技术或管理系统？推广程度如何？技术或管理发展趋势如何？
- 该系统的设计原则是什么？系统开发者对从业人员工作要求的假设是什么？现状如何？
- 企业典型的工作组织形式是什么？
- 行业在不同地区发展状况如何？行业之间的企业分工与产品链之间的关系是什么？产品的特征是什么？不同企业完成任务的深度和广度有何不同？
- 行业培训的方式、内容与效果如何？
- 行业与企业如何评价人才？国家或行业有哪些职业资格或技能等级证书？

行业情况分析是实践专家研讨会选择实践专家的重要依据。行业分析常采用"二次文献分析法"，分析对象主要是某一职业（专业）的重要岗位和工作任务。可组织实践专家和中层管理人员访谈会，发现和寻找工作过程设计、分工安排及解决问题的最佳设想，从而确定现状与理想间的差距。分析人员也可直接进入工作现场进行观察。必要时应对分析结果进行广泛性调查和求证，组织行业和相关职业院校专家对行业分析报告初稿进行论证。

2. 工作分析

工作分析是对某一专业的毕业生未来可能从事的各种工作的性质、任务、责任、相互关系以及任职工作人员的知识、技能、条件/能力和素质要求进行全面、系统化的调查与分析，客观描述并做出规范化记录的过程。分析的岗位既包括毕业生可直接上岗的岗位，也包括毕业生通过一段时间（5～10年）自主发展能够适应的岗位。在课程开发工作的框架内，工作分析有两方面的任务。

- 工作内容分析：指对生产（或服务）全过程及重要的辅助过程进行分析，分析对象包括工作对象、工作步骤、工作要求、工艺流程规范和设备工具等内容。工作内容分析的目的是确定工作岗位需求，包括年龄、性别、专业、学历、工作经验、能力和特殊技能等。
- 岗位和部门组织结构分析：工作任务的复杂性和多样性要求企业必须建立相应的部门和组织结构。企业在特定时期总有一个最合适的组织模型。组织结构分析包括对

[①] 参见上海市中等职业教育课程教材改革办公室编：《上海市中等职业学校数控技术应用专业教学标准》，9页，上海，华东师范大学出版社，2006。

岗位名称、内容、职能和工作量以及相互关系等内容进行的分析。

工作分析方法有定量和定性分析方法。职业教育课程开发实践中逐渐发展起了一些特定的工作分析方法，其中最重要的是典型工作任务分析法。

3. 典型工作任务分析

典型工作任务分析是在"实践专家研讨会"的基础上，按照职业发展逻辑规律，在企业生产经营过程和学生能力全面发展的大环境中，对工作进行的整体化分析。它是基于工作过程课程开发的重要手段，是 DACUM 课程开发方法的发展。

(二)典型工作任务分析

按照发展性任务理论，可以在典型工作任务的基础上建立职业教育课程体系。典型工作任务是职业的"具有范式意义"的工作任务，它代表着一个职业的专业化水平的典型工作关系，在整个职业活动中具有重要的意义和功能，可以促进工作者的职业能力发展。

典型工作任务针对的是职业，而不是针对具体的人或特定的工作岗位。每个职业有10~20个典型工作任务，涉及一个职业的多个等级，它们确定了该职业的基本"轮廓"(Profile)，即"职业描述"，建构起了对应专业(职业)的课程体系的基本框架。

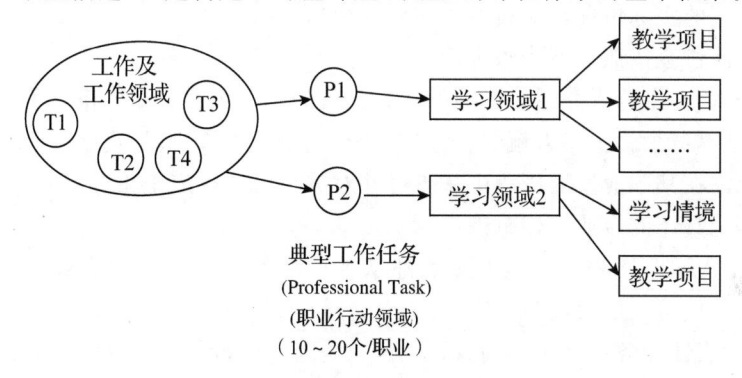

图 3-11 典型工作任务分析是学习领域课程设计的基础

如图 3-11 所示，一个专业(或职业，下同)包括若干工作过程完整的典型工作任务，分析、确定和描述典型工作任务是确定学习领域课程的基础。图中的 P 代表典型工作任务。课程开发的任务，还包括在典型工作任务描述基础上设计具体的学习情境，这些学习情境多以教学项目的形式出现。这里，首先需要对构成某一典型工作任务的工作要素进行分析，即分析该工作任务的工作对象、工具、方法以及对工作的(常常是相互竞争的)要求。确定典型工作任务的有效方式，是召开实践专家研讨会。[①]

1. 实践专家研讨会

确定典型工作任务的第一步工作是召开"实践专家研讨会"(Expert Worker Workshop, EXWOWO)，这是一种程序化的实证分析方法，目的是通过确定典型工作任务来描述一

[①] 在一些特定领域的资格研究中，除了举办实践专家研讨会之外，还会举办领导人研讨会，进行专家评估调查，以此提高实践专家研讨会结果的质量。

个专业。与人力资源管理中的工作任务分析不同的是，典型工作任务分析的重点是工作的内涵和完成任务的工作过程。

研讨会由专门的主持人主持。实践专家是指具有丰富工作经验的一线技术技能人才，如优秀的技术工人和技师等，可以是班组长和基层部门负责人。他们的工作与所接受的职业教育专业对口，具有高级别职业资格(等级)和足够的重要工作经验，达到本专业的技术先进水平。实践专家有以下特点：

> 他们的职业经历、职业能力及其目前承担的工作任务，显示其具备足够的经验和知识来确定本职业的发展前景；
> 近几年从事过多个岗位的工作，了解企业不同部门和整个生产流程，参与过创新项目，有一定的自主性和决策权，能完成综合性和整体化的工作任务；
> 可以有个别本职业领域的创新型、具有前瞻性的职业实践工作者代表(远景规划)；
> 整体考虑行业结构，通过核心任务和边缘任务反映职业的整体面貌。

参会实践专家人数为10~15人，其中三分之二为专业实践工作者，三分之一来自基层管理岗位。高级别岗位实践专家代表(如技师和车间主任等)能体现基层管理者的观点，能较好结合企业的实际情况，对典型工作任务做出恰当的评估。

实践专家研讨会按照以下步骤进行：

(1)会议开始。主持人介绍访谈会的背景、目的、工作方法和工作要求。

(2)明确基本概念。主持人解释概念"典型工作任务"和"职业发展阶段"。职业发展阶段是指实践专家在其职业发展历程中从事过并对其个人发展产生重要影响的工作岗位、车间(部门)和其他具体的企业工作范围。

(3)简述个人职业历程。实践专家叙述从接受职业教育到成为实践专家的发展过程，将这一过程划分成若干阶段(3~5个)。

(4)找出代表性任务。采用"头脑风暴"法，为每一阶段举出3~4个实际从事过的、有代表性的工作任务实例。这些任务都是有挑战性的，而且完成工作的过程能够提高工作能力。

(5)任务归类并命名。将类似工作任务归纳在一起，检查分类的合理性。必要时添加一些只有个别人从事过，但对本专业有普遍意义的工作任务；或者所有人都未从事过，但不久以后肯定需要完成的任务。

(6)确定典型工作任务。在已确定的代表性工作任务的基础上，共同讨论、归纳出典型工作任务。典型工作任务体现一组难易程度相当、工作要素相近的代表性工作任务的共同特征，不针对个人和任何具体企业。

(7)表述典型工作任务的基本内容。组成4~8人小组，由实践专家从专业角度分析描述典型工作任务的基本内容，组内的教师进行记录。本阶段的工作可在表3-3引导问题的引导下进行。

表 3-3　典型工作任务分析的引导问题（访谈提纲）

分析内容	引导问题
工作过程	该任务的工作过程是怎样的？生产什么产品或提供哪些服务？有什么要求和特点？怎样获得原材料？怎样接受工作任务？顾客是谁？如何交付完成的工作？谁是服务合同的提供方和接受方？
工作岗位	被分析的工作岗位在哪儿？环境条件（如照明、温度、辐射、通风、灰尘等）如何？有哪些专业要求或肢体活动？
工作对象	工作任务的内容是什么（如技术产品或过程、服务、文献整理、控制程序等）？在工作过程中的角色如何（操作还是维修设备）？
工具	完成任务需要用到哪些设备设施、文献材料和器材（如机床、计算机、维修手册）？如何使用这些工具？有哪些使用标准与要求？如何获得相关信息？
工作方法	如何完成工作任务（查找故障、质量保证、加工、装配）？工作方法应用的条件与效率如何？
劳动组织	工作是如何安排的（独立工作、团组工作、部门）？哪些级别对工作有影响？与其他职业或部门有哪些合作及如何分界？同事有哪些能力共同发挥作用？
对工作的要求	完成任务时必须满足企业的哪些要求？服务对象有哪些要求？社会有哪些要求？要注意哪些法律法规及质量标准？同行业界规则和行业标准有哪些？从业者自身对工作应提出什么要求？
职业资格标准	与本专业相关的国家（或行业和企业）职业资格标准要求有哪些？有哪些引进的国际职业资格标准？行业认可度较高的著名企业标准有哪些？
综合性问题	与其他典型工作任务有哪些联系？与其他的任务分析有何不同？与其他岗位的相同任务有何共同点？本岗位有培训的可能性吗？

（8）典型工作任务排序。由实践专家对所确定的典型工作任务按照难易程度再次进行仔细的排序。

（9）结束。主持人就整个访谈会过程和内容听取会议代表的反馈意见，总结访谈会成果，展望分析成果的实际价值。

典型工作任务的基本内容和名称是在实践专家研讨会上归纳而成的，其基础是实践专家经过反思的工作经验。研究发现，如果直接询问专家自己具备哪些能力，而不是询问他们从事过的案例性工作任务，常常会导致工作分析失败，因为这些"实践专家被赋予了研究者的角色"。事实上，要想总结出自己的能力，首先需要对实证数据进行科学、抽象化处理并对相关内容进行分析。实践专家一般并不具备这些研究能力，而他们真正的实践能力在此却毫无用武之地。

研讨会有 1~2 名方法上的主持人。主持人了解工作分析的基本理念和方法，最好具有一些相关职业经验，能够营建充满信任和创意的研讨会氛围。主持人的能力要求如下：

➢ 具备整体化职业资格研究的知识、技能和经验；具备职业教育课程开发和教学设计的知识、技能、经验。

> 能够利用参与式研讨方法组织有效的讨论。
> 具有多专业背景、丰富的生活经验和科普知识。
> 具有主持人的基本素质(如良好的倾听能力、归纳能力、判断能力、学习能力和妥协能力，有较强的自信心，知识面广，尊重别人，工作灵活等)。

主持人利用参与式工作方法，组织实践专家在工作经验基础上进行对话，建构实践共同体(Communities of Practice)的典型工作任务体系。必要时，他还引导大家澄清专业领域存在的矛盾，梳理职业发展和工作设计的规范性问题，这体现了工业心理学家哈克(W. Hacker)所强调的"知识诊断的范式转换"，即"从对完成任务前提条件的认识，转变为对这些条件的重构，包括为专家提供解决方案和学习机会"[①]。

典型工作任务来源于企业实践，对人的职业成长起到关键作用；它具有结构完整的工作过程，在企业的生产(经营)大环境和职业生涯发展中具有重要的意义，但与企业的实际工作任务不一定一一对应，也不完全再现实际生产中出现的具体工作任务、环节或步骤。例如，"更换轮胎"是汽车修理企业最常见的工作任务，但不是汽车维修工职业的典型工作任务。

典型工作任务一般可作为职业院校的一门课程，可设计成一个或若干学习任务。学习任务是以典型工作任务为基础设计的学习载体，是对典型工作任务进行"教学化"处理的结果。一个典型工作任务可设计成几个学习任务，是由典型工作任务所对应的岗位数量、产品类型、工艺流程种类、服务对象以及学校的教学条件等因素决定的。

2. 典型工作任务的调查与描述

在确定典型工作任务的框架和大致内容后，课程开发人员要对典型工作任务进行详细描述，这需要深入企业进行现场调研。现场调研采用通用的社会实证研究方法，如现场观察、专家访谈、职位问卷分析、资料收集、工作日写实和工作抽样法等。典型工作任务分析的结果是对职业要求的一般化表述。

在调查过程中，可利用拍照、收集图纸和程序文件等补充手段。在此，置身于工作过程中的实际观察和行动导向访谈非常重要，即课程开发者与实践专家一起工作，从专业角度观察、体会和解释所观察的实践专家的专业行为，审视实践专家的陈述，从而真正理解工作任务和工作过程的内涵。

原则上，一个典型工作任务转化成一门学习领域课程。但在特殊情况下，有些大型典型工作任务有可能转化成多个学习领域课程。

(三)学习领域描述

在典型工作任务基础上确定学习领域课程的目标和学习内容，并按照职业教育目标对其进行修正，使每门课程不仅再现企业岗位的任务要求，而且全面考虑学生的职业生涯发展和学习规律。

---

① Hacker, W., *Arbeitspsychologie. Psychologie von Arbeitstätigkeiten*, Berlin, Deutscher Verlag der Wissenschaften, 1986, p. 19.

1. 确定学习领域课程名称

学习领域课程名称与典型工作任务名称基本一致，表明一个综合性的工作任务及其包含的工作过程，强调学习与企业工作领域的对应关系，可按照以下句法命名：工作对象＋动作＋补充或扩展（必要时）。

2. 简述典型工作任务

典型工作任务的简单描述，为学习领域课程设计提供基本信息。典型工作任务描述中隐藏着"隐性"知识技能要求，这与课程目标的确定有直接联系。需要重点回答两个问题：典型工作任务的主要内容是什么？完成典型工作任务的工作过程是怎样的？

3. 确定课程目标

学习目标是教学活动所追求的、学生在学习过程结束后应实现的最终行为，是预期的教学效果。学习领域课程的培养目标是综合职业能力，不完全采用传统的行为主义学习目标表述方式。一般首先用一段文字（综合性学习任务要求）说明课程的综合要求，如果完成了这一任务，就具备了所期望的隐性能力和经验。之后可附之以具体的显性行为目标，每个行为目标均反映每个学习情境的总体要求。

4. 选择工作与学习内容

课程标准中"工作与学习内容"（简称"学习内容"）的表述须与实际工作过程相联系，它按照工作的三个维度（工作对象；工具、工作方法和劳动组织方式；工作要求）表述。确定学习内容的过程，是将职业分析结果按照学校的教育性目标和人的全面发展目标进行"教育学处理"的过程，学习内容是"职业的典型工作任务"与"学校教育和学生发展目标"从两个方向靠近并取得协调一致的结果（见图 3-12）。

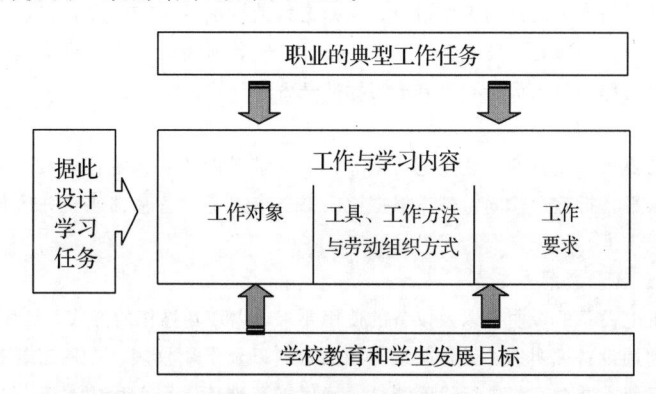

图 3-12 学习内容是典型工作任务和教育性目标从两个方向逐渐靠近的结果[①]

从工作的三个维度对工作进行表述时应注意：

> 工作对象：描述具体工作情境和工作行动的内容，既要说明工作对象的事物本身（如机床），也要说明其在工作过程中的功能（如操作机床或维修机床）。

[①] 参见 Reinhold, M., Haasler, B., Howe, F., Kleiner, M. & Rauner, F., *Curriculum-Design II: Von beruflichen Arbeitsaufgaben zum Berufsbildungsplan*, Konstanz, Christiani, 2003, p.52, 有改动。

> 工具、工作方法与劳动组织方式：应考虑具体的工作情境和工作过程，包括学习层面、组织层面和技术层面的方法，涉及岗位间的关系、岗位内部的工作分配和相关责任。
> 工作要求：一般按工作对象的顺序提出，包括企业的、社会的和个人的要求，从不同侧面和角度对工作过程和工作对象提出要求，反映不同利益团体矛盾和要求的博弈，如提高质量、环境保护和降低成本等。

表 3-4 是一个学习领域描述案例。

表 3-4 学习领域描述案例

学习领域	机电设备的安装与调试	基准学时：100 学时

典型工作任务（职业行动领域）描述：

机电设备的安装与调试是对工业企业中最常用的机电设备的安装、检测、调试、换线、维护保养与故障处理的实际操作技能的教学与实训，使操作人员初步具备相应的能力。

机电设备是制造业最常见也最通用的生产力。尽管它们种类繁多，应用场景也十分复杂多变，但均具备相似的工作原理和作业流程：利用网络通信、PLC 控制技术、变频控制技术、伺服控制技术驱动电、液、气动执行元件，结合传感器技术来完成产品的部分或全部加工过程。

机电设备的安装、检测、调试、换线、维护保养与故障处理是每个生产部门十分重要且不可或缺的工作环节，我们将这些工作情境定义为"典型工作过程"。在执行设备的安装与调试任务时，操作人员应熟悉设备的结构、原理、性能和用途，在规定时间内，完成设备的安装、检测、调试、换线、维护保养与故障处理的工作步骤，并达到工作要求。具体如下：

(1) 接到工作指令，实施前期准备

工作人员接收到设备安装调试的工作指令，立即进行前期准备工作。内容包括预先了解设备的功能、规格、工作场所、安装所需的技术文件、安装标准、安装所需的水电气供应是否到位、工具或附属设备是否齐全、协助部门与人员、验收方法与标准是否齐备等。

(2) 机电设备的基础安装

结合使用部门的要求和设备的安装规范，指导相关人员对设备实施定位安装。利用水平仪或准直仪调整设备工作面水平，拆除运输固定件，根据说明书要求固定设备基础递交并监督整个过程的规范性与安全，跟进架线进度。

(3) 机电设备电、气、液系统安装

安装人员根据机电设备的说明书以及设备的使用要求，以现场操作的方式，按照正确的操作步骤，在尽量短的时间内利用设备说明书、设备图纸等相关资料以及常用仪表、专用工装工具等，完成机电设备电、气、液的安装，并对安装进行检验测试，确保安装准确。完工后填写安装检验表。安装人员根据设备图纸进行 I/O 确认及点位调整，检查输入、输出 I/O 是否正确。

(4) 机电设备通电（气、液）后检查

安装人员通电时检查设备是否有异响或异味，检查设备各部分电压是否正常，气液系统是否正常，并将检测数据做好记录。根据设备说明书对机电设备各系统模块控制功能进行测试，并填写设备功能测试表。按照设备设计要求调整好极限感应器位置，并用手推动相应的伺服到极限位置，检查是否有干涉,能否正确感应。检查流水线运转是否平稳,有无异响。按照设计要求,检查各个运动部件初始位置是否正确;动作过程中,控制元件是否按设计完成相应动作。

(5)驱动程序安装与调试

安装人员根据设备需求为设备配套计算机进行软件的安装与调试。根据要求导入设备运行程序以及设备正常工作参数并识读设备软件程序,以及进行软件程序(PLC程序等)与设备运行性能调试。

(6)治具的架设与调试

根据使用部门的要求正确架设用于产品加工的治具,调整治具的精度并做出相应设备参数的调整。导入加工程序并进行程序和动作的调试,为正式生产做好准备(参考《治具的组装与维护》课程标准)。

(7)空跑试车

安装人员根据机电设备使用要求以及性能,对整机设备进行空跑试车,初始运行需有人现场监视,出现异常情况时,根据异常对应处理方法立刻处理。设备空跑试车没有问题后,关闭设备电源并再次检查设备螺丝、开关是否安装牢靠,完成设备试车检验记录,进行设备CPK、GRR数据测量。

(8)交机使用

安装人员对设备进行最后清理,安装、调试人员进行最后的检查与清理,将原厂提供的技术文件(说明书、质保书、技术手册等)与设备安装记录、精度检查表一同归纳造册,并制定设备操作使用和日常保养的SOP。以上任务完成后,还需对使用部门进行必要的培训和指导,方可正式将设备交付部门使用。

学习目标:

学习完本课程后,学生应当能够胜任设备的安装与调试工作,完成数控设备的安装与调试、故障诊断与维修,制定相应的工作标准,并且能对相关人员进行工作交接和培训。具体包括:

——能独立查阅相关手册和资料并获得所需信息;

——能分析安装调试设备的结构和工作原理;

——能够按要求进行机械、电气部分的安装,并制定《设备安装规范》;

——能按要求完成设备和治具的调试任务,并制定《设备调试作业指导书》及《治具安装调试作业规范》;

——能严格按照操作规程对设备进行正确的操作和日常维护,并制定《设备操作和日常维护的作业指导书》;

——能对设备进行简单的故障排查和诊断;

——能及时规范地撰写安装调试报告和总结。

工作与学习内容		
工作对象	工具材料	工作要求
——设备相关技术文件的学习; ——设备安装前的准备工作(4M1E),包括设备安装调试工具、测试的工具与作业方法的学习与掌握; ——设备安装的安全管理; ——根据相关技术文件完成设备电、气、液系统安装;	——供安装调试装配用的机电设备(自动化生产线、数控机床); ——相应的机电设备说明书、安装、操作及维修手册; ——相应的变频器、伺服驱动器等部件说明书; ——配电箱、压缩空气气源、照明、工作台;	——能掌握机电设备及各工站的生产流程、工作原理; ——能根据设备的技术文件并结合使用部门的要求,制订设备安装方案计划; ——能指导并监督相关人员对设备实施定位安装并监督整个过程的规范性与安全;

续表

工作与学习内容		
——伺服驱动装置使用说明书、变频器说明书、PLC说明书阅读以及元器件及部件的认识； ——电气控制的原理分析和布线方法、工具使用； ——设备精度检查与功能测试，填写设备精度检查表； ——治具安装与调试； ——检查线路、排除线路故障的步骤和方法、消除干扰的措施； ——PLC程序调试； ——对整机进行机电联调检查，排除常见故障并制作故障分析点检表，填写故障诊断与排除记录单； ——制定设备操作使用和日常保养的SOP； ——工作过程的反思与持续改进。	——安全操作规程； ——设备安装所需的耗材； ——用于试生产的材料； ——白板、投影仪、电脑办公软件、挂图等； ——劳保安防用品； ——其他绵纱等5S辅助用品。 工作方法 ——查阅设备技术文件的能力； ——设备的安装； ——设备静态精度的校验与调整； ——仪表、工具的使用方法； ——电气部件的装调与检查方法； ——防止干扰的措施； ——电阻、电流、电压及绝缘的测量方法； ——PLC程序的识读与检查； ——机电设备精度与功能的检查方法； ——手册和资料的查阅，各类点检表和记录的使用； ——设备操作和日常维护SOP的制作； ——上下级沟通能力； ——培训和教导的能力； ——资料编集与整理； ——异常处理与反馈； ——总结与持续改进； ——劳保用品的配备与合理穿戴。 劳动组织 ——与同部门同事进行设备安装调试方案的交流； ——与设备厂商、设备使用部门进行设备需求、维护、保养等方面的交流； ——与同部门同事的相互配合、相互辅助； ——查阅相关手册与资料； ——阅读设备说明书； ——操作者自己的总结与反思。	——会使用存储卡或电脑传输参数及PLC程序； ——能深入细致地进行现场观察、询问及各项检测工作，防止片面性； ——能运用机电一体化基础专业知识，读懂机电工程设备安装图纸； ——能熟练操作自动化设备安装、调试、维修和维护的工具和仪器设备； ——能够独立或协同完成自动生产线的安装和调试任务； ——能积累、建立常见自动化生产线故障及调试的技术参数和处理技巧； ——能正确处理紧急事件（直接急停、临时代换、消防及急救）； ——满足自动生产线工作质量要求和时间数率的要求； ——具有工作的成本意识和社会环境责任SER； ——自觉遵守安全作业规程； ——能及时、规范地完成工作总结任务； ——个人保护用品和工具符合劳动保护要求。

资料来源：苹果公司"A＋雏鹰计划"。

(四)学习情境设计

1. 学习情境的概念

在学习领域课程中,学生目标明确、独立地寻找解决问题的途径,并选择表达结果的方式,这需要在具体的学习情境中学习。"学习情境"是在典型工作任务基础上设计的、用于学习的"情形"和"环境"。在教学实践中,学习情境通过学习任务的方式呈现出来,全称为"工作与学习任务",即"学习内容是工作和通过工作完成的学习任务"。

学习任务是学习情境的具体化表现,它应当全面反映典型工作任务包含的职业信息。在设计学习情境时,应按照典型工作任务涉及的岗位、产品、操作系统、复杂性、工艺流程或服务对象的不同进行,同时考虑教学资源、教师和学生等实际情况。

进行学习情境设计时要考虑典型工作任务的以下方面:一个典型工作任务有哪些不同的工作环境或岗位?有哪些重要的工作情境或服务对象?有哪些重要的子任务?有哪些重要的工作成果或产品类型?采用哪些不同的工具、流程、系统或设备?有哪些不同的劳动组织方式?

在进行学习情境设计之前,应对学校的教学条件进行分析,包括人才培养方案、相关人员(学生和教师)的基本条件、物质条件(如专业教室和教学设备等)以及地方和行业特征。

表 3-5 是一个学习情境设计案例。

表 3-5 学习情境设计案例

专业:数控加工技术	学习领域课程:单件常规零件数控加工
学习情境:链轮加工	教学时间:30 课时
工作情境描述	某公司通过网络发来链轮加工图纸,工期为 3 天(签订委托加工合同时算起),要求在 8 小时内回复是否加工并报价。该零件为单件加工,生产管理部门要求我们确定能否加工并测算加工成本(材料费、设备使用费、辅助材料费等),2 小时内提交测算结果。 客户获得报价后认可报价,并约我方签订委托加工合同,生产管理部门要求加工人员与客户协商制订合同中技术要求的附加条件条款。 生产管理部门下达加工该链轮的任务,工期为 2.5 天,任务完成后提交成品件及检验报告。
学习任务	➢ 查阅《实用机械加工工艺手册》,确定毛坯形状及尺寸,网上询价获知常用型材价格,计算毛坯成本; ➢ 分析零件图纸,确定加工工序,测算工时、设备使用费及辅助材料费; ➢ 明确该零件的关键技术要求及测量方法; ➢ 制定加工工艺; ➢ 绘制毛坯图并提出加工时间要求,与毛坯加工人员(数控车工、插床工)沟通完成毛坯制作; ➢ 制作简单工装,编制链轮加工程序并操作数控铣床加工链轮; ➢ 检测链轮精度。

续表

与其他情境的关系	学生目前已经具备以下能力：根据材料选择相应的刀具和切削参数；操作数控铣床；应用通用ISO代码手工编制简单加工程序；读懂零件加工工艺；应用互联网查阅信息；应用一种绘图软件绘制机械图纸；应用通用量具测量工件的尺寸精度；应用基本专业术语交流；借助技术手册查阅机械零件图纸中的技术要求信息。
学习目标	完成本学习任务后，学生应当能够： ➢ 分析链轮零件图纸、现有加工条件及工期要求，判别加工的可行性； ➢ 独立查阅《实用机械加工工艺手册》，确定链轮毛坯形状及尺寸，并计算毛坯成本； ➢ 根据图纸要求及型材特征绘制毛坯图并提出毛坯购置要求及加工时间要求； ➢ 与毛坯加工人员（数控车工、插床工）合作，按毛坯图纸要求制作毛坯； ➢ 以合作方式制定链轮铣削加工工艺； ➢ 应用镜像及旋转指令编制链轮加工程序； ➢ 合作制作工装，独立检测并判别是否合格； ➢ 合作制定检测方案； ➢ 独立根据工艺要求及5S规定，操作数控铣床调试程序加工链轮并检验精度。
学习内容	链轮的功能及设计标准，轴与孔、键与槽公差配合标准，市场可购置的型材标准及价格，工时测算及成本核算，单件常规零件加工的工艺编制，轮廓节点坐标的计算，旋转、镜像数控编程指令的使用，切削加工路径选择，零件车削加工中心轴工装的设计与制作，一面两销工装的设计与制作及定位误差分析，利用圆柱间接测量工件精度。
教学条件	➢ 教师与学生：主讲及实习指导教师； ➢ 教学场地：教室、机房、数控车间； ➢ 设备：数控车床、数控铣床、插床、计算机及CAD/CAM软件； ➢ 工量具：由学生自行制定； ➢ 原材料：学生根据图纸要求确定； ➢ 学习资料：任务单、零件设计标准、工艺手册、工序单、工艺卡、精度检验单、评价表、委托加工合同。
教学方法	讲授、演示、角色扮演、小组讨论、独立工作。
教学流程	➢ 技术谈判与订单处理(3课时)； ➢ 工艺制定与评价(4课时)； ➢ 工装设计与制作(2课时)； ➢ 基点计算与程序编制(4课时)； ➢ 检验方案制定(2课时)； ➢ 零件加工(12课时)； ➢ 检验误差分析(1课时)； ➢ 工作总结与评价(2课时)。
学业评价	测评点包括：委托加工合同技术协议附加条款、加工成本测算、工艺制定、工装草图、工装精度、检验方案、加工程序、链轮加工效率与精度、误差分析报告、小组活动、评价标准见工作业相关评价表。

资料来源：北京工业技师学院。

2. 学习情境设计的原则和流程

一个学习领域应设计成几个学习情境，并没有特定标准。这里的基本原则是：设计学习情境的基础是代表性工作任务，但是其具体数量、大小与教学时间与学校的教学条件、学生学习能力和教师教学经验有关。学习情境越大，综合性和开放性越强，对学生能力发展促进作用越大，但是同时要求教师教学能力越强，教学资源条件越好，还需要学生有较强的学习能力；学习情境越小，教学越容易实现，但是难以实现较高层次的教学目标，如设计和创新能力培养等。一般在低年级时可设计数量较多的较小的学习情境，便于组织教学；在高年级时设计综合化程度较高的学习情境，以培养学生解决复杂问题的能力。

学习情境设计的基本流程是：选择具体的学习任务→确认其与其他学习情境的界限→详细描述学习任务→确定教学时间→确定学习目标及评价标准→确定具体学习内容→确认教学条件和环境要求，如场地、人员、设备和学习资源。

学习情境的设计过程不是一个归纳的过程，而是对代表性工作任务的教学法解释的过程。在此应当注意以下几点：(1)关注学习者的学习兴趣和原有条件；(2)为保证学习情境的完整性和综合性，必须全面描述该情境涉及的社会、技术和环境之间的复杂关系，考虑工作过程的各个层面；(3)同一个问题在采用不同工具和方法时会有多种解决方案，学习过程有较大的开放性(行动导向)；(4)教师制订教学计划的任务主要是分析并完整描述工作过程，建立技术上可行的学习环境。

事实上，学生在学习情境设计时就已经参与到了学习行动中。为平衡教师的希望和学生兴趣之间的矛盾，师生可以公开讨论教学的技术和组织条件，包括教材、仪器设备和学校的管理规章等。

3. 学习情境教学的注意事项

工学结合一体化课程的实施，对多数职业院校来说是一项革命性的行动，其关键的一步也是最艰难的一步是学习情境设计和教学实施，即根据工作分析的结果进行科学有效的教学设计。好的学习情境设计能将工作过程和学习过程进行很好的"融合"，这一方面需要对工作过程进行更深入的分析，另一方面需要对学习过程进行更有效的设计。

工作过程分析涉及工作过程的各个层面，包括基本工作对象，重要的工作组织方式，工具，社会、企业和顾客对该专业的期望，以及法律标准。在此应注意：

- 工作过程的关键是具体的工作行动和产品，按照明确任务、制订计划、决策、实施、检验控制和评估成果的顺序描写。
- 描写工作过程直接涉及的外部环境，即什么人、怎样、何时、何地。
- 描述工作组织方式和程序，如谁分派工作，谁参与哪个阶段的工作。
- 描述企业的组织模式，并将工作过程融于其中，证明劳动组织的合理性，即为什么这样而不那样。
- 在产业和企业文化大环境中分析产品和劳动组织，如企业、产品和劳动组织是怎样发展进化的。
- 在社会大环境中分析企业的产品、劳动组织和企业文化，为最终解决社会关键问题做出贡献。

　　成功的教学设计不仅是解决一个教学问题，而且与许多职业教育管理问题有关，这对教师和教学管理人员提出了新的要求，在此需要相应理念的制度保障，并通过有效的教学诊断与改进制度进行不断修正。

　　职业院校要有一定的组织保障措施，如建立教师工作小组来准备、实施和评估自主开发的学习情境（学习任务）。建立教学研讨制度是保证合作教学顺利进行的有效工具。教学场地设备也要根据项目教学的要求做相应的设计和变动。在此，校领导要尽量给教师更多的自主权和专业化的支持，帮助他们开发具有校本特色的问题解决方案。应赋予教师对教学工作安排、课时津贴、部门合作等事宜的（参与）决策权，并将课程改革关注纳入整个学校的机构改革和发展规划中。

　　一体化课程的综合性和参与性要求的提高，也提高了对教师教学能力的要求。职业院校确定总体课程结构以后，教师还要在教学现场灵活处理教学内容和选择具体且合适的教学方式。应及时为教师提供相应的教育培训，包括教学法方面的培训和企业实践。

第四章 行动导向教学

一、行动导向教学的特点

在科学技术快速发展和劳动组织方式不断优化的过程中,技术技能人才除要掌握不断提高的专业能力外,还须具备较强的方法能力、社会能力、个人能力和创新精神。职业教育是发现、评价和促进这些能力发展的持续过程,传统灌输式教学在许多方面已经力不从心,行动导向教学的推广使用,成为现代职业教育的重要发展趋势。

行动导向教学的目标是培养学生的职业行动能力,包括在工作中非常重要的关键能力。它采用跨学科的综合课程模式,重视案例、解决实际问题以及学生自我管理式学习,其教学过程可以简单划分为"接受任务""有产出的独立工作""展示成果"和"总结谈话"四个阶段(见图4-1)。

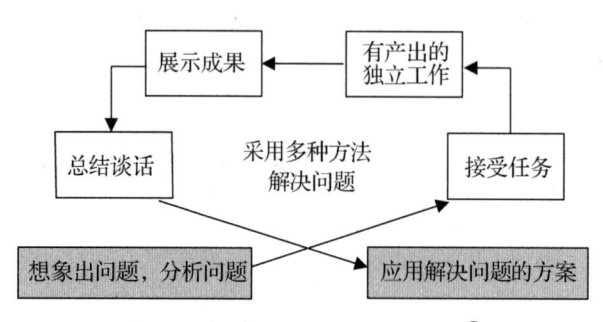

图 4-1 行动导向教学的学习阶段[1]

行动导向教学采用"完整的行动模式",学生以小组形式(尽量)独立制订工作和学习计划、实施计划并进行评价,替代按照外部规定完成给定任务的"部分行动"模式。教师通过设计开发合适的教学项目,采用多种辅助手段(如引导文和工作页等),帮助学生独立获得必需的知识并建构自己的知识体系。完整的行动模式有两个特点:一是行动过程结构的完整性,即行动者独立制订计划、实施计划和评价反馈,并在可能的情况下改进自己的行动;二是行动要素的全面性,即职业行动是跨领域、跨学科的,包含技术、经济、生态和法律等多种要素。杨柯(W.Jank)等从六个方面概括了学校教育中行动导向教学的特征:

➢ 行动导向教学是全面的;
➢ 行动导向的教学是学生主动的学习活动;
➢ 行动导向的学习核心是完成一个可以使用,或者可进一步加工或学习的行动结果;
➢ 行动导向的学习应尽可能地以学生的兴趣作为组织教学的起始点,并且创造机会让学生接触新的题目和问题,以不断地发展学习的兴趣;
➢ 行动导向的学习要求学生从一开始就参与到教学过程的设计、实施和评价之中;

---

[1] 参见 Arnold, R., Lipsmeier, A. & Ott, B., *Berufspädagogik kompakt: Prüfungsvorbereitung auf den Punkt gebracht*, Berlin, Cornelsen, 2001, p.31.

➢ 行动导向的学习有助于促进学校的开放。①

行动导向学习是整体化的、主动的学习。这里的"行动"不是日常生活中的活动或劳动，而是为达到给定或自己设定目标的有意识行为。学习者能从多种可能性中选择行动方式。在行动前，他能对可能的行动后果进行预测，通过"有计划的行动"，学习者个人可以有意识地、有目标地影响环境。行动是学习的出发点、发生地和归属目标，学习是连接现有行动能力状态和目标行动能力状态之间的过程；学生可以从多种可能的行动方式中选择自己的方式；学生在行动前能对行动的可能结果做出预测，通过计划，有意识有目标地去影响行动结果。

行动导向学习有目的地扩大和改善个体活动模式，其关键是学习者的主动性和自我负责，即学习者在很大程度上对学习过程进行自我管理。行动导向强调学习者对学习过程的批评和反馈，即学习评价。评价的重点是获取加工信息和解决问题的方法，包括自我评价和外部评价。

在行动导向教学中，"计划性"和"解决问题"具有重要的意义。要想达到学习目标，必须扫除学习障碍，这里，有针对性地解决问题是关键，其基础是具备相应知识基础和实用战略。行动导向教学有目的地扩大和改善个体活动模式，发挥学习者的主动性和责任心，学习者对学习过程进行自我管理。行动导向教学体现在教学内容、方法、教师和教学评价等多个方面。本章重点讨论教学方法方面的问题。

二、简单的行动导向教学方法

在行动导向的教学中，有一些简单实用，具有单一而明确目标（如传授技能、促进某一特定能力发展等）的方法，在现代职业教育中发挥着重要的作用。

(一)谈话教学法

谈话教学法是主要通过师生之间的谈话进行教学的方法。这里，教师是教学活动的引导者和组织者，学生是受动者。

作为教学方法的谈话与日常生活或工作中的谈话有一定区别，这首先表现在谈话教学有明确的学习目标上。在教学活动开始时，教师应让学生详细了解学习目标。在行动导向教学中，教师常常与学生共同确定学习目标，这是自我管理式学习的重要特征。传统教学中采用的问答法和讨论法教学是谈话教学法的特殊形式。

在职业教育教学实践中，谈话教学法常在一个学习单元中的特定教学阶段采用，用于学生收集、整理信息资料，交流学习、工作经验等。例如，文秘专业学生交流在不同类型或行业企业岗位的实习经验，工科类专业学生制订生产加工计划等。

---

① Jank，W. & Meyer，H.，*Didaktische Modelle*，Frankfurt am Main，Cornelsen Scriptor，1991，p. 337.

与《侍坐》[①]描写的两千多年前孔子的谈话教学不尽相同，职业教育中的谈话教学常按以下六个步骤进行。

- 教师采用讲解式教学引入谈话，让学生大体了解学习的目的和内容，学生回忆已学过的相关知识或经验，收集专业信息；
- 师生共同讨论、定义和表述本单元学习课题名称，讨论对学习内容应掌握的程度，并准确地将其用文字表达出来；
- 对谈话课题的范围进行界定，按照逻辑关系划分段落，保证讨论内容始终集中在共同确定的主题范围内；
- 讨论，即师生交流信息资料和个人意见，共同寻找解决问题的途径；
- 学生针对主题阐述个人意见；
- 总结讨论成果，可由学生先总结，教师整理学生的总结结果后做最后定论。

在谈话中，教师应调动所有学生的积极性，及时补充意见，保证学习顺利进行并达到预定的学习目标。"质疑问难，能者为师"（朱熹观点），在行动导向的谈话教学中，信息传播是多方向的，因此师生关系、同学关系都不是固定的，应营造一种民主和平等交流的气氛。教师应注意，当学生的基本知识和经验不足而影响学习进程时，也可采用提问展开式教学为学生提供帮助。

（二）张贴板教学法

1. 张贴板教学法的概念

张贴板（德语 Pinwand，英语 Pinboard）是一种可用特制大头针随意钉挂写有文字的卡片或图表的硬泡沫塑料或软木板，是一种典型的"可由师生共同构建的教学媒体"（见图 4-2）。张贴板教学法是在张贴板面上钉上由学生或教师填写的有关讨论或教学内容的纸片，通过添加、移动、拿掉或更换纸片展开讨论、得出结论的研讨班式的教学方法（也称 Metaplan 法）。

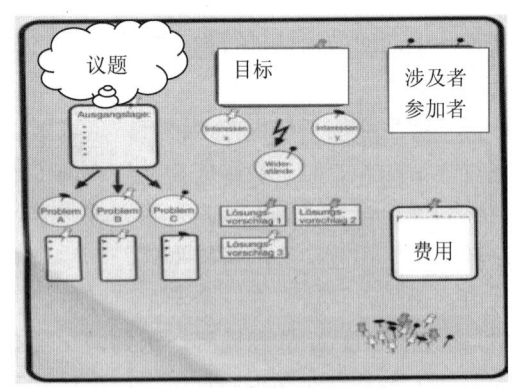

图 4-2　张贴板及其附属物品

[①] 《侍坐》是《论语·先进》的最后一章，篇幅远较全书其他章节为长。因为首句是"子路、曾晳、冉有、公西华侍坐"，所以简称为《侍座》。本文的主要内容是孔子与上述弟子共叙，鼓励他们各言其志，然后分别对各人言论加以评论。

张贴板教学法采用的主要工具有：
- 张贴板：可用硬泡沫塑料板或软木板等制成，一般高1~1.5米，宽1~2米，可固定在墙壁上，但最好安置在专门的支架上。
- 大纸：面积与张贴板等大的书写用纸，必要时可以在上面书写、画图、制表或粘贴。
- 书写卡片纸：可用多种颜色和形状，如长方形、圆形、椭圆形甚至云彩和箭头等形状。
- 大头针、记号笔和剪刀等。

2. 张贴板教学法的适用场合及特点

张贴板法主要用于以学生为中心的教学方式中，用于收集和界定问题、征询意见、制订工作计划、收集解决问题建议和做出决定（参见"头脑风暴"教学法）。

张贴板教学法的突出优点是可最大限度地调动所有学生的学习积极性，有效克服谈话法不能记录交谈信息内容以及传统黑板上文字内容难以更改、归类和加工整理的缺点，在短时间内获得最多信息。张贴板上既有讨论过程，又有讨论结果，既是学生集思广益和系统思维的过程，又是教师教学行动的结果，因此在现代教育培训中得到了广泛的应用。

张贴板法教学的缺点是占用时间较多，而且只能用在较小班组中，一般不超过20个学生。

3. 张贴板教学法的实施过程

采用张贴板教学法的程序一般为：
- 教师准备。包括本教学单元的题目、教学目标和教学过程阶段划分等。
- 开题。常采用谈话或讨论式。教师提出要讨论或解决的课题，并将题目写在云彩形等特殊形状或颜色的卡片上，别在张贴板上。
- 收集意见。学生把自己的意见以关键词的形式写在卡片上，并由教师、学生自己或学生代表别在张贴板上。
- 加工整理。师生共同通过添加、移动、取消、分组和归类等方法，对卡片进行整理和系统化处理，得出结论。
- 总结。教师总结讨论结果。必要时，可用各种颜色的连线、箭头、边框等符号画写在盖纸上。学生记录最终结果。

原则上讲，教师在教学中应节制自己的主动行为，只是通过恰当的提问或介绍，促使学生积极主动地去思考、讨论和表达自己的意见。张贴板教学法的目的是获得一个能够代表多数同学意见的结果，在教学结束时，应保证所有学生都认同张贴板上的结果。应保持卡片的匿名性，不扔掉任何一张卡片或批评任何一个同学的想法。

(三)"头脑风暴"教学法

1. "头脑风暴"法的概念

"头脑风暴"法（Brainstorming）是教师引导学生就某一课题自由发表意见，教师不对其正确性或准确性进行任何评价的方法。"头脑风暴"法与俗语中的"诸葛亮会"类似，是一种能够在最短的时间里获得最多的思想和观点的工作方法，已被广泛应用于教学、企业管理和科研工作中。

在职业教育实践中，可通过"头脑风暴"法讨论和收集解决实际问题的意见和建议（总称为建议集合）。通过集体讨论，集思广益，促使学生对某一教学课题产生自己的意见，通过同学之间的相互激励引发连锁反应，从而获得大量的构想，经过组合和改进达到创造性解决问题的目的（见图 4-3）。

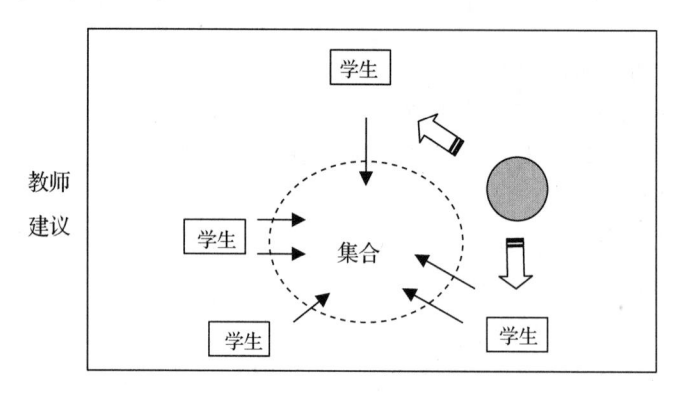

图 4-3 "头脑风暴"的目的是获得大量建议

采用"头脑风暴"法教学时，所有学生都应积极参与到创造新思想的过程中。学生不需为自己的观点陈述原因，其他同学也没有必要立刻对某个观点加以评价、进行讨论或提出批评，对所有意见均放在最后统一进行整理和评判。应鼓励学生提出一些看似唐突但有新意的想法，这极有可能引发出智慧的火花。

"头脑风暴"法教学应在开放、轻松的环境中进行，时间很短。可将其插入任何一个教学单元或工作过程中，但是对意见的评价和整理需要花费较多时间。采用"头脑风暴"法的注意事项如表 4-1 所示。

表 4-1 采用"头脑风暴"法的注意事项

时间	5~15 分钟
小组人数	5~12 人
结果保证	确定记录员，或就卡片征求所有人的意见
评价	在收集所有卡片后检验建议的可行性，引出进一步的设想

2. "头脑风暴"法的适用场合和实施过程

在传统的教学实践中，人们常常把教学重点放在传授理论知识和技能上，很少或根本没有考虑到培养学生把合理的想象、幻想同现实相结合以及发散性思维的能力，这在很大程度上束缚了学生创新能力的发展。"头脑风暴"法可在一定程度上弥补这些方面的不足，促进学生创造能力的发展。

"头脑风暴"法适用于解决没有固定和标准答案的问题，以及根据现有法规政策不能完全解决的实际问题，如商品营销中的买卖纠纷、导购、广告设计，加工专业的工作程序设计等。

"头脑风暴"一般按以下步骤实施：

- 起始阶段：教师解释运作方法，说明要解决的问题，鼓励学生进行创造性思维，并引导学生进入论题。
- 意见产生阶段：学生即兴表达各自想法和建议，教师应避免对学生的想法立刻发表意见，也应阻止学生对其他同学的意见立刻发表评论。
- 总结评价阶段：师生共同总结、分析实施或采纳每一条意见的可能性，并对其进行总结和归纳。

经验表明，由"头脑风暴"产生的建议有5%～10%是可行的。当学生人数多于6人时，可把建议集合分成几部分进行分组讨论。

(四)案例分析教学法

1. 案例分析教学法的概念

案例分析教学法是以案例分析为基本形式的教学方法，起源于20世纪20年代哈佛商学院的工商管理专业，其特点是采用的案例均来自真实的情境或事件。

案例分析教学法的基本假设是，学生能在对案例进行分析的过程中学习，并在将来必要时能回忆并应用这些知识。案例分析教学法适合分析、综合、决策和评估等思维能力的培养，能提高学生承担具有不确定后果的风险的能力。

案例分析教学法有四种基本形式：(1)案例研究法：侧重对特定事实的多角度、宽范围的分析，最后综合各种观点得出结论；(2)案例问题法：提出一个特定问题，要求学生找出不同解决方案并进行讨论，适合低年级学生采用；(3)案例调查法：给出的案例信息不完整，要求学生通过一定手段使其逐渐清晰，重视收集信息的过程；(4)问题叙述法：在对多种方案进行分析的基础上做出决策，学生需解释最终解决方案，对其进行评价并进行优化。[1]

2. 案例的选择

合适的案例对案例分析教学的成功非常重要，案例选择的实质是创设一个两难困境从而引发学习，这与通常教学中采用的例子和故事等有很大区别。案例来源于真实的职业工作情境，应呈现出与特定事实相关的、带有量化或质性信息的、简短而实际的真实工作状况。学生置身于这个工作情境中，根据情境所赋予的意义(明确或不明确的)，以职业人的身份解决问题并进行评价。案例学习的价值在于如何论证方案的合理性和可操作性。

3. 案例分析教学法的实施步骤

案例分析教学法的教学过程可按照以下步骤进行：(1)直面问题：分析案例的具体情境，描述任务，划分学习小组；(2)收集信息：收集并处理信息；(3)制订解决方案：以小

---

[1] 参见[德]于尔根-彼得·帕尔：《职业教育与培训教学法纲要》，庄榕霞、葛囡囡、赵志群译，8～9页，北京，光明日报出版社，2019。

组(或者个人)形式提出解决问题的多种可能方案；(4)决策：对小组或个人提出的方案做出决定，并记录；(5)辩论一：小组或个人在课堂上演示自己的问题解决方案，并说明理由；(6)辩论二：大家共同讨论，确定最终解决方案；(7)核实：将共同确定的方案与实际案例做比较，并做出最终评估。

4. 采用案例分析教学法的要求

案例分析教学法的核心是"寻找正确解决职业问题的可能策略与手段"，而不是寻找正确的答案。开展案例分析教学对学生有以下要求：(1)收集和处理信息能力：学生须具有独立分析问题、收集信息并对其进行选择和利用的能力，如从技术资料中查阅数据并通过表格等方式表达出来；(2)过程规划能力：在信息不充分的职业情境中，为寻找合理答案对行动过程进行规划；(3)解释与辩护能力：对自己的解决方案做出合理性解释，为实施的可能性进行辩护；(4)决策与评估能力：在对不同方案进行演示、比较、论证和评估过程中，理性、客观地评价不同方案，以开放、灵活和多元的思想选择较优方案，并进行完善；(5)团队合作能力：有与他人合作的意愿和能力，在讨论过程中能得到他人的认可，也善于认可他人。

开展案例分析教学对教师也有一定要求，如教师应有足够的鉴别力，选择能激起学生兴趣、具有完整职业行动过程的案例，并将其改编为适于教学的案例。教师必要时要给学生提出建议，适时提供参考资料和辅助信息，并为学生独立完成任务或小组完成任务提供足够的时间和物理空间。

三、促进综合能力发展的教学方法

理论上讲，项目教学法是一种几乎能够满足行动导向教学所有要求的教学方法。本节介绍这种方法和建立在项目教学法基础上的引导文教学法，以及与之有密切联系的角色扮演教学法和技术实验教学法。

(一)项目教学法

1. 项目教学法的概念

项目教学是师生通过共同实施一个完整的"项目"工作而进行的教学活动。在职业教育中，教学项目是指以生产一件具体的、具有实际应用价值的产品为目的的工作任务，如技术领域的模型汽车(机加工专业)、报警器(电子专业)、测量仪器(仪器仪表专业)制作，以及花园设计与建造(见图4-4)；服务领域具有整体性特性并有可见成果的工作也可以作为教学项目，如广告设计、营销方案开发等。

教学项目应该满足以下条件：
- 具有轮廓清晰的工作/学习任务，具有明确而具体的成果展示；
- 具有完整的工作过程，该工作过程可用于学习特定教学内容；
- 能将某一个教学课题的理论知识和实践技能结合在一起；
- 课题与企业实际生产过程或商业活动有直接的关系，具有一定的应用价值；

图 4-4　某中职学校园林专业的教学项目：设计与建造校园的花坛

> 学生有独立进行计划工作的机会，在一定时间范围内可以自行组织、安排自己的学习行为；
> 学生自己处理在项目中出现的问题；
> 具有一定难度，不仅是对已有知识、技能的应用，而且要求学生运用已有知识，在一定范围内学习新的知识技能，解决过去从未遇到过的实际问题；
> 学习结束时，师生共同评价项目工作成果以及工作和学习方法。

以上标准是理想的教学项目应具备的条件。但是在教育实践中，很难找到完全满足这些标准的学习课题，特别是学生完全独立制订工作计划和安排工作形式，但是当一个课题满足大部分要求时，我们仍可把它作为一个项目对待。况且，满足全部条件的项目并不一定就能保证教学成功。例如，学生在制订工作计划时，如果目的不明确或犯了错误，都会影响最终效果，这时就需要教师及时干涉。我国常用的课程设计教学是项目教学的特例，而且多是不完整的项目教学。

采用项目教学可以培养学生的社会能力和其他关键能力，这时需要采用小组工作方式，即共同制订计划，共同或分工完成整个项目。有时，参加项目教学的学生来自不同的专业，甚至不同的职业领域，如技术专业和财会专业，目的是锻炼实际工作中与不同专业、部门同事合作的能力。

2. 项目教学法的实施过程

项目教学法一般按照以下阶段进行。

> 确定项目任务：通常由教师提出一个或几个项目任务设想，然后同学生一起讨论，最终确定项目的目标和任务。
> 制订计划：由学生制订工作计划，确定工作步骤和程序，并最终得到教师的认可。
> 实施计划：学生确定各自在小组中的分工以及小组成员合作的形式，然后按照已确立的工作步骤和程序工作。
> 检查评估：先由学生对自己的工作结果进行自我评估，再由教师进行检查评分；师生共同讨论、评判项目工作中出现的问题、解决问题的方法以及学习活动的特征，

通过对比师生评价结果，找出造成结果差异的原因。
- 归档或结果应用：项目工作结果应该归档或应用到企业、学校的生产教学实践中，如作为项目的维修工作应记入维修保养记录，作为项目的工具制作、软件开发可应用到生产部门或日常生活和学习中。

项目教学的关键是设计和制订高质量的项目工作的任务。职业教育每个阶段（如基础教育和专业教育阶段，或者中职阶段和高职阶段）都可设计一系列相互联系的教学项目。但初次学习的操作技能或单项知识点不便于采用项目教学。

3. 采用项目教学法的条件

开展有效的项目教学，对学生、教师、教学环境和教学组织等都提出了一系列要求。由于学生的学习能力、学习习惯和自我管理能力起着重要作用，所以学生应具有一定的独立学习能力，具备团队工作的意愿和基本经验。此外，学习小组的内部结构、团队分工与协作方式也会影响学习效果。教师应具备相应的教学理念以及专业能力和教学能力，如教学项目的设计和项目学习组织能力。教师应适应自己的角色转变，从传统的知识传授者转变为学习顾问，主动放弃教学过程中的支配地位，善于退居幕后或台下为学生提供帮助，有时甚至要"忍住"不对学生的活动进行过多干预。项目学习中的偶发因素较多，这对教师的教学方法、应变能力和项目管理水平提出了很高的要求。

项目教学需要对设施设备条件、班级容量和指导教师配备等方面进行合理的考量。传统的班级教室，不管学生的学习动机和行动意识多么强烈，它为学生提供的物理空间总是按照以教师为中心的逻辑建立的，学生的行动会受到很大限制。项目教学需要理论实践一体化的教学场所，即按照职业的典型工作任务要求建立的综合和开放的教学环境。

（二）引导文教学法

1. 引导文教学法的概念

引导文教学法是借助一种专门教学文件，通过工作计划和自行控制工作过程等手段，引导学生独立学习和工作的项目教学方法。这里的教学文件就是"引导文"（Leittext），它常常以引导问题的形式出现。引导文的任务是建立起项目工作和它所需要的知识、技能间的关系，让学生清楚完成任务应通晓什么知识，具备哪些技能等。

引导文教学法是在引导文支持下的项目教学，其主要特点是：
- 学生按照引导问题，通过自我管理的和研究式的学习，掌握解决实际问题所需的知识技能，从书本抽象描述中建构自己的知识体系，实现理论与实践一体化的学习。
- 在复杂工作条件下，专业人员需要独立解决工作中的问题，这仅靠书本知识和基本技能是不够的。他们需要具备独立解决复杂问题的能力和基本工作经验。在引导文教学中，学生从技术材料（如设备说明和网络资源）中独立获取和加工专业信息，从而获得解决新的、未知问题的能力。
- 快速变化的市场要求员工能够适应技术发展和新产品更新的速度，现代企业很多涉及生产的重大决策是在生产过程而不是在产品设计过程中做出的，这要求员工有很强的计划和决策等关键能力。引导文法可以系统培养这些能力。

> 在传统教学中,学生往往不知道学习内容在实际工作中有什么作用,引导文教学法可以解决这一问题,从而调动学生的学习积极性。引导文教学法花费时间较多,但学习效果会显著改善。

2. 引导文的构成

引导文的形式决定着教学的组织形式、教学媒体和教材。不同职业领域、不同专业所采用的引导文不尽相同,一般由以下内容构成:

> 任务描述:多数情况下,任务描述是一个教学项目的工作任务书,可用文字或图表形式表达。
> 引导问题:引导文常以问题形式出现,按照这些问题,学生可以设想出最终的工作成果和完成工作的全过程,能够获取必要的信息、制订工作计划并实施。
> 学习目的描述:学生应知道在什么情况下就算达到目标了。
> 学习质量监控单:帮助学生避免工作的盲目性,保证工作顺利进行。
> 工作计划(内容和时间)。
> 工具与材料需求表。
> 专业信息:为促进学生学习能力发展,最好不提供现成的信息,而只提供获取信息的渠道。信息主要来源为专业杂志、文献、技术资料、劳动安全规程、操作说明书和网络等。
> 辅导性说明:在专业文献中找不到的有关具体工作过程、质量要求等企业内部经验的说明。

3. 引导文教学法的实施

传统教学方法对培养关键能力如获取信息、独立制订计划等少有作为,而引导文教学法是一种近乎理想化的全面、系统的能力培养法。参照德国联邦职业教育研究所(BIBB)的六阶段模型,引导文教学法按照以下步骤进行。

(1)明确任务/获取信息

明确工作任务和目标,告知学生其学习任务的基本状况和学习目标,提供(部分)与完成工作任务有直接联系的信息。学生独自或以小组为单位处理实施任务所需的信息,在此可以使用老师提供的教学辅助资源(如引导文、专业书刊、网络资源和视频等)。引导问题为信息/分析阶段提供支持。

(2)制订计划

根据已经明确的任务设想出工作行动的内容、程序、阶段划分和所需条件。一般情况下,完成任务有多种途径,有不同的步骤,采用不同的工具和材料。计划阶段的首要任务是根据给定设备和组织条件列出多种可能性。该阶段的主要任务是确定工作方法和工具,常需要一些教学辅助手段,如张贴板等。

(3)做出决策

从计划阶段列出的多种可能性中确定最佳解决途径,往往通过小组的形式集体做出。

(4)实施计划

按照所确定的"最佳"解决途径开展工作。如出现与计划的偏差,需要及时观察记录,可做出合理的调整，并在后面分析产生偏差的原因。

（5）检查控制

本阶段的主要功能在于检查任务是否完成。学生不仅要检验自己在哪些领域存在专业知识、技能和技巧方面的缺陷，而且要通过检查控制问题反思并检验工作中的行动步骤，从而意识到独立的检查控制对生产过程反思的重要性。检查控制中的评估要在公开公正的环境下进行。

（6）评价与结果记录

老师根据学习成果利用相应的评价标准与学生进行对话，总结经验教训，提醒学生下次应注意的方面。评价重点不是学生成绩评定，而是帮助学生从中吸取教训，回答"下次应在哪些方面提高"的问题。[1]

在教学实践中，阶段(2)和(3)有时会合并成一个阶段，阶段(5)和(6)有时也会合并。

培养学生的独立工作能力是引导文教学法的关键，学生可以团队合作，也可以独立行动。教师的行动主要是在准备和收尾阶段，而不是在整个教学过程中。教师应转换角色，对学生不进行明显而直接的外部控制，这对教师提出了更高的要求，意味着对传统课堂教学的重大变革。引导文教学法和传统的四阶段教学法的比较如表 4-2 所示。

表 4-2　引导文教学法和传统的四阶段教学法比较

四阶段教学法		引导文教学法	
教授方法	学习方法	教授方法	学习方法
讲解	听	提出引导问题 ▶ 讨论答案 ▶	◀独立获取信息
示范	看	制订计划时提供帮助 ▶ 讨论计划草案 ▶	◀独立制订计划
指正	模仿	提出引导问题 ▶ 讨论疑难问题 ▶	◀独立实施计划
评议	练习	编写质量控制单 ▶ 评价成果 ▶	◀独立评估检查

在传统的以示范—模仿为核心的教学中，理论和实践信息传输在教学的起始阶段进行，信息由教师直接给出，学生的行动范围受教师的限制。在引导文教学中，培养学生的独立工作能力是教学行动的基本出发点，学生行动是独立（或尽量独立）的。

4. 采用引导文教学法的条件

采用引导文教学法需要满足的条件与项目教学法基本相同，主要是学习者应具备独立工作和自我控制学习的经验，具有与课题相关的基础知识，有能力回答引导问题，这样才

---

[1] Pampus, K., "Ansätze zur Weiterentwicklung betrieblicher Ausbildungsmethoden," *Berufsbildung in Wissenschaft und Praxis*, 1987, 16(2), pp. 43-51.

能在相关信息和学习材料的帮助下完成学习任务,并取得所期望的学习成果。

与传统的教学方法相比,引导文教学法要求教师做更多的准备工作。教师必须准备大量的学习材料,如用于学习新知识和制订工作计划等的引导文,经过教学处理的学习资源,检查评价时用的题目和表格等。在教学中,教师从课堂的主导者转变成不明显的外部控制者,成为学习顾问,他们要为学生的学习活动及时提供有针对性的咨询和指导,这对引导文教学法的成功起着决定性的作用。实践发现,有时学生甚至乐意接受教师准备得不是很成熟的引导文。教师可以鼓励学习者参加教师的引导文开发工作,鼓励学生做出自己的补充、完善和更新,从而提高学生的学习积极性和学习能力。

采用引导文教学法需要一定的设备设施、材料和场地条件,这意味学校需要投入更多的物力和财力建设新的教学环境。

(三)角色扮演教学法

1. 角色扮演教学法的概念

角色扮演教学法是一种有较长历史并得到普遍应用的教学方法,广泛应用于社会学、管理学、心理学和教育学等领域。"角色"一词本来指戏剧舞台上由演员扮演的剧中人物。1935年,社会学家米德(G. H. Mead)将角色概念引入社会学领域,后来逐渐发展为角色扮演理论。角色扮演理论认为,个人通过扮演他人的角色,获得运用和解释有意义的行为的能力,从而了解社会的各种行为习惯和规范,最终实现自我的社会化。

心理学家班杜拉的社会学习理论是角色扮演教学法的理论基础。他认为,人的社会行为是通过"观察学习"获得的。在此,人们不需要奖励或强化,甚至也不需要参加社会实践,而只通过对榜样的观察,就可学习到新的行为方式。[1]

在职业教育中,角色扮演法通过模拟的情境活动,使学习者暂时置身于职业人的社会角色,按照这一角色所要求的方式和态度行事,从而增强对职业角色和自身的理解,学会有效履行未来职业角色的心理与行动技术。角色扮演法学习既可以针对"一般社会性问题",如人际冲突、群际关系、个人两难问题等,也可以针对专门的"职业性问题",如处理商业纠纷等。

2. 角色扮演法的目标

通过角色扮演法,可以实现以下教育性目标:(1)体验新的社会行为方式:学生作为参与者投身到具体问题情境中,通过实际行动,学习处理实际问题的方式方法,练习社交技巧,体会不同行动方式的后果,感悟职业角色的内涵。(2)反思自己的行为:学生研读被记录下的自己的行为(以文字、录像等方式),得到新的见解,感受不同行为方式及其后果。(3)提高内在动机:使学生得到情绪上的满足并产生成就感。在没有外部压力的情况下,宽松、交流、互动和团队合作氛围能激发学生的能动性,帮助其构建对特定职业角色

---

[1] Bandura, A., *Self-efficacy: The Exercise of Control*, New York, Freeman, 1997.

的个性化理解与行为表达，从而胜任特定职业角色的要求。[①]

3. 角色扮演法的教学过程

例如，学习与客户进行专业交流，可采用角色扮演教学。学生分别扮演客户和技术服务者的角色，不仅可获得大量企业工作所需要的专业知识，也可以提高跨专业的能力，如交流能力和职业道德等，为灵活高效地解决客户的难题奠定基础。在角色扮演教学之前，教师可针对客户要求的问题给出不完整的答案，形成"交流指南"为学生提供指导，以降低学习难度。在与客户交流过程中，学生应积极利用"客户"（可以是学生扮演的或真实的客户）的反应，获悉"客户"要求，提供专业化的建议。[②] 与客户交流的过程分为以下阶段：

- 准备：教师设定一个工作情境，如要求学生针对新产品向潜在客户提供咨询，潜在客户表达自己的意愿。收集学生对交流过程的想法。
- 制订交流计划：学生一起制订与客户进行专业交流的计划，确定以客户为导向的问题。可针对客户要求给出不完整或不充分的答案。
- 实施阶段：每组学生作为专业人员同客户进行技术谈话，获悉客户的具体要求和问题，按照客户要求提供专业建议。
- 比较与评估：将不同交流活动进行比较，采用的技术或服务标准可以由教师提供，也可以由学生在老师的指导下开发。
- 反思并利用交流结果：学生一起评价每个小组的专业交流过程，共同思考如何把学到的知识和经验应用到今后的工作中。评价的重点不是确定分数高低，而是发现问题以避免再次出现。

4. 开展客户技术交流的要求

客户技术交流对学生提出了较高的要求。学生首先必须准确定位，理解角色扮演的内涵。在交流中，学生要学会访谈技巧并积累初步经验，如倾听、追问、给出专业建议和推销产品等。交流后的反思能帮助学生较快提高实践能力与服务水平。

教师应注意不对学生提出过于苛刻的要求，并采取合适方式提供适时的帮助。学生实践能力的提高是一个渐进过程，教师应有足够的理解和耐心等待学生的发展，在教学中同时关注学生的专业能力和跨专业能力的协同发展。技术交流的准备工作较少，所需硬件条件也不多，常常只是一个简单的空间。[③]

（四）技术实验教学法

1. 技术实验教学法的概念

作为教学方法的技术实验，是为达到特定目的进行的尝试、检验、优化等探索性的技

[①] Holling, H. & Liepmann, D., "Personalentwicklung," in *Lehrbuch Organisationspsychologie*, ed. Schuler, H., Bern, Huber, 2004, pp. 285-316.

[②] Reglin, T. & Schöpf, N. ECVET im Automotive-Sektor, "Untersuchung zu den Erfordernissen der Erprobung eines Credit-Systems für die Berufsbildung in der deutschen Automobilindustrie," Nürnberg, 2007.

[③] Pahl, J.-P., *Bausteine beruflichen Lernens im Bereich der Technik. Teil 2: Methodische Konzeptionen für den Lernbereich Technik*, Alsbach, Leuchturm, 1998, p. 377.

术实践活动。技术实验与科学实验不同。科学实验是对事物的客观规律和现象进行观察、分类、归纳、演绎、推理和验证的过程,是科学探究活动;技术实验是为考核产品的稳定性和可靠性,获取相关技术数据,通过分析得出有关产品质量及其性能等数据的过程。技术实验可用来验证方案的可行性和合理性,并对其进行优化。

在开展技术实验时,应兼顾其教育性特征,即学生通过技术实验对职业知识进行建构。技术实验的学习任务来源于真实的职业工作情境,应满足以下要求:(1)对职业实践和学生个人发展有重要的意义;(2)在广泛的实际工作中具有普遍意义,实验获得的成果可以迁移到其他情境中;(3)不能随意改变实验的方式和结果,其结果是可以证实和重复的。

技术实验是在特定实验目的(如技术改进和优化,发现并解决问题,产品设计等)的引导下,使学生经历完整的工作过程,培养其综合职业能力,这与真实工作世界的技术实验有所不同。技术实验教学对时间的限制没有在实际工作中那么严格,给学生提供相对宽松的空间。这可以降低学习难度,也有助于学生更好地(通过尝试)主动建构技术知识。[1]

2. 技术实验教学法的分类

可以从"学生参与的程度""技术实验的目的""实验环境与真实情境的契合度"三个方面对技术实验教学进行分类。

(1)基于学生参与的程度

学生的学习参与程度不同,在决策和实施过程中获得的机会不同,对实验成功的重要性也不同,这里有两种方式:①开放式实验:实验有多种解决方案,学生自己设计和掌控实验过程,在一定范围内自行选择活动策略,有较大的活动空间;②引导式实验:有明确的目标,教师(通过书面材料和网络资源)提供较多引导避免错误,实验中每一步都事先通过测试。教师对教学过程的掌控程度与学生的积极性相关。教师的掌控程度越低,学生的自主性就越高,双方在博弈中实现合作。

(2)基于技术实验的目的

按照教学目的的不同,技术实验教学可分为以下类型:①功能性实验:通过改变设施设备运行参数,测量实验对象的状态变化,检验性能优劣程度或故障,并分析原因;②对照性实验:对两种或两种以上实验对象同一方面性能的优劣做出比较,选择性能更优良的对象;③优化性实验:对实验对象的条件进行优化或组合,如用嫁接方法培育作物以提高其存活率;④预测性实验:预测实验对象的状态变化以及可能产生的后果,如材料使用寿命老化实验;⑤析因实验:从已知结果寻找未知原因的实验,如通过辨别果树病症判断发病原因。

(3)基于实验环境与真实情境的契合度

按照实验教学环境与真实职业情境的契合程度,技术实验可分为:①真实职业情境下

---

[1] Eicker, F., "Experimentierendes Lernen Ein Beitrag zur Theorie beruflicher Bildung und des Elektrotechnikunterrichts," PhD diss., University of Bremen, 1983.

的实验：采用来自真实工作情境的设施设备，学生获得真实的职业知识并积累实践经验；②用真实设备在模拟情境下的实验：即使有真实设备也无法在真实的情境中进行的实验，如电力和化工企业的实验；③完全的模拟实验：限于具体条件只能完全模拟的实验，在此无法获得真实的工作体验，责任心和职业意识等培养目标也无法实现。①

3. 技术实验教学法的步骤

技术实验的教学过程可按照以下步骤进行：

- 引入问题：教师提出来自职业实践的问题，如给出有技术缺陷的产品，但不给出详细信息，营造尽量真实的问题情境，从而调动学生的学习积极性。
- 提出假设：学生从职业实践出发假设造成缺陷的原因，并为解决这一问题提出建议。假设一般由学生集体讨论提出。
- 制订实验计划：学生共同讨论制订实验计划，并做好相应准备。首先用书面形式在黑板或纸上记录所期望的实验结果假设，然后在教师指导下熟悉所需工具和设备，确定时间计划和详细安排并得到老师确认。
- 进行实验：学生按照计划(独立或合作)进行实验。在实验过程中，教师观察发生的各种情况并进行相应的记录。
- 评估结果：学生(分小组)向全班同学报告实验观测情况。在教师指导下，学生将不同实验结果进行对比，得出普遍化结果并引出规律性认识。
- 提交或应用结果：实验中获得的认识和知识，最终需要迁移到类似的职业情境中去。

独立提出假设并进行验证是获取知识的前提，也是建立"用事实说话"职业精神的保证。在这个过程中，学生进行实验、记录结果，并为自己的行为负责。尽管教师的参考意见很重要，但是隐藏在原因背后的事实需要学生自己去寻找。在技术实验中，学生通过自己的行动(实验)掌握正确和合适的知识。这些知识既包括解释变量关系的陈述性知识，也包括关于科学方法和实验策略的程序性知识。学习过程不是填满"容器"的过程，而是一段发现"本真"之旅。②

4. 开展技术实验的要求

为了能进行有效的学习，技术实验对学生提出了以下要求：(1)在认知层面，能够做出假设，规划工作流程，进行实验，观测结果，比较、总结、论证和评估信息并得出结论，记录结果；(2)在思想情感层面，能够系统性工作，认真，有条理，谨慎地使用设备；(3)在社会层面，有能力和意愿合作，实事求是讨论问题，乐于助人并宽容他人；(4)在动作技能层面，掌握职业工作的典型技能。

在技术实验教学中，教师要有专业能力、组织能力和主持实验的能力，能选择内容和方法都合适的实验。在实验中，教师发起学习活动，协调、帮助和鼓励学生并提供学习支

---

① Gerwin, W. & Hoppe, M., *Experimente in der Handlungsorientierten Berufsbildung*, Berlin, BIBB, 1997.
② Bauer, H. G., Brater, M. & Büchele, U., *Lern (prozess) begleitung in der Ausbildung*, Bielerfeld, W. Bertelsmann, 2007.

持。在实验结束后,教师以欣赏同时又批判的眼光看待学生取得的成果,引导其深入反思。[①]

四、工作岗位学习方法

在我国当前以学校为主的职业教育体制下,技术技能人才的职业学习一般会经历三个阶段(或形态),即在课堂中学习、在模拟中学习和在现实中学习。每一个阶段采用的方法有很大不同。例如,在第一阶段,学校的教学项目和课程学习是主要手段;而在后两个阶段,逐渐会采用更多的岗位学习方法,如工学整合学习和分散式学习等(见图4-5)。

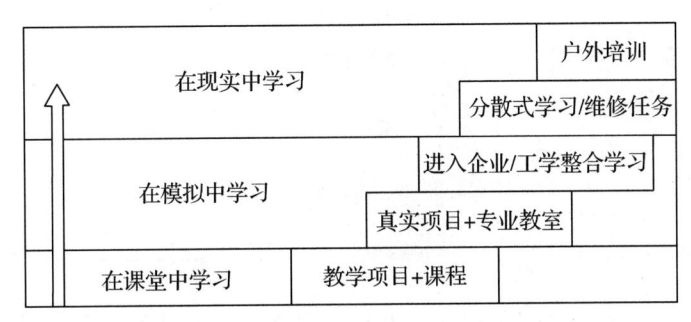

图 4-5　学校教育体制下的技能型人才职业成长

与岗位学习在现代职业教育中的重要性还不符合的是,我们对岗位学习的规律知之甚少,如岗位学习的范围、特点及其对个人能力发展的促进作用等。这里可能有两个原因:一是岗位学习本身的局限,即岗位学习严重依赖于具体的工作任务和工作条件,学习过程较为随意且成本高昂,一些工作岗位无法实现真正的学习(如生产流水线);二是相关研究分散,职业教育学、人力资源管理、工业心理学等对岗位学习都有研究,但是其基本理念有差别,对学习过程和学习环境设计理解不同,这既体现在不同的岗位学习方法设计上(如教练法、学习岛等),也表现在不同的工作组织形式上(如团队工作和岗位轮换等)。创设具有学习潜力的(模拟)工作岗位,是职业教育需要解决的关键问题。

长期以来,岗外学习模式一直主宰着职业教育界,包括多种企业进行的培训。人们想当然地认为,可以在工作岗位之外的学校或培训中接受培训,将所学应用于工作实践。然而新的教学研究发现,与远离工作岗位的学习相比,岗位培训有着不可替代的重要作用。例如,为提高生产服务灵活性和降低成本,现代企业普遍大力推广团队工作方式,在弱化岗位职能的同时,要求员工对整个工作过程有更加深入的了解,而工作过程知识的获取,必须通过案例性的岗位学习实现。

岗位学习的重要性和优势还体现在以下方面:(1)知识社会是终身学习的社会,终身学习最重要的内容是职业发展,工作岗位是保持职业发展能力的重要学习场所;(2)与学

---

① Rösch, H. u. a., *Didaktik des berufspraktischen Unterrichts Metalltechnik*, Alsbach/Bergstraße, 1990.

校教育的"人工环境"相比，岗位学习的"自然环境"更能有效促进学生社会能力和组织管理等关键能力的发展；(3)在工作岗位上学习和获取信息的机会，是推行现代质量保证体系（如 ISO9000 标准）的基础；(4)岗位学习可以减少所学知识技能的迁移性困难；(5)岗位学习的花费大大小于学校式培训。

在职业教育中，探索先进的教学培训方法可以缩小实际工作过程与教育培训之间的差距，这可以通过两个途径来实现：(1)使职业教育机构的学习环境设计更加符合生产和工作的需要；(2)使工作岗位具备学习潜力，通过合适的教育教学方案使在岗学习(Learning on the Job)成为可能。

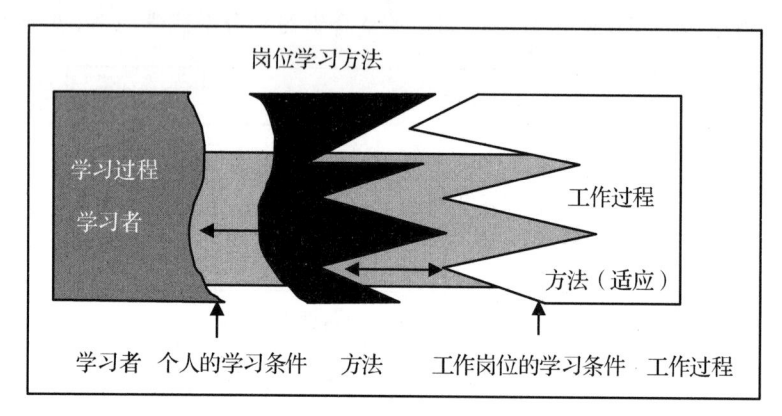

图 4-6 岗位培训教学法的功能[①]

工作岗位的学习方法是建立在学习者(包括个人和团体)与工作过程所提供的学习机会之间的一座桥梁(见图 4-6)。在企业教育培训实践中总结和创造的方法丰富多彩并各具特色，目前还没有公认的系统化总结和归类。本书列举了若干具有重要意义的岗位学习方法，这些方法不是由教育学家设计的，而是来源于企业实践，是现代企业在不同条件下解决实际技术和组织问题并提高工作能力的经验结晶。

(一)分散式培训

分散式培训和分散式学习是 20 世纪后期发展起来的新型企业培训理念，指将工作过程和学习行动结合在一起的企业培训形式。学生(常常在引导文的帮助下)单独或以团队形式在工作岗位或工作岗位附近完成学习任务。在分散式培训中，学习与实际生产相联系，岗位学习不再是培训的补充，而是培训的必要条件和基本内容。

分散式培训方案是推广现代生产技术(如独立制造岛)和劳动生产方式(如小组工作)的必然要求，因为后泰勒主义劳动组织方式对企业员工的参与意识、责任心和创造能力等功能外能力(Extra Functional)提出了更高的要求，而功能外能力是无法依靠传统的集中式培训来传授的。

[①] Reglin, T. & Severing, E., *Bildungsplanung im BetriebBildungsplanung im Betrieb*，Nünberg，Berufliche Fortbildungszenten der Bayerischen Wirtschaft (bfz)，1995，p.84.

1. 质量小组与学习车间

"质量小组"(Quality Circle)学习方案起源于 20 世纪 50 年代的日本,在 80 年代发展成熟并被引入西方和我国,已在发达国家得到大量推广,其目的是通过提高生产力和产品质量来提高企业的竞争力。

所谓质量小组,是指 3～10 个同事组成的工作小组定期短暂地聚集在一起,讨论特定或现实的题目、问题以及工作任务,如改进生产技术和工作环境等,提出解决办法并通报给有关部门。小组会一般由受过专门培训的普通员工而不是由部门领导或上级领导主持,小组成员有一定的稳定性(见表 4-3)。普通员工在生产过程中不仅仅是实施者,而且也可从计划和控制的角度来看待企业的问题,成为企业的主人翁。

表 4-3 质量小组的组成

成员	人数	主要功能
核心成员	3～4	计划,按照"企业愿望"实施和控制小组的行动
主持人	1	召集、主持和帮助小组行动
质量小组长	1	领导小组工作,确认结果,搜集有关信息
小组成员	8～10	讨论问题,开发解决方案,提出建议,向上级领导提交报告

质量小组的学习或发展任务直接针对企业生产过程,其学习结果也针对生产过程的需求。必要时,可以邀请企业高层的技术专家和管理人员来解释专门的问题,以填补某方面的知识空白,但一般不举办系统化的讲座或培训班。

"学习车间"(德语 Lernstatt),顾名思义,就是可供学习的车间。作为一种企业教育学方案,它起源于德国汽车生产商宝马(BMW)公司和电气公司 Hoechst,目的是促进(基础较弱的)员工针对岗位需求的自我学习。这里,员工就共同的问题(如产品质量、材料、工艺设计和组织管理等)组成有一定期限的小组,在工作时间,定期、自愿在工作岗位附近的房间里碰面,讨论解决或改进方案。作为一种企业培训方法,学习车间在我国一些企业中也得到应用。例如,在格兰仕公司,这种小组行动已经成为职工日常工作的重要内容。

按照学习车间模式,企业总部通常设有一个由企业教育专家领导的"学习车间总部"(通常由人力资源部负责),来设计、协调和监督各专业部门的学习车间。各学习车间的学习主持人一般不是培训专家,而是专业人员。小组成员中没有直接上下级关系。学习车间的生命周期与具体的问题相同,即问题解决后,车间随即解散。如果出现新的问题,则成立新的学习车间。

主持学习活动应遵循的原则:
➢ 主持人熟悉本部门的业务,具有讲授一般性知识的技巧;
➢ 主持人理解他人,善于沟通,能对学习者及时进行激励;
➢ 职责分明,给所有学习者实践的机会;
➢ 少下命令,多做引导;
➢ 不向学习者发泄不满情绪;

➢ 批评在私下里进行；
➢ 要看到学习者的进步，不咎既往。

学习车间是基于企业实践基础之上的、以生产为导向的企业学习组织形式和学习方法，是企业人性化管理思想的体现，对促进员工专业能力和社会能力的发展有很好的效果。

质量小组和学习车间都是以提高产品质量和加强岗位学习为目的的企业内小组行动，它们有以下共同特征：

➢ 职工自愿参加，小组成员人数有一定限制；
➢ 只讨论、处理小组成员能力和权限范围内的具体工作问题；
➢ 小组成员来自同一工作领域，可对讨论的问题做出最终决策，必要时也可以外请专家；
➢ 作为主持人的小组长既可以是小组成员的部门领导人，也可以是班组长或有经验的普通员工，他们需要团队工作、冲突解决等方面的专门培训；
➢ 小组行动使用张贴板等现代工作和研讨媒体。

2. 学习岛

随着现代岗位分工的弱化和生产岗位计划、监控功能的增强，针对岗位的集中式培训不再适应企业的要求。推广扁平化管理和小组生产方式要求建立"学习化的工作岗位"。"学习岛"（或"学习港湾"）便是学习化工作岗位和"生产性培训"的结合体。

人们从企业整个生产过程中找出或专门设计一些特定生产步骤，将其与生产分离并建成专门的学习岗位。这些学习岗位处于大量生产岗位的"海洋"包围之中，因此被称为"学习岛"（见图4-7）。学习岛是在工作岗位附近设置学习岗位的一种分散式培训方案。学生在培训师的指导下，采用独立或小组方式，独立制订计划、完成任务并进行质量控制。多个学习岛交织，可组成学习网络。

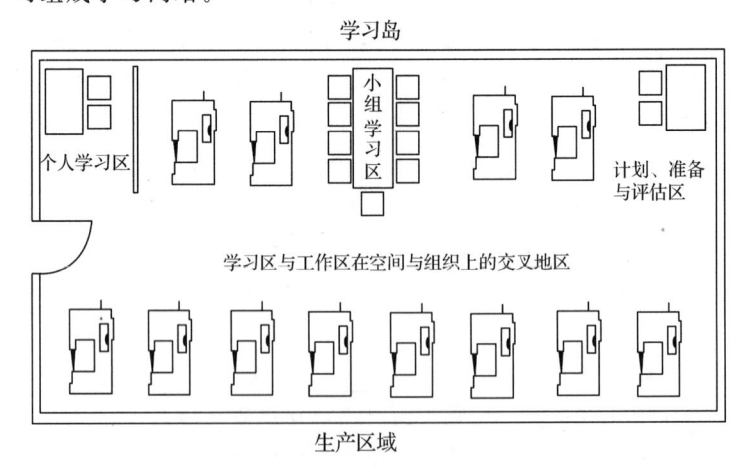

图4-7 学习岛示意图[1]

---

[1] Reglin, T. & Severing, E., *Bildungsplanung im Betrieb*, Nünberg, Berufliche der Bayerischen Wirtschaft (bfz), 1995, p.84.

按照学习岛方案，学习并非发生在生产岗位上，而是处于生产区域内部独立的"岛"上。学习岛的设备和学习内容与"岛"周围的生产岗位高度一致，没有通常学校或培训车间里的多种特殊条件。学习岛最大的特点是在学习和生产工作行动分离的情况下，将学习场所与工作环境整合起来。在理想条件下，学习岛的劳动组织方式和功能划分应与实际生产过程中的相同。

学习岛的其他特点是：

> 同专业或工种的学生共同生产一个产品或维护一套设备，减弱了个人原有的职业"功能"，将直接功能（生产）与间接功能（计划、控制、生产、检验和经济核算）联系在一起；
> 学生在高度独立和自我管理条件下学习，培训师不提供问题解决方案，而是生产过程和员工能力发展的主持人；
> 将生产环境扩展成学习环境，为学生提供对生产任务、企业的社会过程和整个企业文化环境进行反思的机会。[①]

学习岛是按照扁平化管理模式发展建立的现代"整体平行思维"以及新的工学一体化模式，是多种教育培训形式和学习场地的综合，其教学指导思想是通过促进岗位学习能力的发展，为员工提供职业发展的机会。在学习岛中，并不是所有学习内容都由学习者通过自我管理式学习获得，在专门设置的小组学习区内，也可以开设专门的集中式培训课程。

3. 岗位认识实习和轮岗实习

岗位认识实习通常针对新员工进行。在职后培训中，认识实习的目的主要是加强和改善企业员工以及部门间的合作关系，因为合作的基础是相互了解，知道别人（部门）的能力和期望。通过岗位认识实习，员工可以了解企业全貌以及其他部门的情况，这是建立理解、信任和团结的企业文化的基础。

岗位认识实习的核心是有计划地认识和展示，主要教学媒体是由培训部门或实习者（小组）自己开发岗位分析引导文。这里的一个重要环节是，将获得的知识在一个跨部门的行动中展示。

如果说岗位认识实习的目的是发展方法和社会能力的话，那么轮岗实习（Job-rotation）的目的则是扩展专业能力。轮岗实习是让受训者在预定时期内变换工作岗位，获得不同岗位的工作经验，如有计划地到生产、销售和财务等部门学习，或实际参与所在部门的工作，或仅仅作为观察者，以了解所在部门的基本业务。

轮岗实习是大企业通行的培训方法。如果实习者是新员工，那么实习目的主要是增加对企业的了解、丰富工作经验，明确自己的长处和弱点，找到适合自己的位置。轮岗实习还可以帮助新员工练习和体会其他相邻岗位的任务和职责，了解这些岗位的知识技能要求以及员工的期望值，学习多方面的专业知识技能，为实现工作的柔性化管理打下基础。在

---

① Dehnbostel, P., "Learning bays in German Manufacturing Companies," *Advances in Developing Human Resources*, 2001, 3(4), pp. 471-479.

试用期阶段，轮岗实习也为人事部门的工作安排提供依据。

轮岗实习还可用于管理人员的培训，目的是使管理者更好地理解相互间的问题，改善部门间的合作。为了提高实习效果，应注意以下几点：

> 工作轮换计划应根据每个实习者的具体情况制订，应将企业需求与学习者的兴趣、能力倾向和职业爱好相结合；
> 实习者在某一部门工作时间的长短，应视其学习进度而定；
> 应配备有经验的指导者（教练）为实习者安排任务，并对其工作进行总结和评价。

（二）工学整合式学习

工学整合式学习是工作和学习一体化的岗位学习，其学习过程在时间和空间上与工作过程是一体化的。也就是说，如果需要，任何时间都可以为学习的目的而中断工作，并随时利用必要的学习媒体。与分散式学习相比，工学整合式学习是发生在个体工作岗位上的持续行动，因此更多的是个性化和自我管理式的个体学习，而不是小组学习。[1]

开展工学整合式学习的条件是：

> 工作岗位包含完整的工作过程，学习者（同时也是工作者）可在不影响他人工作的情况下随时打断工作进行学习；
> 不存在生产流水线上的时间压力，工作进程有较大的自由度；
> 工作岗位有独立学习的手段和媒体，如教材、工具书、信息化学习资源以及与专家交流的可能性。

上岗培训和在岗培训是最常见的工学整合式培训，目的是培养学习岗位所需要的专业知识和技能。现代的工学整合式学习的目的已不仅仅局限于提高某一项工作技能。它跨越了满足具体工作要求的阶段，是一种更高层次的专业发展。学习者有机会处理基础性问题和研究其他相关实例，这对学习者个人的学习热情和学习能力均提出了较高要求。

工学整合式学习是自我管理式的岗位学习，它对知识的深度和广度要求比较高，特别是对工作过程知识的要求，因为对工作过程知识既无法确定具体的形式和范围，也很难通过传统的正规教育或培训获得。

自我管理式的岗位学习在很大程度上是对工作过程的建构行动，在此所需的知识技能只能通过岗位学习来获得。在现代技术和劳动组织条件下，工作过程中的许多环节是隐蔽的，在学习中必须通过合适的媒体对其加以明朗化。

---

[1] Pätzold, G. & Busian, A., "Lernortkooperation als Mittel zur Entwicklung von Lehr-Lern-Arrangements," in *Handbuch der Lernortkooperation. Band 1: Thoretische Fundierungen*, Bielefeld, Bertelsmann, 2004, pp. 502-521.

表 4-4　适合进行岗位学习的工作岗位[1]

		应具备的条件	影响培训的不利因素
1. 岗位要求			
	技能要求	整体而经常发生变化的运动技能 有意控制的	重复性的简单行为 程序化过程
	认知要求	较高，有机会制订部分工作计划并协调工作过程	不需要认识和理解的简单行为
2. 行动结构与环境条件			
	行动空间	可以独立完成工作，能自己制定工作目标、任务和过程，按岗定级	详细的工作任务和过程由外部确定，等级分明
	时间限制	没有详尽时间限制	时间规定详细，生产流水线
	功能	承担多种功能，集计划、实施和控制于一体	分工精细，功能单一
	互动性	合作性工作，贴近顾客，有交际手段	远离顾客的孤立工作岗位
	工作环境	安静，无(大的)压力，有伸缩性	环境不佳，压力大，没有弹性
3. 学习设备			
	教学潜力	工作过程明确可重复，有结果反馈	工作过程不明确
	学习手段	有学习和信息资料	无学习和信息资料
	培训人员	有与教学培训人员、领导以及学习顾问交流的便利条件	无教学培训人员
	学习组合	除岗位外有其他学习机会，如培训班、培训车间等	工作岗位是唯一学习场地，与其他培训行动没有联系

表 4-4 说明了适合开展岗位学习的工作岗位应具备的条件。在理想状态下，工学整合式学习的工作岗位、学习媒体与劳动生产用具是一致的，这包括：教科书、专业词典等工具书和网络学习资源；企业信息材料和工作组织安排资料；机器、设备和工具的使用说明；样品和模拟工件；与设计者、有关专家以及相同岗位学习者间的沟通手段，如电话和网络等。

在实践中，岗位培训有许多限制性因素，如无计划地中断生产流程来进行培训会影响整个企业的生产组织；有过高心理或体力要求的岗位不适合培训，而噪声、灰尘和高温等都会影响学习者的注意力。因此，要找到合适的工作岗位开展岗位培训并不是一件容易的事。

---

[1] Reglin, T. & Severing, E., *Bildungsplanung im Betrieb*, Nünberg, Berufliche Fortbildungszenten der Bayerischen Wirtschaft (bfz), 1995, pp. 102-103.

在西方发达国家的工学整合式培训中,还有一种主要针对管理人员的教练(Coaching)方法,即通过专职"教练"(Coach 或 Mentor)为企业员工提供持续发展的支持。

(三)户外培训

户外培训(Outdoor Training)是20世纪后期发展起来的企业培训方法,是体验教育学(德语 Erlebnispädagogik)在职业教育中的体现。它通常是指在常规教学环境(如学校、培训中心和企业培训车间)之外进行的学习、练习和模拟行动,包括单位集体行动和个人发展行动,如拔河、徒步拉练、航海、丛林探险和模拟游戏等。

户外培训目的主要是发展方法能力和社会能力以及养成情绪,如增进员工的合作精神和团队意识,提高各级各类员工特别是领导人员的决策能力、解决问题能力,在小组中建立自信等。户外培训既可以是为经验丰富的经理和管理人员设计的专门培训,也可以是组织发展项目中针对特殊需要的行动,它强调学生在学习过程中的情绪体验。

户外培训有高风险的野外行动(即对学生有潜在的危险和伤害的),如攀岩、丛林探险等,也有低风险的模拟训练和游戏。在职业教育实践中,一般户外培训项目都是低风险的。高风险户外培训的目的主要是个人发展,而低风险户外培训主要用于培养团队精神和集体解决问题的能力。户外培训分为四个级别:

➤ 作为传统学校或企业内培训补充的户外培训:目的是传授特定的知识技能;
➤ 低风险模拟训练和游戏:用于提高组织沟通能力和进行团队精神培养;
➤ 低风险户外行动:在团队条件下对个人能力提出一定要求和挑战;
➤ 高风险的野外行动:目的是使学习者对自己和他人有更深刻的了解,最大限度地激发潜能,培养多方面的能力和意志。[1]

成功的户外培训项目必须有清楚的目标和详细的指导说明(如对培训基地的具体说明等)。其中,清楚的目标是培训成功的基础。如果项目设计不合理,户外培训充其量只能实现娱乐的功能,即使学生有愉快的感受,也很难有学习收获。户外培训的规划可以按照以下步骤进行:(1)确定户外培训行动的问题情境;(2)确定培训策略和培训内容;(3)确定参加培训的人员和组织,分析其动机;(4)确定参加者可利用的资源;(5)决定各阶段的行动和规则;(6)确定评价方法;(7)准备所需的材料。

(四)安装与调试教学法

1. 安装与调试教学法概况

(机电设备)安装与调试是工业企业中对常用机电设备进行安装、检测、调试、换线、维护保养与故障处理的工作,是生产部门十分重要且不可或缺的工作任务。尽管机电设备种类繁多、应用场景复杂,但它们一般具备相似的工作原理和作业流程。技术人员完成设备安装与调试任务的工作过程一般是:接到工作指令,实施前期准备→机电设备的基础安装→机电设备电、气、液系统安装→机电设备通电(气、液)后检查→驱动程序安装与调试→治具的架设与调试→空跑试车→交机使用。完成任务以后,还经常需要对使用部门进

---

[1] [美]盖瑞·凯朗特:《培训探秘》,曹淮扬译,315~323页,北京,企业管理出版社,2001。

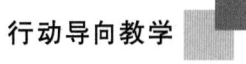

行必要的培训和指导，之后方可正式将设备交付生产部门使用。

在职业教育中，学生通过对一台(套)机电设备进行安装和调试，可以学习范围广泛的专业知识和技能，包括程序性的知识和通用的分析方法。鉴于安装调试的重要性和复杂性，"设备安装与调试"不但是企业培训中的重要教学方法，其本身也是重要的学习内容。在复杂的实践问题情境中，学生通过设备安装和调试工作，学习解决问题所需的知识技能，感受和评判工作过程的价值，形成自主决策能力并积累工作经验。学生获得的策略性知识可以迁移到类似的工作情境中。此类学习以小组方式进行，可促进学生社会能力的发展。

从职业教学论的角度，教师要根据学生的实际能力，选择难度适当且有意义的工作任务，从宏观层面系统化地设计清晰的教与学的过程。专业知识学习只有与认知策略相结合，才能形成工作方法。教师应引导学生学习具体的工作方法，如产品技术分析，工作流程的优化和质量控制等，帮助其对已完成的工作进行总结和反思。

2. 教学过程

安装与调试的实施大致分为四个阶段：一是引入阶段，教师向学生介绍待安装调试设备的具体情况，根据实际设计解决问题的过程；二是对设备进行分析，确定安装与调试方法；三是安装与调试过程本身；四是对已完成的工作进行反思，总结如何把在工作过程中学到的知识应用到其他工作中。以上教学过程可以进一步细化。

(1)描述故障状况，引入课题

教师向学生介绍待安装调试设备的技术要求，学生表达自己对工作的理解。工作任务的内容应有一定吸引力，能引发学生解决问题的意愿。

(2)明确任务中的问题和目标

学生对待安装调试的设备进行分析，包括设备正常状态、技术参数等。学生明确工作任务的细节；教师引导学生从技术、经济、人身安全和环境保护角度考虑是否应该接受这个维修任务。

(3)初步规划解决方案

学生基于已有经验制订安装调试方案。应鼓励学生表达自己的想法，必要时可提供更多的技术资料。鼓励学生利用现有信息，独立学习制订解决方案所需的知识。

(4)确定解决问题的最终方案

收集各小组的初步方案，通过提问和启发式讨论，师生一起确定最终的安装调试方案。各组可根据实际情况将自己的想法纳入实际方案中，形成个性化的工作计划。对于制订计划的过程中出现的一些想法，学生可在小组中进行深入讨论。工作计划可用流程图或表格形式呈现。

(5)实施安装与调试

学生根据工作计划进行设备的安装和调试工作。在此过程中，教师退居幕后，主要作为咨询者和指导者解答疑惑。

(6)检查、功能测试及验收

学生在完成任务后自己进行功能检查和测试，最终验收由教师完成。师生一起比较工作计划和实际工作步骤的差异。教师鼓励学生优化工作计划。

(7)完成安装调试报告

基于前期工作,学生在教师指导下形成一份安装调试报告,记录整个工作。

(8)评价和推广利用

师生共同回顾整个学习过程,对各环节的情况进行评价。通过反思,学生应理解安装调试工作的一般程序,设想如何将所获经验应用到其他情境中,实现知识的迁移。分析涉及的技术可作为单独的教学主题供今后讨论。[1]

3. 实际案例

RS-JD 加工中心实训台的安装与调试[2]

学习任务描述:某高职学院 RS-JD 加工中心实训台装有 FANUC 0i mate D 数控装置、串行主轴控制方式,主轴电机装有光电编码器,配有斗笠式刀库、十字工作台、X 轴、Y 轴、Z 轴采用交流伺服电机驱动,X 轴、Y 轴另配有光栅。RS-JD 加工中心实训台(见图 4-8)由电气控制柜、伺服控制柜、数控装置控制柜、十字滑台、立架与主轴装置、斗笠式刀库、气动控制台七部分组成。

图 4-8　RS-JD 加工中心实训台

该实训台已安装好,为防止损坏,不能将全部线路重装。要求学生在用接插件完成部分接线任务的同时,现场查阅、绘制实训台电气总连图,进行参数的传输、查阅及伺服参数的计算与初始化;查阅 PMC 程序;进行参考点的设置、光栅尺的安装与设置以及对机床进行功能和精度测试。

学生需要独立进行首次开机前后的电气系统与安全装置检查、气动系统的调节与检查。现场解释急停、准停、面板控制、回零、主轴回转、松紧刀、Z 轴锁紧、选刀等功能的动作原理,电气控制、I/O 接口、PLC 程序与相关参数。独立操作屏幕键盘,介绍参

---

[1] [德]于尔根-彼得·帕尔:《职业教育与培训教学法纲要》,庄榕霞、葛囡囡、赵志群译,253~262 页,北京,光明日报出版社,2019。

[2] 由于在职业院校很难有机会对真实的生产设备进行安装调试,本案例采用很多学校都有的实训台作为载体。案例节选自王晓勇老师和苹果公司"A+雏鹰计划"开发的学习工作页。

数、PMC 及告警信息页面。学习时间为三周。

工作与学习过程：

(1)完成 CNC、βi 伺服驱动器、电磁阀及刀库的电气连接并进行考核。观察实验台各电器和接线端编号，绘制加工中心综合实训台系统总连图；绘制数控装置、I/O 接口图、刀库电气控制图、系统气路图等。时间为四天。

(2)参数的传输、备份及伺服控制参数的计算与初始化，指定参数的阅读、调整与解释。时间为两天。

(3)PMC 程序的阅读与部分程序说明，介绍 PMC 程序的修改与传输方式。时间为两天。

(4)进行参考点的设置、光栅尺设置，进行回零、主轴换刀等功能测试和位置精度检测(装有高精度铣床通用光栅数显表)与参数补偿。分组解释机床回零、主轴松紧刀、半闭环改全闭环等功能的动作原理，相关参数与传感器位置、电气与气动控制过程。时间为四天。

(5)现场操作考核与答辩，撰写安装调试总结。时间一至两天。

4. 总结

设备安装与调试的教学目标是在传授专业知识和技能的同时，培养学生的专业认知能力和技术操作能力。在此，学生需要付出较大的努力和投入，教师需要选择有吸引力的案例性任务，才能有效地促进学生思维能力的发展。

从教学范围和适用领域来看，安装与调试两个工作阶段相互融合、互为补充。学生不仅在学习过程中学习安装与调试方面的知识技能，而且可以从学习与认知的角度将分析方法与综合性工作方法结合起来。鉴于不同设备的差异性，在具体工作实际操作中经历的细节，有可能激发学生的强烈学习兴趣。

本方法对学生的要求是：具有战略规划能力和分析能力，以及良好的团队协作能力及意愿。教师的主要任务是找到适当的教学对象(机电设备)，在设计学习任务时要考虑学生的能力水平和已有工作经验，为学生提供灵活发挥的空间，培养他们的认知能力。[1]

安装与调试教学是典型的行动导向教学，教师在备课时需要在仪器设备、学习资料以及教学组织方面投入大量准备工作。教学过程中采取的具体的教学组织方式和方法，在很大程度上与可供选择的设备类型和数量有关。

---

[1] Herkner, V., "Lernen in und für Situationen der Anlageninstandhaltung," *Berufsbildung*, 2003(79), pp. 12-14.

第五章 新时代的职业院校

以信息技术为突出代表的新技术的发展极大地提高了知识的生产、传播与转移的效率，这为职业教育发展提供了更好的平台，使职业学习有可能跨越物理空间和时间障碍，形成多元、自主、泛在和智能化的新型学习模式和教学组织方式，也为职业院校的发展提供了新的可能。

一、新时代职业教育机构的组织特征

现代教育体系是一个开放的体系，是一个为所有社会成员的个人和职业发展提供多种机会的立交桥。无论什么家庭出身、占有财富多少以及以前所受教育程度如何，人们都应随时在这里得到学习机会。教育成为所有人的生活中不可或缺的组成部分，其结果不再是扩大不同知识占有量人群之间的鸿沟，而是提高所有人的能力，教育成为每个社会公民的终身需求。

现代职业教育的实施已经很难限定在传统的校园内。例如，美国雇主(包括企业、政府和军队)的教育培训投入已与全部高等院校的花费相仿，而德国和瑞士约一半人口接受双元制学徒教育，并在工商界甚至政界获得了晋升机会。职业教育与市场发展具有紧密的联系，也有竞争激烈和优胜劣汰的特点。职业院校不仅要具备技术、设备、组织和人力资源，还必须发展成为具备竞争力的学习型组织。要想在未来发展中保持旺盛的生命力，新时代职业院校应具备以下特点(见图 5-1)。

图 5-1　新时代职业院校的组织特征

1. 满足学习者的多方需求

职业院校要满足学习者个人、社区发展和劳动市场对职业教育培训的内容、形式以及费用等方面不断变化的需求，满足学习者当前和未来发展的需要。学校为学习者提供综合性服务，而不是简单的一次性课程。其实质是，为学习者的生涯发展提供方案，与其建立终身的学习伙伴关系。

职业院校应树立长期合作和建立长期顾客关系的观点，不把学生(员)看成是一次性光顾的客人，而应更加关心他们的全面要求，通过研究教育培训服务和课程的综合价值以及

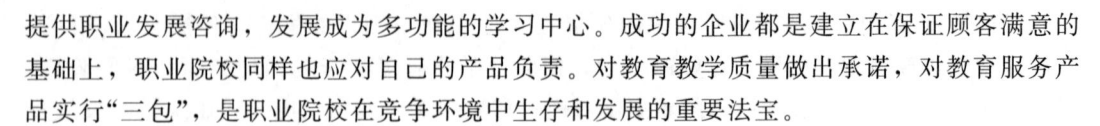

提供职业发展咨询，发展成为多功能的学习中心。成功的企业都是建立在保证顾客满意的基础上，职业院校同样也应对自己的产品负责。对教育教学质量做出承诺，对教育服务产品实行"三包"，是职业院校在竞争环境中生存和发展的重要法宝。

2. 快速响应市场的要求

新时代学校必须制定自己的发展策略，快速预测和响应不断变化的市场要求。市场竞争的胜负关键在于提供的教育培训服务是否适销对路、"上市速度"（提供新专业或课程）的快慢和管理的优劣。市场响应速度取决于学校的教育思想、组织管理模式和教职工的整体素质。

3. 有针对性的教学策略

新时代职业院校借助教育思想、组织管理和教育技术手段的创新，为不同智力条件、文化基础和学习能力的学习者提供适合的教育培训。教育技术包括两个方面，即教学策略和技术手段。孔子曰"有教无类"，学校针对培养目标和学习者的基础制定针对性的教育策略，才会有足够而持久的吸引力。目前，我国多数学校已具备基本的教学设备和教师资源。要想提高学校应变的敏捷程度，仅重视物质环节是不够的，还要重视非物质环节因素。采用可重构和可扩展的灵活组织方式，在投入较少新设备、新人员的情况下，可提高学校的反应能力，从而快速而经济地开设新的专业和课程。

4. 多能型的教师资源

教师是学校的关键性资源，而教师资源的开发，即使在发达国家也远远不够，很多科技含量很高的教育研究成果，远未成为师范院校教师教育的学习内容。新时代的职教教师是具有较高职业能力的知识化员工，他们能在灵活多变的工作环境中独立解决不断出现的新的专业问题，这要求每个教师都有终身学习的能力，成为学习型员工，从而保持自己对学校的价值和持续的可雇佣性。教师具备较高的灵活性是提高学校灵活性的前提。那种学校因人设课的日子一去不复返了，"教一门，会两门，学三门"成为教师职业发展的必然趋势。学校应为教师提供获取、保持和发展职业能力的方法和途径。

5. 基于团队组织的核心竞争力

职业教育过程的复杂性与日俱增，如果仅依靠学校内部资源开发，职业院校将处于被动的不利状态，因为它们必须不断努力获得事实上是永无止境的新的资源。新时代职业院校应当在内部和外部都开展广泛的协作，把团队化作为一种核心能力，以迅速获得和集中所需能力，独立或联合开发、提供并支持新的课程，如通过团队教学承担单个教师无法完成的教学任务。教职员工在小组内部和其他小组之间共享权利，在学校和部门之间分担任务压力。

6. 基于学习型组织和校园文化

新时代职业院校要不断发展其核心能力、组织结构和校园文化，以便预测和快速响应不断变化的社会和学习者个人的需求。能否及时开设新的、有良好社会效益和经济效益的专业或培训课程，在很大程度上取决于对社会和企业人才需求的响应和教育理念的创新程度。为此，必须建立新的组织结构和校园文化，接受而不是排斥创新，迅速适应和创造新的学习环境。

二、职业教育集团：网络联盟

20世纪90年代以来，我国的职业教育集团逐步建立和发展，开始时多为自发的区域性职教合作组织，此后形成了多种组建模式。职教集团是职业院校、行业企业等为实现资源共享、优势互补和利益共赢而形成的联盟式的教育团体，是职业教育办学机制改革、实现优质资源开放共享的重要模式。职业教育集团以其规模化、连锁化等特点成为教育领域发展迅速的组织形式，这在很大程度上体现了网络联盟的特点。

(一)网络联盟学校

新时代职业院校已从单纯为学生提供教学服务，转变为给受教育者的生涯发展提供持续性的支持。它不仅提供一次性的教育培训，而且要长期满足学习者的发展需求；不仅要满足学习者个人的需求，也要满足所有相关方(如企业、政府、教师和家长等)的需求。只有满足各方面的要求，职业院校才能具备长期发展的潜力。

目前，职业院校还不能完全满足所有有关职业教育培训的社会需求，这里的主要问题是专业和课程不符合需求以及教学质量欠佳。由于资金等方面的限制，学校不可能仅仅通过购买设备和扩大规模等外延办法发展，而必须走内涵发展的道路，协作成为有效利用资源的主要对策。怎样才能在引进先进职业教育思想和课程模式的同时，改革学校管理和运行模式，充分发挥现有教育资源的作用？制造业"分散网络化"生产模式给未来的学校发展提供了有益的启示。[①]

按照传统的理解，职业院校是有计划、有组织开展系统性教育的机构，它独立承担教育教学任务并控制自己的行为。网络联盟则是通过(互联)网络连接的、由多个机构组成的松散性组织，机构之间具有协作或联盟关系，能共享知识和资源，并能协同提供一种或多种教育培训服务。处于联盟中的教育培训机构，如各类学校或企事业单位等，可以被统称为网络联盟(Extended)学校。这种协作或联盟关系可以最大限度地发挥各自的优势，通过向学习者提供综合化的教育培训服务，在更好地满足社会、个人和企业需求的同时，实现每个联盟伙伴自己的目标。

图5-2描绘了网络联盟学校的一种总体结构。网络的校外联网涉及网络课程资源和教学平台，在学校内部涉及入学注册、学籍管理、师资和相关公文等管理事宜。例如，西门子自动化教育合作项目(SCE)与中国三百余所高校和职业教育机构建立合作关系，通过建立基础原理与实操型实验室、系统综合能力实验室和全流程智能制造实验室等不同方式，培养"合格工程人员""卓越工程人员"和"业界精英"等多种层次的技术人才，并开展多种方式的教师培训。尽管项目执行团队仅有20余名核心员工，但通过先进的技术和组织方式，

---

① 参见张曙：《分散网络化制造》，北京，机械工业出版社，1999。

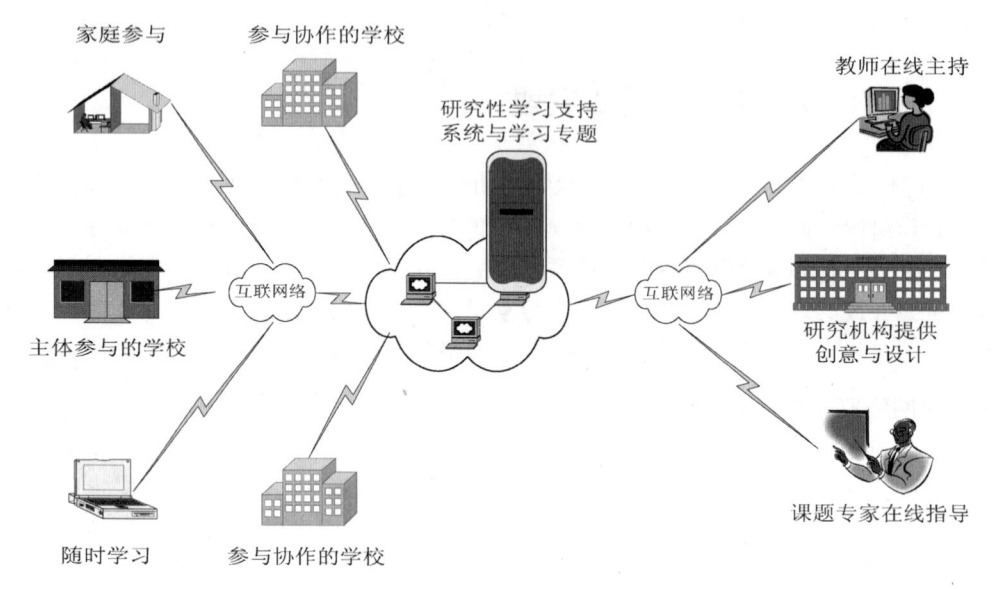

图 5-2　网络联盟学校的基本构成

有效调动着西门子全球培训网络为其教学服务。① 通过网络联盟学校的建立，具有不同教育资源、共同市场的合作伙伴秉承利益共享原则，借助特定的联结纽带，如课程、师资、契约和资产等，共同提供教育培训服务，扩大职业教育培养规模和共同提高职业教育质量。

(二)网络联盟的类型

网络联盟学校改变了传统学校的组织结构和工作形式，提高了学校的工作效率和新的教育培训服务开发能力，缩短了推出新专业新课程的周期。建立网络联盟学校可以达到以下目的：(1)充分发挥现有教育资源的潜力；(2)优势互补，联合起来开发新的课程；(3)用虚拟手段进行学校布局和结构调整；(4)通过合作，提高教育培训的快速响应能力。

根据不同情况，网络联盟学校有以下三种类型。

1. 一主多从型

在一主多从型的网络联盟学校中，有一个"盟主"和多个"盟友"。盟主是相对固定的，一般为传统的大型综合性职业院校或大型企业的教育培训机构。盟友与盟主的关系相对灵活，盟友一般规模较小，但具有某一方面的特色。盟主学校的区域性或专业性特征比较强，一般可以从政府和社区获得较多的直接支持，在一个或多个领域有较强的教学实力和较多的教学经验，只有在开设新的、特定的专业(课程)或想达到特定的目的(如对外联合办学)时，才依靠联盟伙伴。

---

① 西门子(中国)有限公司数字化工厂集团：《学之道，取之于授，获之于行——西门子自动化教育合作项目报告》，1~14 页，2019。

2. 专业型

一般依托某一个专业部门或企业，具有某一领域较高技术水平和特别的培训能力和教学设施，如西门子管理学院的联盟伙伴北京飞机维修培训中心(CCTA)。这种小型培训机构是知识型和智能型的，虽然培养规模不大，开设的专业和课程数量也很有限，但是由于具有某一领域（如高级别飞机维修）的专有教学能力，所以具有不可替代的地位，是联盟重要的组成部分。此类学校在联盟中可作为多个盟主的盟友，通过联盟实现专有技术、人才和设备的社会化和商业化，实现利益分享。

3. 动态联盟型

随着教育需求机遇、核心资源、合作伙伴、能力供应链以及风险和利益等关系的变化，网络联盟的主导学校可能发生变化，"盟主"地位可能动摇。谁能最先抓住机遇，并对一个教育产品的概念和关键技术有所创新，谁就最有可能获得领导权。动态联盟型学校成功的关键在于如何建立满足受教育者需求的合作教育的运行机制，使教育资源得到有效利用。目前典型的动态联盟型学校不一定是特别强势的院校、教育服务组织或企业，如广东物联网协会及其合作院校和企业，它们往往有比较明显的弱势，如企业规模较小等，但具有机制上或某一项专门资源的优势，能通过多个或不断变换的合作伙伴和合作方式实现共赢。

(三) 建立网络联盟的关键

建立网络联盟的目标，是利用不同机构的现有教育资源，将其迅速组合成一种没有围墙的、超越空间约束的、依靠现代信息手段联系的教育实体，以提供更加丰富多样的课程和学习机会。网络联盟学校除必须有完整的信息技术设施外，与传统职业院校在组织管理和人员要求等方面也有很大的区别（见表5-1）。

表 5-1 网络联盟学校与传统学校的区别

传统学校	网络联盟学校
一系列教学活动和策略实施的总和	专业（或课程）生命周期所有过程和相关组织的集成
按照一个线性的、稳定的、可以预测和控制的线路发展	根据市场机遇和竞争能力动态组合而成
组织结构是多层次的金字塔式结构	非常规扁平网络
学校内部各部门之间及合作伙伴之间有明确的界限	界限模糊，信息透明，以过程功能链和培训链为特征
信息以分工为基础，必要时按照优先等级进行处理	信息按照是否有用独立处理，有关人员都可分享

网络联盟学校是以人为中心的组织模式。它在充分利用现有教育资源（包括人力资源和教学设施）的基础上，借助信息技术和团队协作，快速、低成本提供高质量的职业教育服务，实现教育资源的虚拟重组和优势互补。联盟能够快速、并行地组织不同机构（学校和企业等）开发课程并进行教学，快速将与特定课程有关的教育资源进行重组，提供高效

率的教育培训。在教育教学过程中，联盟单位应就课程开发和实施的各个方面（如教材、教学设备、教学方法和教师等）进行及时交流。

建立网络联盟学校需要一定技术和组织基础，这主要包括如下方面。

1. 教育资源信息网络

在网络上提供联盟成员拥有的教育教学资源和专有技术，以便相互选择伙伴，建立动态联盟，快速感应、开发和提供新的教育服务。

2. 快速课程开发和教学培训网络

将不同职业和技术领域、多种层次的就业市场调查、工作分析、课程、教材、媒体制作等加以集成，形成系列的、综合的快速开发课程工作程序。职业教育要想提供高新技术方面的培训，往往需要复杂而昂贵的设备和受过良好教育、经验丰富的高素质教师（培训师）。购置这些教学仪器设备和长期雇用教师投资风险大，利用率可能不高。网络联盟学校可以充分发挥现有设备的利用率，合理利用社会的教育和人力资源，减少费用。

3. 全面质量管理和客户服务网络

在职业教育领域，质量有两方面的含义，一是要满足课程培养目标的要求（如职业资格或技能等级证书），二是要获得客户的满意。网络联盟学校顾客的含义是广义的，除了受教育者，每一项工作的下一步接受者也都是顾客。

在网络联盟学校的质量保障体系建设中，质量管理和质量保证体系建设，如ISO9000国际质量标准体系等具有重要的借鉴意义，其关键是GB/T19001-ISO9001（质量体系——设计、开发、生产、安装和服务的质量保证模式）在教育培训领域的具体化。表5-2是对GB/T1ISO900第4条"质量体系要求"20个基本元素所做的"职业教育化"处理。

表5-2 职业教育的质量体系要求

编号	内容	编号	内容
1	学校领导的教育质量方针	11	考试的组织、出考题和考试用品
2	学校教育质量保证体系	12	考试考核状况
3	学校与用人单位的培养合同评审	13	不合格学生的处理措施
4	课程开发	14	纠正和预防不合格的措施
5	教学文件及资料控制	15	交付使用（根据具体情况确定）
6	教材与教学媒体采购，教师评聘	16	考试记录
7	用人单位所要求的学生入学水平	17	内部质量审核
8	教学过程的一致性和可追溯性	18	师资培训
9	教学过程质量控制措施	19	为用人单位提供的咨询服务
10	考试与考核	20	统计技术说明

ISO9000的持续改进策略还可以引导职业院校建立有效的自我完善机制。例如，通过质量目标将持续改进原则落实到相关过程、部门与人员；利用监测和分析结果评价质量管理体系的适宜性和有效性，发现持续改进的机会并实施改进。在此，PDCA循环管理法具

有重要的意义。PDCA，即英语 Plan（策划）、Do（实施）、Check（检查）和 Action（处置）的第一个字母。

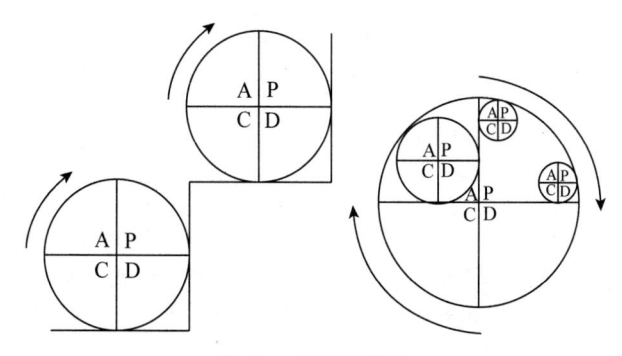

图 5-3　PDCA 循环

PDCA 循环（见图 5-3）有两个特点：一是循环周而复始，阶梯式上升，四个过程不是运行一次就完结，而是周而复始地进行，每次循环都有新的目标和内容，水平逐步上升；二是大环套小环，小环保大环，彼此促进，大环和小环都围绕方针目标朝一个方向转动。表 5-3 为职业院校建立的 PDCA 循环案例。

表 5-3　职业院校 PDCA 循环案例[①]

阶段	步骤	案例 主要方法	案例 事实简述
策划 P	找出存在问题	数据统计表 水平对比法 条状图	由于学生判断与排除故障的能力不够，职业资格考核通过率大大低于设定的质量目标
	分析引发问题的原因	"头脑风暴"法 因果分析图	原因：课程目标不能满足职业标准要求；教师缺乏实践经验；教学形式不利于学生能力的形成；教学设备不足；教学资源不足以支持目标的实现……
	找出主要原因	调查表 排列图	主要原因：课程目标未满足职业标准要求；教师能力不足
	针对主要原因制订计划，明确 5W1H：Why，What，Where，Who，When，How	过程方法； 设定目标； 确定达到目标的途径和方法； 明确各项措施的责任部门或人员； 规定完成任务的时间表	（因篇幅有限，仅简述措施） 纠正（消除不合格）：依据职业标准要求制订补充教学方案，聘请有经验的企业维修人员，协同专职教师实施补充方案； 纠正措施（消除不合格原因）：招聘富有企业经验的教师；制订现有教师培训计划，培养其实践能力、行动导向教学能力

[①] 李永生、林喜乐：《职业院校引进 ISO9000 质量管理体系的实践报告》，北京千秋业教育顾问公司，2019。

续表

阶段	步骤	案例	
		主要方法	事实简述
实施D	执行计划	严格执行计划	系部负责制订补充教学方案并组织实施；人力资源管理部门负责、系部协助完成教师招聘；系部负责、人力资源管理部门协助制订并实施教师培训方案
检查C	检查执行效果	过程审核 数据统计表 水平对比法 条状图	组织未获证学生再次参加职业资格考核并分析考证成绩；通过询问、查看记录、现场观察等方法审核补课、教师招聘、教师培训措施的实施是否符合要求
处置A	巩固取得成绩	将工作结果纳入相关标准和制度	修订：人才培养方案与课程标准；专业教师任职条件、教师培训管理办法
	遗留问题和新问题转入下一个循环	整理本循环未解决的问题和新发现的问题	教学设备不足、教学资源不足的问题进入下一个循环

4. 电子财务和信息管理网络

网络联盟学校的业务活动涉及多个教育实体，快速、有效和及时的信息传送系统和财务管理网络，是实现联盟目标的重要条件。

在网络联盟学校的组建和运行中还要解决一系列的问题，其中，统一观念、选择合适的合作伙伴和建立合理的信息交流和管理系统具有重要的意义。

三、职业院校的组织发展

(一)"组织发展能力"是核心竞争力

在市场经济环境下，成功的企业每天都在努力进取，以赢得激烈的竞争，企业员工也必须相应地不断学习和发展。同样，成功的学校也必须是一个持续进步的学习型组织。只有具备不断发现、获取和传播新知识的能力，并在此基础上不断改进的学校才能生存和发展壮大。

处于网络联盟的学校，其硬件方面的缺陷比较容易通过联盟学校弥补，学校发展成功与否的关键在很大程度上取决于软件，即人的因素；全体教职员工是否能全身心地投入工作，与学校同舟共济、荣辱与共。影响学校生存发展的关键是学校内部各团队及其个体的发展，即学校作为一个组织是否能够顺利有效地发展。

具体来说，学校的"组织发展"[①]的目标是持续提高学校的教育教学质量和工作效率，

---

① 组织发展是指一个组织机构(如企业、学校或事业单位)及其员工作为一个整体的长期的发展和变化。组织发展的基础是所有人员直接参与以及通过经验来学习。组织发展是一种组织学习的过程，与通常所说的党组织发展不同。

不断改善教职员工的工作和生活质量,使学校在激烈的竞争中立于不败之地。这个发展目标只能通过全体教职员工的共同努力和提高来实现,其基础是不间断地学习。

要想顺利实现职业院校的组织发展目标,必须在以下五个方面做出努力:系统化的思考、个人和团队的持续学习、专业化的团队合作、共同构建和发展组织结构,以及发展校园文化(见图 5-4)。[①]

图 5-4 组织发展的途径

完成这些任务的前提是,在教职员工中建立个人学习和团队学习的良好环境和文化,并建立、发展相应的组织结构。

1. 系统化的思考

组织发展的首要条件,是具有系统解决问题的战略构想。新时代职业院校在制定发展策略时,必须首先关注学生的行为,将学生作为学校这一系统的工作中心。在现代化的职业学习中,学习者的学习过程在很大程度上是一个自我管理的过程。学校的系统化策略首先要为学生进行自我管理式的学习提供保证,这包括:(1)充分理解学生,设法使其保持浓厚的学习兴趣和较高的学习期望;(2)学生有机会参与设计学习过程,如学习内容和时间安排等;(3)学生能够及时从学校、同学以及有关部门得到有效的帮助和资源;(4)学校提供的学习资料和媒体适合采用自我管理式学习,如引导文和网络资源等;(5)学习进步显著者及时得到奖励。

2. 个人和团队的持续学习

组织发展的基础,是所有成员的直接参与、持续的学习和不间断的经验交流。新时代学校通过全体教职员工的共同学习提高工作能力和绩效,并由此发展成为学习型学校。在学习型学校中,人们具有共同的志向,通过相互学习和持续学习,不断提高能力并产生新的思想。

在学习型学校中,学习不再是一种个体的感知和个体的行为变化,而是从个体感知和个体行为逐渐扩展到组织的行为变化过程,并最终对外界产生积极影响的组织学习行为。图 5-5 显示了个体学习向组织学习的转化过程。

---

① Garvin D. A., "Das lernende Unternehmen I: Nicht schöne Worte, Taten zählen," *Harvard Business Manager* 1994(1), p. 74.

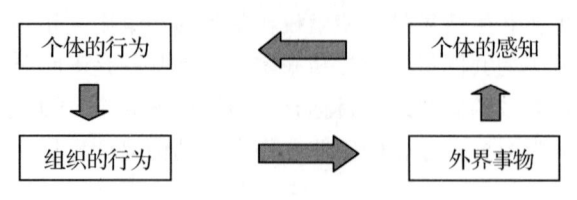

图 5-5　组织的学习

在学习型学校中，教师必须学会认识、适应甚至主动建构自己的新角色，他必须不断审视、评价自己的教学行为，优化今后的工作计划和策略过程。这样，掌握系统解决问题的方式方法（如思维导图、主持参与式研讨会、绘制流程图等）就成为教师的基本要求。只有所有教职员工都对自己的行为不断反思，才能实现组织的持续学习。

3. 专业化的团队合作

学习型学校能够不断探索和尝试新的教育教学方案，能够从自己和别人的经验教训中不断学习，并快速高效地将个人的知识扩展到整个组织中，其基础是专业化的团队合作，这既包括教师的团队教学，也包括学生的团队学习。在实践中，这首先表现在从领导到普通职工，从教师到学生，都有参与建构学校教学过程的愿望和能力，只有这样，才能在人性化的教学中提高质量和效率。成功的团队学习，不但可以改善学生的学习状况，而且还能对其未来的发展产生影响。专业化团队合作的关键，是团队成员的职能划分和成功经验的及时分享。

4. 共同构建和发展组织结构

设计整个教育教学过程并提供相应的组织和物质条件，是职业院校全体成员的责任，包括每一个教职员工和学生。应创造条件，让每一个部门的领导、普通教员甚至学生都对整个系统负责。[1]

职业院校共同制订组织发展计划，就是共同制订教育教学改革计划。这个是一个双轨制的策略过程：一方面，它以学校传统的垂直管理为基础；另一方面，它还融入了柔性化的水平决策过程，如通过由教师和学生组成的项目小组进行决策等。组织内部广泛而深入的信息交流是制定合理策略的前提。学校管理的任务不是直接指挥学校发生变化，而是对学校的人员进行组织设计，如成立教师团队和项目小组，使其具有为实现目标而进行自我管理的能力。领导的任务是支持这些团队不断尝试新的方案。

5. 发展校园文化

在学校里，共同构建和发展组织文化，首先意味着消除部门之间的隔阂、建设性地处理冲突、决策透明以及教师团队和学校领导层的密切合作。

（二）领导的关键作用

是否能够有效激发利用教职员工的全部智慧、能力和热情，是影响职业教育机构发展或经营成败的重要因素。职业院校和培训机构均受到提高质量和增加服务的压力，而终身

---

[1] 参见［美］彼得·圣吉：《第五项修炼》，郭进隆译，上海，上海三联书店，1998。

教育体系的形成和发展,又要求各类学校和学习者的职业发展结合起来,职业教育和生涯发展咨询结合得越来越紧密;隶属于企业的教育培训部门,也必须证明其在企业发展战略中的地位。为了应付这些挑战,必须促进职业教育机构的组织发展。

促进学校的组织发展核心是提高学校的学习能力,其首要任务是把学校建设成为一个学习型组织。在此,学校领导扮演着十分重要的角色,他既是学习的组织者、知识的传授者和学习顾问,又是学习的促进者(见图5-6)。

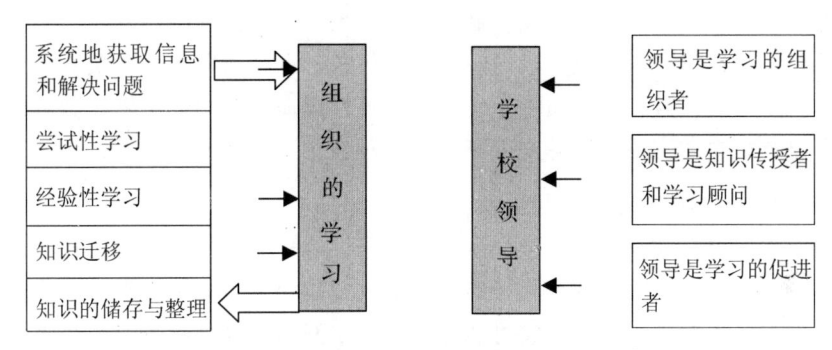

图 5-6　领导是组织学习的组织者和促进者①

校领导应当不断寻找为个人、社会和企业提供新服务的机会,应创造条件,使每一个部门都能有效利用所有教职员工的能力,使他们得到持续的培训,特别是在工作过程中的学习。每个教职员工和学生也要知道自己对学校声誉的直接影响,并能采取相应的行动,将自己融入学校总体发展战略中。这里,应重点解决组织结构和人员发展两方面的问题。

1. 组织结构

职业院校应建立高效的组织管理体制,最大限度地发挥中央领导机构的职能,并使各个部门独立承担一定的责任。这个体制的特点是:(1)组织领导结构透明;(2)各部门具有明确的任务和职责,学校领导不再负责整体规划和控制;(3)建立每个职工都有接口并可利用的信息系统,统一信息交流规则,校领导可以随时调用所有信息。

高效灵活的管理机制的另一重要特点是扁平化结构。扁平化生产组织方式改革,是实现学校的学习化和柔性化发展战略目标的必经途径,它可在现有垂直部门分工的基础上逐步进行。跨部门的柔性化组织因事而设,可根据任务灵活扩展或取消。在组织发展过程中,反馈具有重要的意义。要认真对待每一个员工的每一个新想法,并促其变为现实。能建设性地对待批评,特别是学生和家长的批评,是学校创新过程的导火线。

2. 人员建设

在人员建设方面,校领导的首要任务是制订教师资源的长期发展计划。校领导要明确所有教职员工的现有知识和能力水平,为每一个教师制订个性化的长期能力发展规划,并为其实现这一计划创造外部条件。

---

① Grüner H., *Bildungsmanagement im mittelständischen Unternehmen*,Herne,NWB-Verlag,1999.

持续的个人发展离不开继续教育。对于学习型组织来说，领导和普通职工在继续教育中都肩负着重要的责任，只有有效地利用个人学习的成果，才能实现组织的学习。组织成员的共同学习和经验交流，比单独的外派学习（如攻读学位）的意义更大，应更加关注外购教育培训的服务质量。

新时代职业院校通过相应的措施，调动全体人员的积极性，共同发展学校的组织文化，即校园文化。校园文化发展重点在于持续提高团队合作质量，促进师生参与管理和解决冲突能力的发展。学生是校园文化发展的重要力量。[①]

持续提高教育教学质量既是学校组织发展的任务，也是教职工自我负责、自我管理的学习的任务，学校应将教育工作质量保证作为学校持续提高和教职工继续教育的内容，特别关注教育评估材料的实用性，并充分利用各方对教学过程的反馈意见。

（三）行动导向的组织发展项目

学校的组织发展是涉及整个学校和所有教职员工的长期、持续的变化过程。每个组织每天都在不断发生着变化，这些变化可能是主动或被动的，即便组织没有明确的组织发展目标。组织学习过程有不同方式，它可能是事先计划好的，也可能是对某一事件的即兴反应。一般来说，组织机构规模越庞大、等级划分越森严，变化起来就越困难。

职业院校的组织发展是学校学习能力的发展和提高，它取决于学校教职员工的个人和团队状况、学校内部结构和学校外部的社会关系等因素。学校的组织发展是一个学习或继续教育过程，其基础是所有人都积极参与和经验交流。有目的的组织发展可以帮助学校发现积极或消极的发展势头，为学校的领导、成员、他们的关系以及组织结构提供有益的启示。

由于组织成员往往会处于"不识庐山真面目"的状态，难以了解组织内部存在的问题，涉及整个组织范围的组织发展过程一般需要外来的专业组织发展顾问，他的任务是主持这一学习和变化过程，指出缺陷和改变的可能性。

组织发展是组织成员通过共同学习，实现组织发展目标的过程，在实践中主要通过以下组织学习方式实现：系统化解决问题，不断尝试新方案，从自己和别人的经验中学习，并将所获得的知识快速有效地推广到整个组织中（见图5-7）。在方法上，组织发展以所有成员积极参与为基础，是行动导向的。组织成员共同讨论问题，找出解决问题的方案并合作解决问题，一段时间后还对这一过程进行总结评价。

职业院校的组织发展项目常常以学校内部进行的教育培训或团队建设措施的方式进行，目的是提高整个学校的工作质量和效率。这些行动导向的项目与学校的实际工作重点和教学过程紧密结合，其特点是：

> ➤ 完整性：不管实际问题大小和复杂程度如何，都要完成从获取信息、制订计划、做出决策、实施、质量控制到评估这一整个行动过程。

---

① Höpfner, H. D., *Organisationsentwicklung in Ausbildungsstätten*, Dresden, VMS Verlag Modernes Studieren Hamburg－Dresden，1997，pp. 9-16.

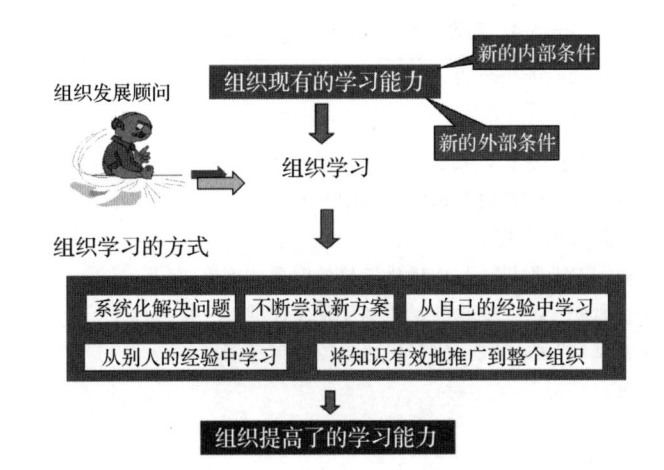

图 5-7 组织学习能力的发展

- 综合性：在完整的、综合化的行动中进行思考和学习，理论和实践紧密结合，解决跨专业、跨部门的问题(如教学诊改)。
- 发展方法能力：组织发展的目标是解决实际问题和进行知识迁移，其过程是教职员工解决问题能力的发展过程，是合作式学习方法的提高过程。
- 尊重个性：以参与者为中心，参与项目的教职员工的行为在项目中起着决定作用。
- 强调对过程的反馈和分析：由外部人员(组织发展顾问)观察组织发展过程，分析学校上级和下级及同事间的交流方式，反馈和分析结果，以此优化组织的行为方式。

组织发展项目常通过行动导向的研讨班(Seminar)启动，在此可制订具体的改革方案。教职员工在组织发展顾问的帮助下，尝试实施这些方案并进行变革。此类研讨班可分为初级班和提高班两种类型。

1. 初级研讨班

初级班的目的是发动全体教职员工参与学习，这包括个体的独立学习和团队的共同提高。在研讨班上，一般由组织发展顾问先做一个小报告，引出要解决的实际问题，再由参与者分组设计解决方案，各小组展示方案，最后大家讨论评价方案的可行性，取得一致后在研讨班结束后的工作中实施。

表 5-4 为某职业学校举办的组织发展初级研讨班，目的是优化学校的经费管理制度。研讨班由组织发展顾问主持。他首先通过员工访谈发现学校存在的问题，并以外部顾问的方式向大家反馈，所有参与者共同感受、反思、讨论存在的问题，解决组织存在的实际问题。

表 5-4　某职业学校举办的组织发展初级研讨班

研讨班题目：优化经费管理制度	
第一天	
9：00	校长报告：中心的现状，发展前景和存在的问题
10：00	财务部门负责人：学校财务制度运行中的问题
10：45	分组讨论，并总结结果
13：30	组织发展顾问专业报告：如何优化学校的财务制度？
14：45	讨论（"头脑风暴"法）：卓越的财务制度是怎样的？
16：15	讨论（"头脑风暴"法）：如何完善优化本校的财务制度？
17：30	第一天结束
第二天	
8：00	组织发展顾问汇报对本校教职工的采访结果：教师的任务和职责
9：00	讨论：完善本校的财务制度，确定每个相关人员的职责和权限
11：00	讨论：制订新的财务制度的试行方案
13：30	讨论（"头脑风暴"法）：学校还有哪些制度需要优化？何时？范围如何？如何检验发展项目成果？
17：00	研讨会结束

适合在组织发展初级研讨班解决的问题有：

- 制订、完善管理制度：参加者为校领导与中层干部；内容为现代领导艺术，如怎样变控制式管理为顾问式管理，怎样有效保证政令畅通；采用的方法有讲解、讨论、分组活动和角色扮演等。
- 解决学校现有的实际问题：如完善教务管理制度，参加者为分管领导、教师和学生，采用分组活动和讨论等方法。
- 课程和教学改革问题：参加者为分管领导、中层干部和教师；内容为了解课程和教学中存在的问题和面临的挑战，处理师生的冲突等；采用的方法有分组活动、讨论、角色扮演等。
- 教师新角色：参加者为教师和中层教学领导；内容为如何增强自我学习意识，了解现代职业学习过程中教师的新角色，如主持人和学习顾问，以学生为中心的教学和行动导向学习等；采用讲解、分组活动、讨论和课程作业等方法。

第一阶段的研讨班结束后为实际应用的阶段。在此期间，需要建立合适的团队并进行实践探索，在此基础上举行第二阶段的高级研讨班。

2. 高级研讨班

在高级研讨班中，教职员工交流前一段实践探索的工作经验和教训，在组织发展顾问的帮助下，进一步明确具体要解决的问题，并制订出下一步的解决方案。适合在此阶段处理的问题有：

- 现代职业教育教学改革的关键问题：如课程和教学方法等，参加者为教师和教学部门领导。
- ➢ 涉及学校复杂社会关系的问题：如建立校企合作关系、新校区的建设、学校部门的改组等，参加者为涉及的全部人员。
- ➢ 解决专门问题：如制定学校的专业发展规划。

以上后两项是组织发展工作的难点和重点。在学校组织发展过程中，要想有效保证普通职工参与制订学校发展计划，可以建立双轨的决策系统，即在不完全脱离现有学校管理制度的基础上，建立一个灵活的扁平化组织结构，其做法是：按照具体任务，由教师和相关管理人员组成项目工作小组。工作小组成员具有平等地位，不管是普通教师还是学校领导。小组民主选举一个主持人，主持小组工作并对外代表小组展示成果。在制订问题解决方案和做出决定时，小组需要与学校领导进行紧密的协调和沟通。

四、职业院校的咨询

在竞争激烈和日趋多元化的现代社会，只有具备强大学习能力的企业才能立于不败之地，只有学习型社区才能满足人民不断增长的物质文化需求。在学习型组织的建设过程中，职业院校可以起到重要的作用。事实上，为了有效促进地方经济的发展，一些职业教育机构也正在努力向"能力中心"发展，即按照实际需求，针对不同服务对象，通过有效的教育培训和指导咨询服务地方经济发展。

人力资源开发领域的一个重要发展是企业大学的建立。企业大学起源于美国，迪士尼公司于1955年首次提出企业大学（Corporate University）的概念，目前世界500强企业中约有四成建立了企业大学。企业大学提供与企业战略直接相关的教育，是促进个人和组织层面不断学习和发展的工具，它因组织需求、商业环境和战略而有所不同，并随着时间推移不断发生变化。[1]

作为融教育培训、组织发展和人力资源开发等功能为一体的综合性机构，新时代的职业院校是一个综合性解决方案的提供者，它为企业发展提供技术、管理、组织，甚至社会学方面的支持。作为能力中心的职业教育机构承担着两种功能：一是开展员工培训，扮演培训者的角色；二是进行新技术推广和能力展示，参与解决生产和服务一线的实际问题，扮演咨询者的角色。这意味着，尽管传统意义上的教育培训不会失去价值，但职业教育机构也应当发展咨询能力，参与甚至发动企业的创新活动，并伴随创新和发展的全过程。

---

[1] de Sá Freire, P. & Dandolini, G. A., "Implementation Process of Corporate University in Network (CUN)," *International Journal for Innovation Education and Research*, 2017(5), pp. 101-126.

(一)咨询与咨询顾问

咨询的基本含义是与别人商量、求问、征求意见和建议。从专业角度看,咨询是专业顾问和需要帮助的委托人之间建立的短期志愿关系;咨询顾问将知识带给客户,使暗蕴的行为更加明晰,帮助客户解决当前或潜在的问题。[1] 咨询机构是运用科学的管理和决策方法以及专业化的技术手段,为委托人提供专门知识和服务的机构。

1. 咨询顾问的角色

在咨询活动中,委托方聘请咨询顾问帮助其解决实际问题,如进行规划、管理或引入新的组织方案,咨询顾问承担了提升组织学习能力的重要角色。咨询顾问有三重身份:一是被委任工作,获取足够的信息;二是帮助委托方提供和选择可用的方案;三是保证委托单位内部承诺的发生,并使组织中的每个成员都能跟上行动的过程。[2]

咨询顾问有内部顾问和外部顾问之分。内部顾问由组织内部成员担任,常常来自领导层,其任务是在组织内部建立相互信赖和合作的学习氛围,促进组织形成学习文化。外部顾问的职责是帮助代理人将所处文化转变成有助于学习的文化,其任务是回顾、分析和更新组织的理念、战略、实践和应用,开发行动计划并修正服务对象的行为,如改进委托单位的交流图式和完善服务模型。[3]

内部顾问的优势是对组织的现有文化和结构有深入了解,有更多的责任感,劣势是作为"当局者"很容易进入认知盲区。外部顾问有较多专业经验,更容易为组织带来重大转变,但由于缺乏对组织的深入了解而有可能带来误判。咨询顾问参与和促进组织学习的较好方式,是由内部顾问和外部顾问共同组成顾问小组。

咨询顾问还可以分为内容顾问和过程顾问。内容顾问向委托人提供专门知识和特色服务(如设计新的系统);过程顾问通过分析组织环境,帮助委托人了解和领悟周围环境发生的事件,并做出相应的决策。内容咨询和过程咨询互为补充。顾问承担边际作用,委托人承担中心作用,他们的合作能够提高各自对组织学习的贡献。[4] 但是,顾问主要还是起补充作用,他无法复制组织成员通过经验已学到的东西。

2. 咨询过程

按照国际管理咨询协会理事会(International Council of Management Consulting Institutes, ICMCI)的定义,咨询是具有特定资格的独立人员为企业等单位提供的服务,包括

---

[1] 赵康:《国际视野中的管理咨询:概念与内涵界定》,载《科学学研究》,2001(4)。

[2] Benne, K., "Intervention theory and method: A behavioral science view," *Administrative Science Quarterly*, 1971, 16(4), pp. 548-550.

[3] Lindberg, A. & Meredith, L., "Building a culture of learning through organizational development: the experiences of the Marin county health and human services department," *Journal of Evidence-Based Social Work*, 2012, 9(1-2), pp. 27-42.

[4] [德]A. B. 安肯尔、[德]C. 克雷布斯巴赫-格纳:《他山之石可以攻玉——顾问作为组织学习的推动者》,见[德]迈诺尔夫·迪尔克斯等主编:《组织学习与知识创新》,上海社会科学院知识与信息课题组译,361~378 页,上海,上海人民出版社,2001。

识别和调查涉及政策、组织、程序和方法等问题,提供行动建议并帮助其实施。[①] 职业教育咨询与一般管理咨询的过程大致相同。麦肯锡公司将咨询过程划分为项目初始期、项目启动期、设计问题解决方案、报告和实施等阶段,《管理咨询专业指南》把管理咨询划分为以下五个阶段。

> 准备阶段:初步接触,初步诊断问题,制定任务大纲、咨询策略和计划,提交客户的建议书以及签订咨询合同。
> 诊断阶段:对目的和问题进行诊断,确定必要的事实,确定资料来源和获取方法,资料分析以及给客户反馈。
> 行动计划:寻找各种可能的解决方案,设计和评价备选方案,向客户提交行动方案。
> 实施:计划和监督实施过程,培训和开发客户员工的潜能,提供改进工作方法的方针策略,新方案的维护和控制。
> 结束:包含评价、跟踪服务以及最终报告。[②]

(二)职业院校的咨询服务

职业院校为企业等提供的咨询服务主要有两种形式,一是针对传统教育培训提供的补充服务,二是为委托方组织的学习过程提供支持。

1. 传统教育培训课程的补充

提供咨询服务是现代职业教育服务项目多样化的显现。在许多教育培训项目中,传授专业技术或商业知识已不再是主要或唯一目标,而是达到更高的组织或社会发展目标的手段。实现这一目标的过程,在时间和空间上超越了传统教育培训课程的范畴。

例如,目前开展得如火如荼的创新创业教育,如果把创建企业作为培养目标,那么其实质已经超越了常规教育培训课程目标的范畴。要想有效实现这个目标,仅依赖传统的教学方式是不行的,因为创业与其他领域,特别是经济和社会发展项目以及相关政策有密切的联系。创业课程除了提供知识技能教学外,还涉及创业启动基金或优惠贷款等一系列政策措施,这也是多数发达国家的通行做法。

针对教学内容和政策环境的要求,职业院校需要采用更为有效的方法。教师不仅要开发合适的教学项目,还要为学习者在真实的"创办企业"活动中提供工商、税务和法律等方面的咨询,帮助其解决实际问题,使就业知识技能学习与具体市场操作结合起来。职业院校要成为(小)企业创建和发展的咨询机构。学员创业成功与否,在很大程度上取决于教师所提供指导的专业化水平的高低。

---

① [英]C. 巴里、[英]R. 乔纳森:《管理咨询国际指南——全球管理咨询的发展、实务及其结构》,钱逢胜等译,11 页,上海,上海财经大学出版社,2003。
② [美]米兰·库布尔主编:《管理咨询专业指南(第四版)》,中国国际工程咨询公司译,111~187 页,北京,学苑出版社,2006。

2. 促进企业组织学习的开展

对企业的学习型组织建设和企业的组织学习提供咨询服务，帮助其针对技术进步、市场发展和国家政策变化等做出适时应对，是职业院校咨询功能的重要体现。组织学习与通常的理论知识学习不同，它是一个组织在寻找实现最佳绩效方法的过程中所做的探索。

组织学习过程是组织的知识管理过程，对企业的经验教训加以系统化的收集和整理，是企业组织学习的重点。组织学习是持续、渐进而覆盖面广的量变过程，是组织成员间知识和经验的传递，与正规的教育培训课程没有必然关系。在企业每一个工作、技术和员工的交汇点，个体都具备一定的知识，承担着知识传授任务，其行为决定着组织学习的成败，但是我们却无法制订一个统一的学习计划。制订个性化的组织学习计划，促进组织成员的自我组织和自我控制学习，需要专业化的咨询服务。

企业在发展过程中需要对过去的经验进行总结、分析并进行相关研究，这不但要跟踪相关领域的最新发展，还要了解竞争对手的做法，即开展"标杆分析"（Benchmarking）。这不仅是数据收集和事实分析，还是一个持续的实践过程，需要相应的伴随性咨询服务，职业院校也应当承担起这个责任。

在现代社会，咨询不是聪明人提供一个成熟的解决方案，而是为委托人提供通向经验性知识的可行途径。按照咨询方案约束性的高低，咨询可分为指导性咨询和非指导性咨询。如表5-5所示，咨询活动可以按照指导性的强弱加以区分。

表5-5　学习咨询活动的指导性与咨询委托人的类型[①]

非指导性			非指导性咨询			指导性咨询	
提出反思问题	观察解决问题过程，提出反馈问题	收集资料，激励思考	鉴定已有对策，帮助评估成果	提供选择方案并参与决策	训练委托人，总结学习经验	提供信息和政策建议，贯彻决定	提出指导方针，劝导或指导问题解决过程
咨询委托人的类型							
反映者	过程专家	实地调查者	候选鉴定人	解决问题和合作者	训练人和评估者	技术专家	拥护者

在咨询活动中，不同的委托人类型对咨询过程有不同的需求。喜欢指导性咨询的委托人会努力采用顾问提供的内容，但对参与学习过程兴趣不大；喜欢过程专家型的委托人，一般能巧妙地促进并参与组织学习过程。为了保证委托人的需求与咨询顾问发挥一致的作用，开展咨询项目应当注意：委托人聘请顾问的理由与其组织和个人的实际需求要一致；咨询顾问要明确自己在哪些方面起作用，而不是参与所有的活动；应明确咨询顾问和委托人的隐性功能，不歪曲咨询过程中各自的角色。

[①] [德]A. B. 安托尔、[德]C. 克雷布斯巴赫-格纳：《他山之石可以攻玉——顾问作为组织学习的推动者》，见[德]迈诺尔夫·迪尔克斯等主编：《组织学习与知识创新》，上海社会科学院知识与信息课题组译，365页，上海，上海人民出版社，2001。

在咨询项目中，咨询顾问的任务是现实的，不要奢望通过一个咨询项目就能完全改变委托方的现状；一个咨询项目如果能通过解决一些具体问题，帮助企业提高一些业绩，就已经很不错了。咨询项目任务的背后隐含着一个学习日程，应根据不同目的采用不同的学习方法。例如，如果想利用不同的方法解决实际问题，可采用单循环学习法；如果想利用新的方法解决问题，则应采用双循环学习法（参见第二章）。

3. 顾问对咨询过程的影响

学习顾问通过多种方式对咨询项目产生影响。一般认为，组织学习从获取信息开始，再进行信息诠释，形成和传播知识，然后变成行动，最后储存在组织的数据库中，这种学习是一个循环往复的过程。顾问对咨询项目的影响体现在以上各个阶段，如：

- 通过直接或间接手段，对委托人的学习积极性造成积极或消极的影响；
- 准确界定问题，即保证诊断的正确性；
- 引进有效的外部信息和经验，使学习者在感情上接受；
- 有效获取企业的内部知识，揭示出那些较少跟领导接触的成员正在考虑的合理、有用的问题；
- 信息的诠释与传播，这是知识获取和知识应用的关键步骤。

咨询顾问所起作用的大小，在很大程度上取决于他和委托人的角色分配。双方应意识到各自的职责，并将其转化为行动。顾问的社会能力对咨询活动成功与否的影响也很大，应特别注意避免太多的外部干预。

最后还需要提及企业中从事人力资源发展的一个特殊人群，即企业的"学习教练"。教练是教授人们如何面对生活和工作存在的挑战的人，企业的学习教练指导学员为实现某个特定目标而制订计划，并鼓励学员克服各种困难完成这一计划。美国职业与个人教练协会（**PPCA**）把企业教练定义为：从客户自身角度和目的出发，教授人们采取行动的步骤和实现目标的方法的专门人员；他以技术反映学员心态，激发学员潜能，帮助学员及时调整到最佳状态去创造成果。

教练的目标是帮助人们成为事业和生活上的赢家，其基本工作是以谈话沟通的形式促成学员主动改变心态。企业的教练过程是与此有关的聆听、提问、区分和回应等。在教练的活动实践中，这些简单步骤中往往有着丰富的内涵，这对教练机构和教练员本身提出了很高的要求。教练员在了解学员的真实态度和动机后，要把学员的"原始"状态反馈给他。这些反馈必须客观而富有建设性，并避免引发学员的抵触情绪。[①] 实践证明，好的教练活动能有效激励员工，特别是发挥管理人员的潜能，从而提高工作效率。

（三）职业院校作为咨询的接受方

经济转型和产业升级对职业院校办学提出了新的挑战。近年来，各级政府投入大量经费实施了多个以人才培养模式改革为核心的发展创新项目，如高职示范校和骨干校建设等

[①] ［美］奇·R. 贝尔：《企业教练》，胡园园等译，Ⅴ～Ⅷ页，北京，机械工业出版社，2001。

项目,"项目制"成为职教发展的重要治理模式。[1] 然而项目实施过程中也存在很多问题,如行政主导方式压抑组织自我反思能力的发展,原有体制缺陷导致组织学习的负向激励等。[2] 为解决这些问题,很多院校通过引入专业化咨询,借助外部智力支持实现发展,这催生了职业教育咨询服务的发展。

目前,以职业院校为服务对象的咨询服务主要有三种形式。

> 专家咨询:领域专家带领职业院校进行某一方面的改革,如课程改革等。此类咨询的优点是针对性强,缺点是依赖专家的个人水平,有较大的偶然性。
> 高校咨询:同类高校(如示范院校)或高一级高校(如研究型大学)对职业院校发展提供建议。此类咨询可提供成功的经验或前沿发展理念,但由于缺乏对服务对象的深入了解,咨询建议往往存在可实施性问题。
> 咨询机构咨询:职业院校作为委托者与专业咨询机构如咨询公司达成协议,由咨询公司提供系统化的咨询指导。公司咨询的优点是能深入职业院校的实际工作,咨询流程清晰规范,缺点是咨询服务质量参差不齐。

咨询可以在职业院校发展过程中发挥积极作用,它从外部促进院校的组织学习,如果能实现双循环学习,对现有的规范和体系做出合理调整,则可使职业院校的治理水平达到一个新的高度。

1. 咨询机构指导下职业院校的组织学习过程

在咨询机构指导下的职业院校的组织学习过程一般会经历三个阶段。

(1)问题的归纳总结

学校在长期的发展实践中会积累很多问题,如教师教学理念和方法落后等。学校对自己的问题会有一定了解,可进行一定程度的总结和反思。

(2)咨询机构的介入

在意识到无法仅仅依靠自身努力就能解决问题时,职业院校会考虑借助外部力量,如寻找咨询公司合作来解决问题。咨询机构的介入是目标对接的过程,学校和咨询公司相互权衡并确定合作目标。咨询公司提供的咨询服务内容应与职业院校的诉求相吻合,而且有能力支撑职业院校这一诉求的实现。在达成合作意向后,职业院校与咨询公司共同确立组织学习目标,促使学校发生双循环学习。

(3)学习过程的实施

在确定了咨询项目的工作目标后,职业院校在咨询公司指导下开展组织学习。一般采用整体以单循环为主、局部双循环的组织学习方式。例如,咨询机构为院校提供新的课程资源,教师根据新课程标准上课,实现单循环学习。随着教学的深入,教师会意识到教材方面的不足,会结合自己的教学经验进行补充,从而实现对课程的双循环学习。

---

[1] 肖凤翔、于晨、肖艳婷:《国家高职教育项目制治理的生成动因、效用限度及优化策略——以"国家示范性高等职业院校建设计划"为例》,载《教育发展研究》,2016(1)。

[2] 郭建如、周志光:《高职示范校的组织学习、组织防卫与纠错能力——基于高职示范校C校的案例研究》,载《高校教育管理》,2018(2)。

例如，中德诺浩教育公司（以下简称"中德诺浩"）引进德国职教资源，为职业院校提供课程体系、人才培养和就业服务解决方案。职业院校在其指导下开展的课程和教学改革的流程是：①双方成立项目组或合作学院（系）；②公司为学校提供人才培养方案；③通过培训提高教师能力；④帮助教师编写实施性教学方案；⑤提供教学设备和环境改造计划并帮助其实施；⑥组织教师赴德考察进修。[1] 此类典型实验项目可以促使组织获得理性的认知，尽管有时甚至都不清楚谁来界定这些"获得"，即便是参与者本身有时也很难感受到。

2. 影响组织学习的因素

研究发现，职业院校在咨询机构指导下的组织学习会受到以下方面的影响。

（1）学校领导层

很多院校的改革是自上而下发起的，校领导的支持对学习效果起着重要作用。如果校领导能提供必要的经费、组织和资源支持，组织学习就有可能取得好的成果，并最终巩固组织的学习意愿。在与咨询机构的合作中，校领导的眼界决定了组织学习的走向。他需要对咨询机构的专业水平做出预判，确保其提供恰当和高质量的咨询服务。领导亲自参与培训活动，对组织学习会有很大促进。

（2）组织成员

组织文化代表着学校的价值导向，良好的组织文化能调动教职员工参与组织学习的积极性。教师通过参与组织学习可建立自己的社会认同感并提高组织的凝聚力。"个体知晓他归属于特定的社会群体，所获得的群体资格会赋予其某种情感和价值意义。"[2]如果将组织学习范围扩展到二级单位（如院系）之外，还可将其他专业的教师纳入组织学习中，为更大范围的组织学习提供基础。

（3）职业院校与咨询机构的合作

除签订合同时的正式沟通外，职业院校与咨询机构的日常沟通主要以非正式方式进行，包括双方领导和普通工作人员之间的日常沟通。非正式沟通受学校和咨询机构之间建立的"熟人关系"的影响，其弊端是较难控制信息传递的不确定性。[3] 有时熟人关系会造成沟通障碍，人们碍于情面，常常会故意模糊一些负面信息；也有人会选择等待和忍耐，认为总有其他人会做出反应。这会造成问题的积累，从而抑制组织双环学习的实现。[4]

3. 咨询机构的角色和作用

（1）咨询机构的角色

咨询机构的顾问在职业院校组织学习中扮演外部顾问的角色。咨询机构一般不是职业院校组织学习的发起者，而是在组织学习的第二阶段开始介入。咨询顾问有三重身份：

---

[1] 李建忠、李精明：《深化校企合作 打造德国双元制本土化特色汽车专业——中德诺浩汽车职业教育典型案例分析》，载《现代教育》，2015(72)。

[2] ［澳］迈克尔·豪格、［英］多米尼克·阿布拉姆斯：《社会认同过程》，高明华译，7页，北京，中国人民大学出版社，2011。

[3] 段万春主编：《组织行为学（第三版）》，120页，北京，高等教育出版社，2017。

[4] Argyris, C., "Double loop learning in organizations," *Harvard Business Review*：HBR, 1977, 55(5), pp.115-125.

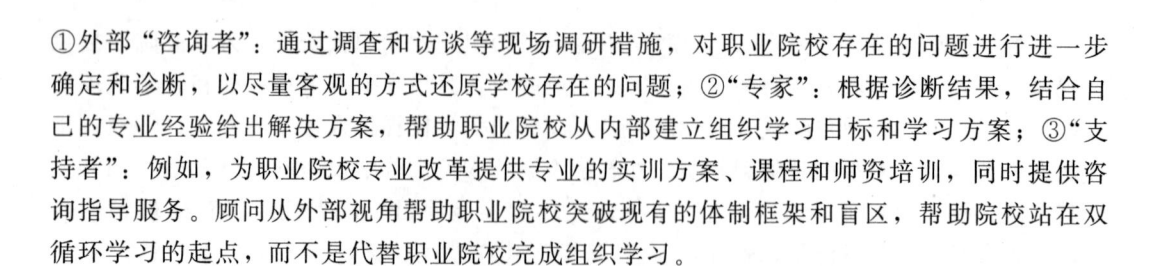

①外部"咨询者":通过调查和访谈等现场调研措施,对职业院校存在的问题进行进一步确定和诊断,以尽量客观的方式还原学校存在的问题;②"专家":根据诊断结果,结合自己的专业经验给出解决方案,帮助职业院校从内部建立组织学习目标和学习方案;③"支持者":例如,为职业院校专业改革提供专业的实训方案、课程和师资培训,同时提供咨询指导服务。顾问从外部视角帮助职业院校突破现有的体制框架和盲区,帮助院校站在双循环学习的起点,而不是代替职业院校完成组织学习。

(2)咨询机构的作用

咨询可以引发委托院校管理者和教师的组织学习过程,解决学校的特定问题。在此,项目参与者的态度、对工作经验的总结和反思具有重要的意义。如果参与教师学习意愿强,愿意对行动达成一致意见并积极参与行动,项目成功的可能性就大;如果参与者意愿不强,甚至对咨询服务有抵触心理,则很难产生新的认知,实现干预目标的可能性也较低。项目委托方和咨询提供方共同协商,分析和制订解决实践问题的方案。咨询项目启动意味着理性实践的开始;双方合作制订咨询实施计划,这为理性实践奠定了良好的基础。

咨询机构主要在组织学习的不同阶段发挥不同的作用。例如,在前文的中德诺浩项目中,在目标建立阶段,咨询顾问帮助职业院校推翻、改变原有人才培养方式,从实训室规划、课程设置等方面建立新的组织学习目标,使职业院校进入双循环学习。咨询公司在项目实施阶段提供内容咨询,从实训室建设、师资培养等方面提供知识和服务,如建立线上教学平台辅助教师的线下教学等。①

此类咨询项目取得的成果一般有两类。一类是积极的成果,如提升了职业院校的工作能力,其经验辐射到其他专业乃至全校;另一类是积极但可持续性没有得到保障的合作。调查发现,即便是认为项目不成功的参与者,事实上也从项目中学到了很多知识。委托院校项目负责人和场域内实践者(教师、管理者等)只有把咨询项目看作"我们的项目",与咨询顾问一起对自己的行动进行反思并采取优化行动,才能实现理性的进步。②

---

① 李东琦:《咨询机构指导下的职业院校组织学习过程研究》,硕士学位论文,北京师范大学,2019。
② 赵志群:《典型实验:职业教育发展创新项目的方法论思考》,载《教育发展研究》,2019(19)。

第六章 职业教育教师的新角色

一、与传统的教师角色决裂

（一）现代职业教育中教师的角色

在传统的传授式教学中，教师与学生的关系以及他们与学习目标、学习内容和学习媒体等是相对简单的线形关系。教师作为知识传授者，从"知识世界"中简化出对学生来说"重要"的内容，然后采用合适的手段展示给学生；学生作为"学习知识的人"，通过听课和记笔记等活动，记住一个标准的解决方案或知道一个结论，并期望学习结束后能在这些方案和知识的帮助下，在今后的工作中采取正确的行动，这是典型的以学习内容和教师为中心的教学（见图6-1）。

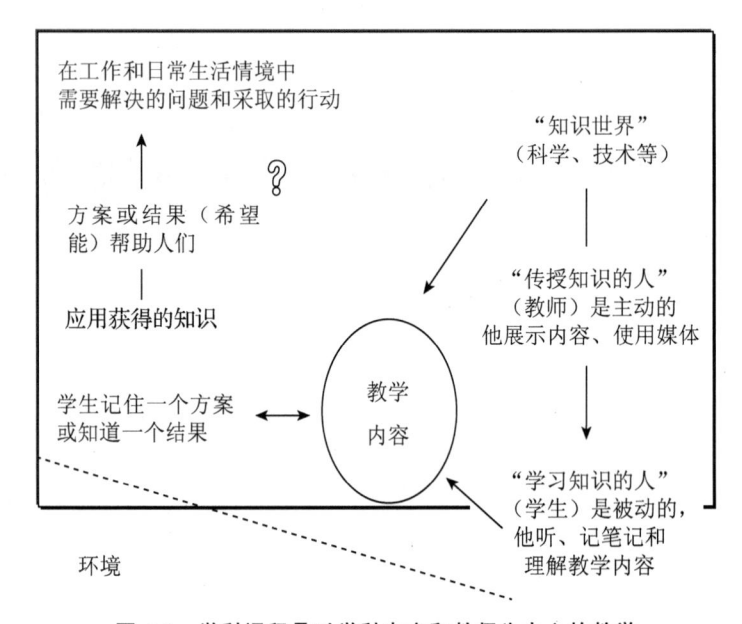

图6-1 学科课程是以学科内容和教师为中心的教学

在现代社会和技术条件下，这种基于主观假设的学习策略有明显的缺陷，因为用唯一正确的答案规范学习标准既无法促进学生解决复杂问题能力的发展和创新能力的提高，也不能满足信息社会对人类综合素养发展的要求。仅仅依靠书本上的学科知识无法解决工作过程和实际生活中的问题，因为这里缺乏必要的实践性知识。

在现代职业教育中，由于以学生为中心的、行动导向教学的推广，学习者需要逐渐承担起更多的对自己学习负责和自我管理的责任，教师的任务从传统的"传道、授业、解惑"等中心性工作转向引导、指导和咨询等支持性工作，如设计和策划学习过程，组织动员学生投入学习中、设计和提供学习资源等。图6-2说明了在引导文教学中各学习（工作）阶段中教师、学生以及学习资源的关系，教师仅仅在处于椭圆阴影里的阶段中积极主导学习，教师的任务、角色和工作环境随之也发生了巨大的变化。

图 6-2　引导文教学法中教师的任务和角色①

在以学生为中心的教学中，教师承担的主要任务是：把学生引入学习活动中，帮助学生组建学习小组；在学生制订计划和做出决策时提供帮助；对学习过程进行监督和指导，当学生有困难不能继续下去或犯有较大错误时进行干涉；对学习成果进行评估并反馈给学生。在从事这些工作时，教师理想的工作态度是：本着友好、观望和克制的态度参加每一阶段的工作，在学生小组学习过程中发挥顾问的作用，在遇到学生提问时，以专家身份提供关于学习方法方面的帮助，提供学习资料和信息源。

在学习过程中，教师应认真观察学生间的合作情况并做好观察记录，这是学习结束前的总结反馈活动的基础。在学习反馈阶段，教师将观察到的结果开诚布公地通报给学生，鼓励他们从中总结出有专业价值的经验和教训。只有有针对性地对每个学生提出意见和建议，才可以帮助他们更好地实现个性化的学习目标。在以学生为中心的互动式学习中，教师与学生的关系如图 6-3 所示。

由于信息技术的发展和普及，目前人们几乎可以在任何时间、任何地点获得所需要的信息，学习的场所、方式、时间等变得更加多样。在以学生为中心的职业教育中，学习活动的本身（终身学习）、学习内容（工作过程知识）、学习目标（素质教育）和学习媒体（以信息技术为基础）均发生了很大变化，教师的责任范围在不断扩大而复杂化。在整个终身学习体系中，教师是学习者职业生涯发展的设计师、导师、主持人和伴随者；在学校学习阶段，教师保留着传道、授业、解惑的功能；而在企业学习阶段，当个人学习成为有计划的岗位学习和企业组织发展的一部分时，教师就成为组织学习顾问和人力资源开发专家，要对企业的工作任务和工作过程进行分析、评估甚至设计，这意味着新的教师角色。

(二)作为导师和主持人的教师

为了培养学生独立解决问题的能力和创造精神，发展合作和交流等社会能力，从而达到更高的能力目标，教师必须发挥学生的主观能动性，调动学生积极主动、合理有效地参

---

① Bundesinstitut für Berufsbidung. *Leittexte -ein Weg zu selbständigem Lernen. Seminarkonzepte zur Ausbilderförderung*，Berlin/Bonn，BIBB，1991.

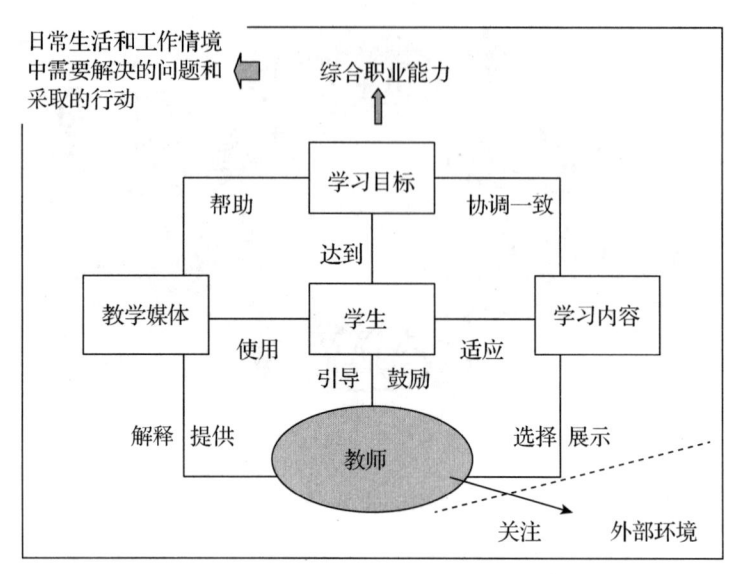

图 6-3　以学生为中心的互动式学习

与到教学过程中,实现真正意义上的教师主导和学生主体,教师成为学习过程的导师和主持人。

1. 学习导师

在自我管理的行动导向学习中,教师的首要任务是安排合理的学习进程,根据培养目标要求和学生能力发展的实际情况,制订高于现实但又有可能实现的学习目标。教师的职能从"授"转变为"导",包括引导、指导、诱导、辅导和教导,具体任务包括：开发课程,设计学生职业能力发展的途径；加工信息资源并采用合适的方式提供给学生；策划和设计合适的学习环境。

在设计课程目标时,不应要求全体学生"齐步走",而应根据学生个体的发展情况决定进程,鼓励先进,也允许暂时落后,力求让每个学生在向目标前进的过程中都有必胜的信心、奋进的乐趣并品尝到成功的喜悦。

教师在放手让学生自我管理、发展能力和展示个性的同时,不仅是参谋和朋友,而且还发挥调控和监督作用,承担"向导"任务。当学生在学习中出现"病症"时,要当好"医生",及时纠偏。教师应有敏锐的洞察力,发现学生在学习、工作、思想或心理上的问题,特别是对那些特殊学生和问题学生,要耐心细致地进行"诊疗",消除其心理障碍和思想上的误区。教师要有预见性,及时给学生打预防针,确保学生在学习和生产实习中的安全,为学生的身心发展提供保障。

2. 作为主持人的教师

在行动导向教学过程中,必须通过富有成效的小组学习和良好的团队合作,来保证学习活动和学习结果的质量。在此,学习主持人的作用十分重要。作为学习主持人的教师的主要角色是：(1)整个学习活动的发起、促进和引导者,并掌握活动全过程；(2)学习过程的设计者(如日程安排)，为实现目标选择合适的方法，把握小组工作方向；(3)方法上的领导人，而不是学习活动的领导者，不控制学习活动的结果，只是帮助学习小组利用自己的经验进行对话和行动、产生新知识并最终做出决定；(4)为学习活动提供支持，是问题的策划者，但不需要展示专业能力；控制着学习过程，但不控制学习内容。

行动导向学习成功与否在很大程度上取决于教师的主持水平。主持是一种技巧和艺术。所谓技巧，就是要了解且遵循一定的规则，如知道如何在适当的时候提出适当的问题；所谓艺术，则需要经验和直觉，主持人要创造生动的"学习剧本"，让学生在"表演"过程中发挥潜力。主持艺术是想象力、直觉、审美和对小组成员潜力的感觉的综合表现。

例如，主持人必须能够正确描述学习任务，不断激励学生，随时对学习小组的要求做出反应，正确处理发生的意外以免破坏学习环境或气氛。主持人在坚持原则的同时应有灵活性，善于采纳别人的建议，能随时帮助学生从冲突中解脱出来。学习主持人要学会保留自己的意见，其工作原则是尽量少说话，让别人去工作，他只是指出方向，促进学生思考和回答发人深思的问题。

成为优秀的学习主持人需要长时间的锻炼和经验积累，实践是最好的学习方式。主持人应具备以下个人素质[①]：

- 信任别人；
- 耐心且具有良好的倾听技能；
- 有自我意识，渴望学习新的技能；
- 自信但不骄傲；
- 具有丰富的生活经验，掌握较多科普和日常知识；
- 尊重别人的意见，从不将特定的观点强加给别人；
- 具有激发参与者自信心的能力；
- 能灵活变换方法或活动程序，不固守预定计划的方法；
- 在空间、时间和材料安排方面有判断力，能创造良好的物质环境和氛围；
- 绘画和书写能力。

在职业教育教学实践中，常常由两个教师一起主持项目教学的学习活动，这是因为，首先，高质量学习项目的学习内容和过程很复杂，多个教师合作，可以将学习过程设计得更为周到，发挥不同教师的不同能力和个性特点。其次，学习主持工作强度大，为了取得良好的效果，主持人需要一定时间休整和对学习过程进行及时的反思。最后，很多工作必须在前一天做好准备，一位主持人在主持学习活动时，另一位可以坐下来考虑第二天的详细计划。

在教学过程中，主持人小组应相互合作，彼此信任。教学活动的成功，取决于主持小组的整体表现，以及他们对学习者的期望和贡献的尊重。学习主持技巧是教师综合能力的

[①] Tillmann, H. & Salas, M.：《参与式活动中的直观展示方法手册》，5页，南京，德国技术合作公司南京妇女就业促进项目，2001。

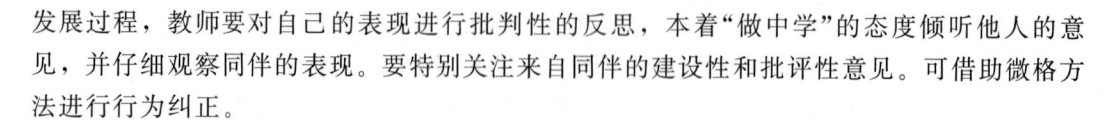

发展过程，教师要对自己的表现进行批判性的反思，本着"做中学"的态度倾听他人的意见，并仔细观察同伴的表现。要特别关注来自同伴的建设性和批评性意见。可借助微格方法进行行为纠正。

(三)关于 WEB 教师

信息和计算机技术(ICT)的发展改变了职业教育教师的工作方式，使教师在很大程度上成为一种"WEB 教师"。网络学习和电子学习的灵活、快速、便捷、广泛和开放性等特点，决定了 WEB 教师在授课方式上与传统教师有很大不同，WEB 教师不仅仅是传统教师的"电子版本"。

现代的网络学习资源不是简单的"讲义 Online"，它是古今学识的集大成者，除了普通教材和讲义无可比拟的多媒体互动功能外，还能快速和随时反映最新的技术发展和理念。基于网络学习的 WEB 教师应有超前的意识和快速应变能力，抛弃传统的说教式教学，适应以学生为中心的教学方式，习惯担任学习的支持者和辅助者角色。信息技术的发展，使师生共同创造新知识的可能进一步加大。

与传统的教学相比，在网络学习中，教师的学识、语言表达能力以及个人魅力等不再是决定教学效果的重要因素，WEB 教师不再囿于教师本人的学识和技巧，而是在先进信息技术手段的帮助下，利用多种现成的教学资源、素材和呈现方式，将自己的思想展现出来。网络的开放性也加大了 WEB 教师的教学准备工作的难度。

各种网络教育平台可以提供同步或不同步的教学模式。不同步的沟通方式(如社区讨论、E-mail 和共享数据库等)让身处不同地区的学员分享丰富的学习资源，在课程中进行合作学习而无须考虑时间和地点的局限，但这也给教师的工作带来了很大的困难。

在传统的面授教学中，同一班级的学生学习进度基本一致，教师备课、授课和辅导答疑可以针对这一进度统一进行；网络教学中学生的基础、学习能力、学习习惯及进度不一致，这提高了教学组织的难度。又如，在线答疑是网络教育最常见的师生交流方式，但对 WEB 教师来说，触网的感觉并不比学生轻松。在虚拟教室里，教师在明处，学生在暗处，未知因素很多。没有人知道会有多少学生提问，会提什么问题。学生遇到不懂的问题时，可以一次又一次地追问一些最基本的问题。如果 WEB 教师没有丰富的知识储备和较强的应变能力，答疑就可能成为一场闹剧或灾难。

WEB 教师工作的一大特点是团队工作，在强调每个教师成为某一方面专家的同时，更需要团队协作。善于写教材的、善于讲课的、善于组织讨论的、善于辅导学生的，所有教师组成一个团队，共同提供某一领域的教育培训服务，这在企业培训方面尤为突出。

例如，为了提高校企合作质量，德国卡尔斯鲁厄理工学院(KIT)和奔驰公司合作开发了"生产过程中的职业学习"(德语 Berufliches Lernen im Produktionsprozess，BLIP)学习平台，目的是帮助学生不受时间和地点限制获得专业知识并完成学习任务，促进职业院校教师和企业实训教师的合作教学。BLIP 采用需求驱动模式，可方便地组织工作和学习活动。校企双方组成的教学团队共同负责教学设计与组织实施，教学项目负责人通过 BLIP 的"学习内容管理系统"(LCMS)进行教学过程质量监控，其功能包括电话会议、聊天、在线显示、活动组织和"公共文档"等。BLIP还有强大的存储和共享功能，包括文本、工具、电子学习工具、网页链接、作业结果和学习日志、自动生成的文档和评估材料等。BLIP引入了大众社交媒体，包括：（1）维基百科（Wikipedia）：学生利用 Wiki 获取信息，撰写 Wiki 短文供其他同学使用；（2）论坛：学生与教师讨论专业问题并及时得到指导，解决了学生在不同部门实习时由于空间和时间不同步而产生的困难；（3）博客：学生发表个人经验，确保学习项目结束时获得所期望的结果，并为撰写结题报告提供基础。通过学习平台，参与项目教学的所有成员（学生、教师和企业实训教师）共享文件，及时沟通问题，共同保证项目顺利进行。

可以看出，BLIP 按照以学习者为中心的原则设计，反映了建构主义教育理念，通过实践促进学生反思，激励创新。教师在此要设计多样化的学习方式（如课堂学习、非正式学习、经验性学习和协同学习等），采用多种教学方法（如研讨会、经验交流、远程学习等）和多种学习媒体，为学生留出足够空间去收集资料、探究和发现规律。学习系统设计成功的关键是软件开发者了解职业学习过程的实际需求，使平台上的课程在内容和组织难度上与学生的学习能力相匹配，遵循工作过程导向原则，并满足企业生产和信息安全的要求。

目前我国职业院校教师对信息化教学持积极态度，多数能够应用信息技术工具，特别是多媒体教学设备和网络教学平台指导学生。但是，对于如何设计在现代教育技术支持下的跨职业、多学习场所的学习性工作任务，确保学习者成为教学过程的主体，教师还缺乏经验。教师应适时引入情境教学方法，如在考虑实际问题的复杂性时建立接近学习者的个体学习环境（即抛锚式教学）[①]，按照"从初学者到专家"的能力发展逻辑设计系列化的学习任务。信息化教学的目标不仅是找到"最佳"教学媒体，使复杂教学内容变得对学生易于理解（即达到效率标准），更重要的是要在信息技术的帮助下，把复杂工作现实转变为学习者可驾驭的学习情境。这里需要研究，信息技术具备哪些结构特性和物理特征，才能为学习者在完整的行动过程中进行的知识建构提供支持。

鉴于网络学习为大众打开了通往企业和科研机构知识（特别是实践性知识）的大门，一定程度上，WEB 教师还需要成为知识管理甚至技术和商业管理的专家。例如，市场上有多种学习管理系统、网络学习社区、虚拟教室、评估工具和课程制作软件等技术产品，每种产品包括各具特色的下级产品和供应商，了解这些区别，也是进行有效的网络学习设计的重要基础。

---

① Collins, A., Brown, J. S. & Newman, S. E., "Cognitive apprenticeship: Teaching the crafts of reading, writing and mathematics," in *Knowing, Learning and Instruction*, eds. Lauren, B. R. & Hillsdale, N. J., Erlbaum, 1989, pp. 453-494.

二、职业院校的教师

(一)关于职业教育教师职业

1. 职教教师是职业院校产生和发展的产物

我国的手工业尽管有着悠久的历史,但并未发展起成熟的学徒制度和师傅机制,我国职教教师职业是随着职业院校的建立而产生和发展的,因此在我国,职教教师一般指的就是职业院校的教师。1904年,清政府颁布实施"癸卯学制",将实业教育正式纳入学制体系。《奏定实业学堂通则》建立的实业教员讲习所,对不同职业领域和层次职教教师的培养做出了规定。尽管当时职教教师受教育水平还很低(如初级职业院校教师培养年限仅为1~3年)[①],但与彼时中国国民的整体教育水平相比,已经是较高要求了,而且高级职业院校教师培养一开始就进入了当时最高学历层次,这对中国职教师资队伍的形成和教师职业的专业化起到了一定的积极作用。

在职教教师职业的发展过程中,黄炎培(1878—1965)和他创立的中华职业教育社起了重要作用。他主张大职业教育主义,要求职教工作者参加改革社会的政治活动,改革脱离生产劳动和社会生活的传统。[②] 这使职教教师职业描述超越了简单"传授专业知识技能"的范畴,从而在(参与)设计政治制度和社会发展方面提出了较高的要求,这与当时所处的新文化运动时期的民主思潮有着直接的关系。

从历史上看,对职教教师职业发展过程的阻碍因素,主要是全社会对职业教育认同程度较低,教育政策欠科学和不连续,以及缺乏有政治影响力的教师职业组织等。直到如今,我国职教教师的培养和管理制度仍不完善,特别是职业教育教师和普通教育教师在招聘和职务晋升机制方面区别还不明显,这常常使职教教师在整个教师队伍中处于不利的社会地位。

职教教师是向学生传授职业知识、技能和行为方式,促进学生思想品德、职业能力和身心健康发展的专门人员。不同职业院校师资队伍一般可以分为两大类,即文化课教师和专业课教师,其中专业课教师又可大体分为专业理论课(又称技术理论课)教师和生产实习指导教师,但实际中各校的教师结构要复杂得多。图6-4是参照利普斯梅尔(A. Lipsmeier)的职教教师分类法对我国不同类型职业院校教师所做的简要分类。[③] 其中,类型1、2、3、4我国现阶段都有,类型2以"双师型"教师为主,类型5是德国职业教育教师的主要类型。

[①] 俞启定主编:《中国教育史专题》,181~182页,北京,中央广播电视大学出版社,2010。
[②] 米靖:《中国职业教育史研究》,211~218页,上海,上海教育出版社,2004。
[③] Lipsmeier A., "Theorielehrer-Praxislehrer: Das Problem der funktionalen Aufgaben-differenzierung für Lehrer an berflichen Schulen im Kontext der neueren didaktisch-methodischen Entwicklungen beruflichen Lernens," *Die berufsbildenden Schulen*, 1998(3), pp. 80-89.

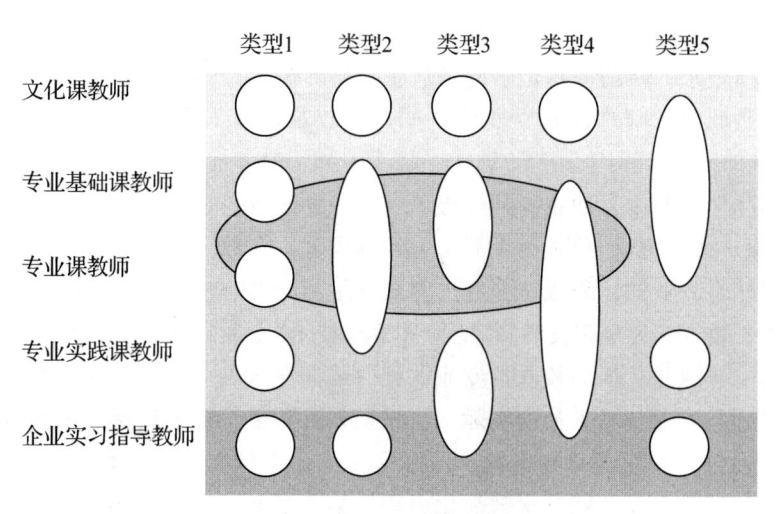

图 6-4　职业教育教师的类型

教育部职业技术教育中心研究所曾对福建等十省市中职学校教师的职业活动进行过调查。结果显示，教师职业活动的重点始终是日常教学，所有教师（包括理论和实习指导教师）都不同程度地从事实践教学，即理论课和实践课教师间的界限不明显；很多教师承担了很多传统上不属于教师职业活动的任务，如劳动市场调查和工作分析等。[①] 这说明，教师的职责正从单一教学向教学、管理、开发和咨询等复合功能转变，这对建立高素质的、区别于普通教育教师和工程师的专业化教师队伍提出了要求。

目前我国职教教师发展的重要探索是"双师型"教师队伍建设，指具备一般意义的从教能力和所从事专业的职业能力的教师。"双师型"教师有多种理解，广义上包括个体的"双师"素质和队伍的"双师"结构。前者指专任教师既从事理论教学，又具有指导实践教学的能力；后者是指聘请兼职教师与专任教师构建专兼合作的"双师型"教师队伍。职教师资队伍建设的最大困难是教师专业素质的结构化矛盾。一方面，我国职教教师培养体系的先天缺陷，造成教师专业素质的系统性结构失衡，无法满足教学实践的要求；另一方面，教师现有专业能力无法适应技术和社会发展的要求。要想彻底解决这一问题，实现职教教师职业的专业化是一个重要途径。然而目前很多院校把聘请兼职教师作为提高教学质量的重要措施。兼职教师在加强职业学校教学的实践性的同时，却对职教教师的专业化发展提出了挑战：如果实践工作者能够很好地完成教学任务的话，那么是否还有必要建立专业化的教师队伍？

2. 职教教师培养现状

目前我国还没有培养高职院校教师的专门机构，中职学校教师的培养任务由职业技术师范院校、综合性大学职教学院、普通师范院校（简称"职技高师"）和中高职院校及企业共同承担，并发展出了多种层次和模式，如本科和专业硕士教育等。总的来看，这些模式还

[①] 刘育锋：《亚太地区职教师资现存问题及其解决方法比较研究》，载《职教通讯》，1999(2)。

有很大的完善空间，如本科层次职教教师教育毕业生对口就业率低，职教专硕培养机构对口生源少，规模较小。目前采用最多的是后置化培养模式，学生接受非系统化、补缺式的培养，其结果是职教教师难以建立职业认同，也较难从原先的专业学科思维定式中转变过来。①

在多年的办学实践中，职技高师形成了一定的办学特色，如建立"本科＋技师"培养模式，"文化知识＋技能测试"单独招生等。但调查发现，多数院校确定课程结构和教学内容的指导思想仍然是专业知识积累，课程内容缺乏足够的（职业）目的性，教学内容与工作实践联系不紧密。表6-1为某职技高师"植物科学与技术"专业的课程结构及学分比例。可以看出，这里的专业课是普通高校农学专业课程的选择性重组，如"微生物学"以去情境化的理论知识为主，与农业技术人员的实际工作联系并不紧密；师范类课程缺乏教学设计和课程开发的应用性内容，其学时数也低于国际通行的占总课时22%～35%的比例。② 不但实践环节较少，而且专业实践教学被简化成获取某项职业资格（技能）证书的培训。③

表6-1 某职技高师"植物科学与技术"专业课程结构及学分比例

课程类别	课程数量	主要课程名称	学分	学分比例（%）
公共通修课程	10	英语、体育、创业与就业指导、职业生涯准备与规划、信息技术基础等	35.5	18.4
科类基础课程	20	心理学、教育学、微生物学、植物生理学、普通遗传学、仪器分析与应用、生态学、土壤与植物营养、生物统计学等	57.0	29.5
专业课程	16	专业教学法、分子生物学、植物生物技术、农业经济管理、植物育种学、植物生产学、应用生态学等	36.0	18.7
公共选修课程	5	学生在选课系统中任选五门	7.5	3.9
实践教学环节	27	专业实验、综合实践、教育实习、生产实习、课程设计、毕业论文（设计）	57.0	29.5
合计	78		193.0	100.0

研究表明，多数职技高师尽管对职教教师角色的定义是"部分（Semi-）工程师或经济学家"＋"教师"，但还是认为职教教师培养应当与技术技能人才的工作实际紧密结合，这显示出了理想和现实之间的矛盾，也提出了对能将"工作与学习、职业活动与专业知识结合在一起"的学科理论建设的需求，即建立与发展独立的职教教师培养学科体系。在实践中，各院校按照职业性、师范性、应用性和实践性等原则对现有专业进行改革，但这些改革仍

---

① 谢莉花、陈慧梅：《"职业科学"作为职教教师教育的"专业科学"：现状与挑战》，载《中国职业技术教育》，2019(15)。
② 徐朔：《职教师资培养的基本属性和课程设置问题》，载《职教通讯》，2005(10)。
③ 孙芳芳：《我国职技高师发展问题研究》，载《教师教育研究》，2016(6)。

处于起步阶段，主要表现在：
- ➢ 课程建设主要是对相应专业学科知识的筛选、调整和重组，对"学科系统化"的广泛批评，并没有引发大家深入研究如何按照职业能力发展规律建立课程体系。
- ➢ 间接提出职教教师应具备工作过程知识的命题，但是在实践中，专业教学仍以学科理论为主，人才培养过分强调抽象的专业能力，较少涉及工作过程，导致很难真正实现教学内容的"应用性"。
- ➢ 一些院校要求学生获得职业资格（技能）证书，实践教学被简化成了获取单项实践（操作）技能，而对研究、分析和传授工作过程知识缺乏基本要求，这说明经验性学习的研究和教学还没有得到应有的重视。[①]

综上所述，目前职教教师培养主要建立在对"对应学科"的理论知识、操作技能和企业实践简单拼凑的基础上，其结果是，专业教学与职业行动联系不明确，学生很难形成对其培养对象（技术技能人才）的工作世界、工作任务和工作过程的完整认识，难以发展成为"专业化"的教师。

（二）职业教育教师职业的专业化

1. 实现职教教师"专业化"的必要性

"职业的专业化"（Professionalization）是欧美社会学研究术语，指一个职业行为向社会所公认的高度专业化的职业过渡的过程。与其他职业相比，专业化的职业（Profession）特指那些专业能力要求较高、由于劳动组织方式固定而能力构成明确的社会职业群体，典型的如医生和律师等。专业化是通过特别（高）的教育程度、特殊的社会威望和社会影响实现的，它需要具备专业权威性和系统化的知识，能够提供独立而可信的服务，具有满足专门要求的职业道德以及较强的社会职业组织性和特别的收入。

数千年来，社会公众并没有普遍认同教师是一个专业化职业。1948 年，美国教育协会最早提出了认定一个职业是否为"专业化职业"的指标，试图以此确认教师职业的专业化地位。1966 年，联合国教科文组织在《关于教师地位的建议》中提出教师职业是一种专业，从此，"教师的专业化发展"成为教师教育研究的重要主题。[②]

在实践中，我国职教教师职业的专业化过程步履艰难，这表现在职教教师的社会地位和人才培养模式两个方面。首先，在现实社会中，人们常常忽视职教教师对社会发展的作用，职教教师在整个教师队伍中处于不利的专业和社会地位；其次，由于缺乏有权威性的专业化门槛，新增教师来源多样化，普通高校非（职业）师范教育成为事实上职教师资的主要渠道。其结果是，很多优秀青年不愿意学习职教专业和从事职教教师工作，教师队伍的整体水准很难提高，而教师队伍素质又直接影响教师的社会地位，从而形成恶性循环。

教师的专业化发展是教师个体和群体为争取本职业的专业地位，努力提升职业素质的目

[①] Zhao, Z., *Berufspädagogenin China auf dem Weg zum Professionalität*, Bielerfeild, W. Bertelsmann, 2003, pp. 144-147.
[②] 联合国教科文组织：《关于教师地位的建议》，万勇据日文本译，载《外国教育资料》，1984(4)。

标、过程和结果。① 职教教师职业的专业化在理论上是合理的。法斯豪尔（U. Fasshauer）认为，实现职教教师的专业化需要满足以下条件：②

- 经过长期的个体塑造，具有在不同教—学情境中的职业活动和个人能力；
- 在尊重上级权威和承担个人及职业团体责任的平衡中，做出有价值的决策；
- 与内部和外部合作伙伴进行合作的能力和热情；
- 通过特定的职业语言，就专业教学问题进行交流，但不影响与圈外当事人的语言交流能力；
- 设计教与学的过程中的教育行为模式，具有"学校专业学者"的职业意识；
- 具备扎实的教育科学理论基础。

2. 职教教师的职业描述

实现职业教育教师的专业化，首先必须为职教教师职业建立一个科学的职业描述。目前不同学术流派在职教教师职业描述中强调的内容有所不同，有的强调对职业教育情景和教育过程的理解，有的关注将教育理念与专业和教育学知识结合的能力。德国教育学会（Deutsche Gesellschaft für Erziehungswissenschaft）认为，设置专门的、与相关学科协调（而不是对应）的大学教育专业，是职教教师职业实现专业化的基础。③

职教教师的职业描述随技术和社会的发展不断变化。过去人们认为，职教教师的主要任务是进行"教学简化"，在专业上则承担"部分工程师"的角色，这在当今社会已经过时。教育部职业技术教育中心研究所在亚太经合组织（APEC）资助的研究项目"职教师资标准及其形成方法"中，第一次为中国职业教育教师确定了职业描述。

职业教育教师应当：

在本专业领域掌握坚实的基础理论和专门知识，特别是与应用型人才的职业实践有直接联系的知识，能够正确分析和评价该专业领域的职业活动和工作过程，有一定的课程开发能力。在本专业领域掌握较广的职业实践能力，具备一定实践经验。具有职业教育基本理论基础和能力，能够按照职业学习规律正确分析、评价、设计和实施职业教育教学过程。具有从事职业教育管理工作和处理相关公共关系的基本能力。具有对学生德智体美（劳）全面发展和职业发展提供指导的能力。具有一定的职业发展能力。④

目前我国职教师资问题正日益受到重视，实现职教教师专业化具有较好的法律和社会环境，但是要想把这一职业描述付诸实践，在政策和实践上还有很多困难，如教师待遇和兼职教师制度提出的挑战等。职教师资培养机构有限的教学和科研水平，也是职教教师职业的专业化发展的一个重要制约因素。

---

① 闫智勇、吴全全、蒲娇：《职教教师能力标准的国际比较研究》，181～187页，北京，中国致公出版社，2018。
② Fasshauer, U., "Professionalisierung der Berufsschullehrenden," *Berufsbildung*, 1999(58), Begriffskarte 2.
③ Kommission Berufs-und Wirtschaftspädagogik der Deutsche Gesellschaft für Erziehungswissenschaft, Stellungnahme zum Studium für Lehrer/Lerinnen an beruflichen Schulen vom 21.03.1990, Dokument, Berlin, 1990.
④ 参见教育部职业技术教育中心研究所：亚太经济合作组织教育论坛"职教教师标准及其开发方法"项目国际研讨会材料汇编，52页，北京，2000。末句中的"劳"为本人所加。

实现职教教师职业专业化，需要建立服务于职教教师培养的系统、独立的学科体系，并开展高水平的科研和教学，正如医生和律师通过将其职业经验知识发展成为独立的医学和法学学科实现职业的专业化一样。

(三)职业教育教师培养的学科建设

"专业化"是一个职业的专业知识的科学化和系统化过程，成熟的学科是专业化程度的标志。要想实现职教教师职业的专业化，需要建立高水平的"职业教育师范专业"，包括独立和具有学术权威的学科体系和高水平的科研与教学。目前国际学术界对职教教师专业化的基础学科有两种观点，一是"职业教学论"（又称"专业教学论"或"技术教学论"），二是"职业学"。在此，职业教育论是与普通教育中的学科教学论相对应的职业教育的教学论。这些学科之间的关系如图 6-5 所示。

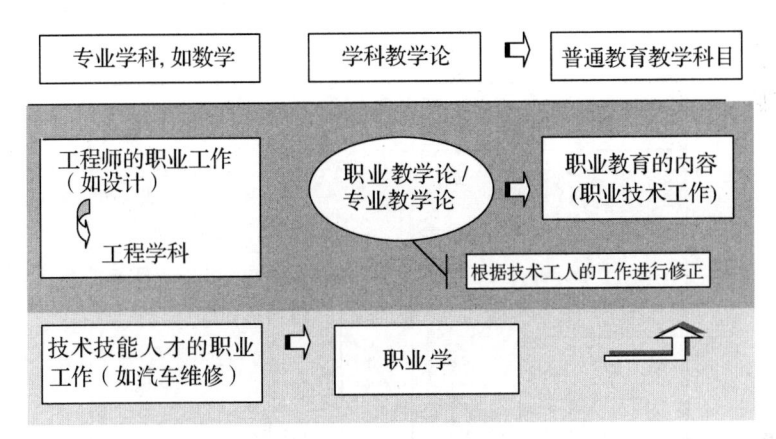

图 6-5　学科教学论、职业教学论与职业学的关系

联合国教科文组织国际职业技术教育与培训中心（UNESCO-UNEVOC）于 2004 年颁布了"国际职业教育师资硕士课程框架"（International Framework Curriculum for a Master Degree for TVET Teachers and Lectures），试图通过"职业教学论"和"职业学"两个基础学科的建设，提高职教教师培养质量并实现职教教师职业的专业化。①

1. 职业教学论方案

教学论（Didactics）学科产生和流行于中北欧国家，由德国教育家拉特克（W. Ratke）和捷克教育家夸美纽斯（J. A. Comenius）最早提出。赫尔巴特（J. F. Herbart）于 1806 年出版的《普通教育学》标志着该学科的正式诞生。教学论研究随德国改革教育学的发展在二战前达到顶峰，当年的理论研究成果至今仍有很高的学术价值。但是 Didactics 一词在英语中含有"教条又乏味死板的教育行为"的意思，这有悖于现代教育的基本教学理念，因此在盎格鲁-撒克逊文化国家很少开展教学论研究，而更多进行的是 Pedagogy（教育学）和 Curric-

---

① 赵志群、刘邦祥：《职教师资的专门化进程与职业科学的学科发展——从教科文"国际职业教育师资硕士课程框架"谈起》，载《中国职业技术教育》，2007(6)。

ulum(课程)研究。二战之后,随着美国和英语影响的扩大,诞生于美国的课程理论逐渐成为国际教学研究的主流理论。我国一般称之为"课程与教学论"。

不同英语国家职业教育课程研究和实践的重点有所不同。美国有三个领域的研究具有重要影响:一是普通(学校)教育的课程研究,二是在人力资源开发管理框架内进行的以DACUM为代表的课程开发研究和实践,三是专家智能研究。但这三者之间的影响并不明显,系统化的职业教育课程研究也不多见。在英国和澳大利亚,由于对"以能力为基础教育"(CBE)的独特理解,课程研究主要是实践层面的讨论。英语国家的课程实践对我国职业教育产生了很大的影响。

德国等中北欧国家继承了教学论研究传统,在职业教育领域开展了大量研究。早期的研究多针对职业教育的专业教学,被称为"专业教学论"或"技术教学论"。后来认识到职业教育应针对一个或若干"职业"而不是学科进行,也不仅是针对"技术"而是职业活动,强调"职业导向"理念的"职业教育学论"应运而生。

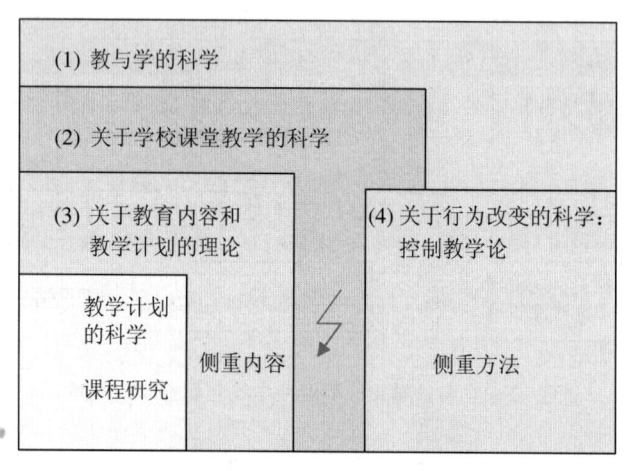

```
(1) 教与学的科学
    (2) 关于学校课堂教学的科学
        (3) 关于教育内容和        (4) 关于行为改变的科学:
            教学计划的理论            控制教学论
        教学计划
        的科学
                    侧重内容           侧重方法
        课程研究
```

图 6-6 教学论研究的流派[1]

图 6-6 说明了不同教学论流派对教学论学科的认识。职业教学论是研究"如何传授一个职业"的教与学的理论。它针对职业教育教学的理论和实践,研究职业教育教学的现象和问题,揭示教学的一般规律,研究解决教学实际问题的方法、策略和技术。职业教学论的研究内容与职业教育的组织形式有密切关系。例如,在灵活多样的短期培训中,它多关心教学模块的选择、组合与实施;而在职业学校教育和多工种复合型人才培养中,则研究如何按照职业分析结果科学设计专业和实施教学;在高层次技术技能人才的培养中,技术教学论研究的范围则几乎涉及了一个整体的职业领域(如电气技术或化工教学论)。

职业教学论的逻辑起点不是"专业"而是"职业",不强调一个学科的系统化知识学习和专业学科结构。职业教学论研究为职业教育实践提供直接而具体的帮助,其理论研究的任

---

[1] Memmert, W., *Dadaktik in Grafien und Tabellen*, Bad Heilbrunn, 1980. 转引自 Arnold, R., Lipsmeier, A. & Ott, B., *Berufspädagogik kompakt: Prüfungsvorbereitung auf den Punkt gebracht*, Berlin, Cornelsen, 2001, p. 21.

务是：解释职业与专业间的关系、职业结构与学科结构的关系、职业学习的社会特征等，解决职业教学论的机构性归属问题；其实践研究主要解决的是"决策域"的问题，如通过职业分析和资格研究确定学习目标和内容，教学方法和教学组织的设计，工作过程知识的习得方式，学习任务和学习环境的开发设计。[1]

作为实用性边缘学科，职业教学论的研究成果可为职业教育教学实践提供直接而具体的帮助。国际上职业教学论的实践研究很活跃，成果也颇为丰富。欧洲很多大学多设有职业或技术教学论研究所或讲席教授。有两个发展趋势值得重视：一是研究成果的产业化发展趋势，特别是在高新技术领域，也有很多知名公司，如 Festo Didactic 等；二是技术高度复杂化使职业技术教育的实施越来越难，技术培训成为企业重要的售后服务工作，也是竞争力的直接表现，很多大型企业开始重视职业教育教学研究及其成果的转化利用，如西门子公司和苹果公司等。

我国的职业教学论研究目前还处于起始阶段。由于职业学习内容常对应于多个学科，在目前学科系统化的教师培养模式中，职业教学论的教学和研究遇到了很大困难。一些学校开设的与职业教育相关的教学论课程，如制图教学法等，因为只涉及职业活动的一个片段，与职业教育实践的差距很大。

2. 职业学方案

对教学论的怀疑者认为，由于教学论研究过于侧重教学而远离职业实践，又在研究对象和研究方法上难以与其他教育学科区分开来，很难独立承担起教师职业专业化的重任，所以他们提出了所谓"职业学"方案。职业学是德国高校根据职业领域建立的培养职业教育教师的硕士层次的学业门类，不同高校有不同称谓，如"职业科学"或"职业领域科学"等，德语统称其为"职业性专业"(Berufliche Fachrichtung)，英文的解释性翻译是"职业的和与工作有关的技术科学"(Occupational and Work-related Science of Technology)。

按照德国各州文教部长联席会议(KMK)2013 年颁布的《职业教育教师培养与考核框架协定》的规定，德国培养职教师资的高校设 16 个职业学专业，分为技术类、经济管理类和人员相关类专业三大类。其中，技术类专业最多，有 10 个，包括机械技术、电气技术、建筑技术和木工技术等，人员相关类专业有健康与身体护理、社会教育学和护理等。设置职业学专业的基础是"职业领域"，其基本逻辑是：16 个职业学专业对应职业教育的 13 个职业领域，包含 400~500 个职业教育专业(Ausbildungsberuf)，涉及社会实际存在的 3 万多个社会职业。[2]

职业学是系统研究技术技能型人才所需能力和培养途径的学科，是职教教师培养的核心内容，其教学目标是使未来的教师能够以此为基础，科学地分析所在职业领域的职业工作，并开发和实施高质量的课程。职业学课程涉及一个职业领域的职业和岗位、职业教育

---

[1] Rauner, F., "Gestaltungsfähigkeit und Prospektivität," *Die berufsbildende Schule*, 1994(11), pp. 360-363.
[2] KMK, Rahmenvereinbarung über die Ausbildung und Prüfung für Lehrämter für die Sekundarstufe II oder für die beruflichen Schulen (Beschluss der Kultusministerkonferenz vom 12.05.1995 i. d. F. vom 07.03.2013), Protokoll vom 2013-03-07, pp. 2-4.

与培训、工作组织和技术发展以及与之相关的范围广泛的内容，综合了专业知识与教育教学知识，包括四个方面：

> 职业分析：职业分析是职业教育、职业和劳动管理的基础。
> 职业教育过程的分析、评估与设计：研究、制订和评估符合职业学习规律的、与工作过程紧密联系的教学计划，按照职业能力和工作经验获取规律设计教学媒体。
> 专业工作过程的分析、评估与设计：了解专业人员的知能结构，对能力进行科学的组合，为人力资源开发提供技术基础。
> 技术的分析、评估与设计：与工程师一起设计和开发新技术，考虑技术工人的因素并为其职业发展创造条件，是职业学发展的最终目标。[1]

相对于工程技术和其他专业学科而言，职业学也针对具体的学科门类，如电气技术职业学、化工职业学等。例如，与传统的电气工程科学相比，电气技术职业学的研究与教学内容如图 6-7 所示。[2]

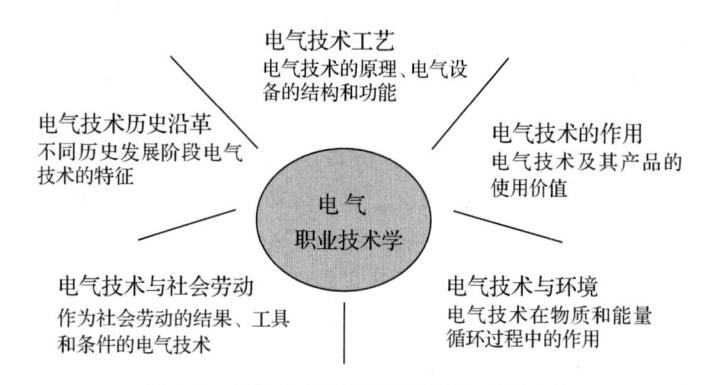

图 6-7　电气职业技术学的研究与教学内容

职业学研究需要关注自己"领域"(Domain)内独特的研究方法，因为其核心研究对象职业工作和职业教育教学过程不但是一个技术过程，同时也是一个社会过程，社会学、教育学和工程科学的研究方法都无法单独满足这一要求。20 世纪 70 年代美国兴起的"工作分析(Studies of Work)"研究，将准确描述工作过程、确定工作所需要的知识技能以及确定标准工作过程模式与实际工作过程的差异作为研究对象，这提供了一种重要的借鉴，但由于未将工作经验和"工作过程知识"纳入其研究范围，而过分强调被动和适应，其在研究方

---

[1] HGTB, "Studieninhalte der beruflichern Fachrichtungen Elektrotechnik," in *Wissenschaft und Beruf*, eds. Rauner, F. & Bannwitz, A., Bremen, Donat, 1993, pp. 309-317.

[2] Rauner, F., "Elektrotechnik－Grundbildung: Zu einer arbeitsorientierten Gestaltung von Lehrplänen im Berufsfeld Elektrotechnik," in *Beiträge zur Fachdidaktik Elektrotechnik*, eds. Lipsmeier, A. & Rauner, F., Stuttgart, Holland＋Josenhans, 1996, pp. 86-102.

法上的贡献只是基础性的。①

我国职技高师要想提高教育质量并在高等教育中争得一席之地，必须探索建立和发展自己独立的学科体系，这需要专门的研究对象和研究方法。可以看出，职业学方案为我国职技高师提高科研和专业建设水平提供了很好的启发。这里应研究的基本理论问题是：职业学的建立和发展应当遵循什么原则？职教教师的专业学习应归到专业学科（如工程科学），还是建立专门的针对职教教师培养的学科？但不管招收何种生源和采用何种培养模式，开展职业学的研究和教学始终是职业教育教师培养的核心。

三、企业培训负责人与培训师

企业要想建立高效的培训系统，必须拥有一支高素质的培训师队伍，包括培训部门负责人，培训工作负责人以及专、兼职培训教师。在不同的企业，他们的工作任务和组织分工有很大的不同。

（一）企业在不同发展阶段的培训任务

通常人们把企业的成长发展历程分为三个阶段，即创立阶段、发展阶段和成熟阶段。在这三个阶段里，企业教育培训工作的内容和重点不尽相同。尽管所处行业、地理位置、领导策略和企业文化等因素对企业教育培训工作有重要的影响，但仍然可以对其工作重点加以区分，也可据此对企业培训师的工作特点做一个描述。

1. 创立阶段

在创立阶段，企业一般会希望尽量减少教育培训费用，希望招聘的员工已经基本具备所需的能力。只有在万不得已的情况下，企业才会针对生产部门的特殊要求开展培训，并需要随时弥补员工的能力缺陷，这时的培训多以生产经营过程中的在岗培训为主。

在企业创立阶段，培训师是企业的"先锋队员"，他必须以极高的热情针对企业的一切问题做出及时反馈，他既可能是亲自进行培训的教学专家，也可能是聘请教师或外买培训的组织者。但不管怎样，他必须有丰富的企业实践经验而不仅仅是理论知识，具备较高的社会能力，特别是灵活性、组织能力和在各种场合贯彻自己意图的能力，这比专业知识和教育学知识更为重要。

2. 发展阶段

随着企业逐步走向正规，企业培训也逐步走向正规化和系统化，并出现了专门从事人力资源开发和教育培训工作的部门和人员分工，如培训经理、教练和专职培训师等。这时，企业对培训的科学化和效益要求提高，如需要开展系统的需求分析等。培训也多以工作岗位和工作过程之外的集中办班为主。

在发展阶段，培训师是企业的"冷血专家"。他不需要如在前一阶段那样用热情来工

---

① ［德］菲利克斯·劳耐尔、［澳］鲁珀特·麦克林主编：《国际职业教育科学研究手册》下册，赵志群等译，382~387页，北京，北京师范大学出版社，2017。

作，而是在知识和理智的基础上有计划、有系统和符合专业要求地开展工作。除亲自进行培训教学和组织外买培训，进行培训需求分析和开发培训课程是培训师的重要任务。在此，职业教育理论有了用武之地，因为企业更加关心培训的效果以及培训对企业绩效造成的影响。提供培训成为企业付给员工的一种福利或待遇。

3. 成熟阶段

在成熟阶段，人力资源开发和培训工作从人力资源管理或培训部门转移到企业的最高层，教育培训的任务不再是去"做"什么，而是去"创造可能性"。人们认识到，组织结构与个人行为之间的联系密不可分，企业发展是组织和个体共同发生的变化。在培训工作中，传统以个人学习为主的方式不再一花独秀，组织发展项目和团队训练越来越重要。它不再仅仅是周末或业务淡季可有可无的活动，而成为日常工作的重要组成部分。

与前两个阶段相比，成熟阶段企业开展的教育培训与生产实际结合的程度更高，是高层次的反省，其目的不再是"适应"外部环境的发展，而是专业化的企业组织发展过程，其结果是：对培训工作进行分散化的管理，缩小在发展阶段建立起来的专业培训部门，将其与专业或人力资源部门结合起来。培训师需要重返生产部门，从而保证快速把知识转化为企业的实际生产力。

在企业成熟阶段，培训师是企业的发展顾问，对企业发展具有举足轻重的作用。他了解企业的专业缺陷和弥补这些缺陷的方法，在更高实践性知识的基础上处理问题。培训师要有很高的专业能力和沟通能力，单纯的实践者和理论家都不能满足要求。培训师必须有丰富的实际工作经验，在专业上被大家接受，开发的方案才具有可行性。在此，学历教育仅仅是基础，所学专业甚至都不是最重要的。

（二）培训（部门）负责人

效益是企业永恒的追求。企业的培训工作必须被业务部门认可并最终为企业带来经济效益，才会有持续性。企业需要什么样的培训，培训的基本原则是什么，如何使培训和业务紧密联系，如何使受培训者个人和企业发展目标相吻合，这些都是培训负责人必须做好的工作。

培训（部门）负责人可能是专职的培训负责人，但大部分是就职于专业部门、从事教育培训工作的专业人员，他们是企业培训体系、生产部门以及企业领导层之间的"传动轴"，是企业领导、企业培训师和员工进行交流的媒介。培训负责人通过分析、信息传递、提供咨询，以及进行计划、组织和协调等工作，保证企业培训工作的有效性[①]，其工作职责主要体现在以下五个方面。

1. 需求管理

培训需求分为客观需求和主观需求。客观需求通过对工作岗位的当前状况和理想状况之间的预测性分析得出；主观需求是对职工个人能力和资格结构分析的结果。比较工作岗

---

① Döring，K.W.，*Praxis der Weiterbildung. Analysen-Reflexion-Konzepte*，Weinheim，Deutscher Studien Verlag，1992.

位要求和员工个人能力水平，其差距就是现实的培训需求。在实践中，这一需求常常是在培训师分析的基础上，通过与业务主管和员工本人谈话后得出，有时还要分析培训班的学习成果。培训师需要掌握培训需求与工作分析技能，包括职位说明书、培训需求与考核评估、培训需求调查表格的设计以及培训需求调查方法。

2. 制订和实施培训计划

在以外聘教师和外派培训为主的员工培训中，制订培训计划有特别重要的意义，这些工作包括：现状描述和培训任务设想；弄清学员已有基础，确定学习目标或组织发展项目；确定学员人数；制订培训年度计划，培训课程设计，开发针对具体问题的组织学习方案；培训的组织与实施（设定培训目标，选择培训方案与培训形式，确定培训方法和媒体，选择教师和教学场地，实施教学流程与监控）；制定预算，包括培训经费来源和培训费用分配。

3. 协调

即保证培训过程的顺利进行，包括：培训班的组织工作，如确定办班地点，开具各种证明，接站和票务等；撰写各种报告和文件，如培训总结、学员须知等；后勤保障，如教室、媒体和教材等的准备。

4. 培训咨询

顺利开展培训咨询工作的前提是与人交流，包括对"上"和对"下"的交流。对"上"是指向企业领导层和人力资源部门领导就培训的问题提供建议；对"下"是指帮助一般员工了解、准备和顺利接受培训。培训咨询工作是调动上级和下级员工学习积极性的活动。

5. 质量控制与评估

培训评估指所有保证培训质量和效益的措施，是持续的质量控制过程。除了培训班的组织工作外，评估工作的主要内容还涉及教学质量、学习内容、教师和教学材料。培训的效果评估是培训负责人最重要的任务之一。他一方面要向专业部门负责人宣传绩效管理的重要性，另一方面还要为其提供合适的评估工具。

(三)培训师

1. 培训师的角色和任务

在现代企业和社会中，参加培训的学员在学历、认识能力和经验等各方面的水平和需求不断提高。他们放下繁忙的工作挤出时间充电，当然希望学到有用的东西，因此培训绝不是猎奇式的务虚活动。由于一般理论知识可以从教科书或网络资源中自学获得，学习者一般会注重培训内容的实用性和前瞻性，希望在培训师的帮助下解决工作中的难点问题，获得"听君一堂课，胜读十年书"的学习效果，只有高水平的专家型培训师才能胜任这样的要求。

培训师的任务主要体现在四个方面，即培训的计划、组织、教学和咨询工作，如图6-8所示。

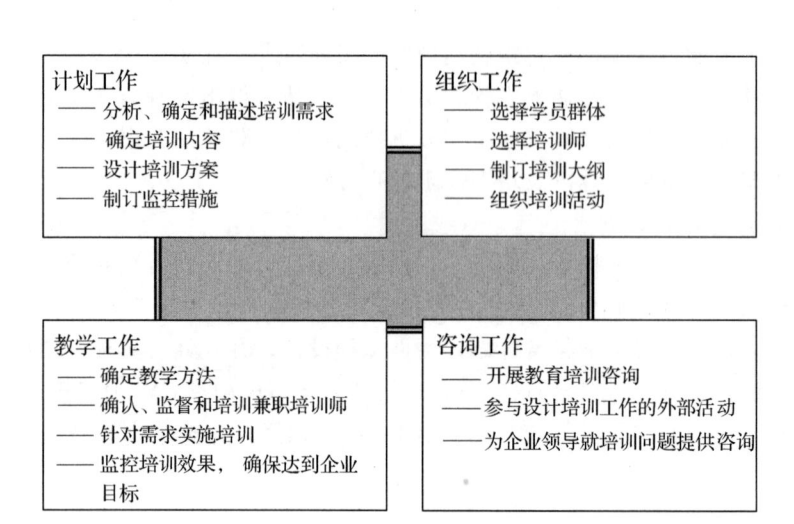

```
┌─────────────────────────┐         ┌─────────────────────────┐
│ 计划工作                │         │ 组织工作                │
│  ── 分析、确定和描述培训需求 │         │  ── 选择学员群体         │
│  ── 确定培训内容        │         │  ── 选择培训师           │
│  ── 设计培训方案        │         │  ── 制订培训大纲         │
│  ── 制订监控措施        │         │  ── 组织培训活动         │
└─────────────────────────┘         └─────────────────────────┘
                   ┌────────────────────┐
                   │                    │
┌─────────────────────────┐         ┌─────────────────────────┐
│ 教学工作                │         │ 咨询工作                │
│  ── 确定教学方法        │         │  ── 开展教育培训咨询     │
│  ── 确认、监督和培训兼职培训师 │   │  ── 参与设计培训工作的外部活动 │
│  ── 针对需求实施培训    │         │  ── 为企业领导就培训问题提供咨询 │
│  ── 监控培训效果，确保达到企业 │   │                         │
│     目标                │         │                         │
└─────────────────────────┘         └─────────────────────────┘
```

图 6-8　培训师的任务

高水平的培训师是一个专业化的培训专家，他扮演以下职业角色。

➤ 学习资源的设计者和提供者：培训师精心挑选学习资源，结合企业和社会发展需要编写必要的教材，为不同层次和专题需要的学习者开列学习菜单，有时还必须能游说到足够的资金。

➤ 学习过程的咨询者和参谋：培训师应从讲台上走下来，成为学习者的朋友和伙伴，针对学习者制订个性化的学习目标，选择学习方法，解除学习疑惑并提出学习建议。

➤ 选择学习内容的导航者：有效学习的学习内容应与企业文化和企业发展目标相一致，培训师从企业的行动目标、产品研发、竞争对手、营销渠道以及售后服务等方面出发，对学习者提出建议，学习者个人的学习绩效才能促进组织绩效的提高。

➤ 学习活动和学习绩效的评估者：培训师对学习活动给予必要的评议和提出建议，这样学习者才会不断地受到激励并获得必要的反馈，培训师的工作还包括评估学习绩效，以确保个人的学习成绩得到组织的承认。

2. 培训师的资格和能力要求

要想高质量地完成培训任务，必须有接受过良好教育而又经验丰富的培训师。培训师除了应当具有较强的学习能力、与他人分享的愿望、高度的责任感和相关领域的经验外，还应当具备以下能力。

（1）社会能力和组织管理能力

要想让培训措施向计划好的方向发展，培训师必须具备一定的领导知识和技能，如发现学员的性格特点，调动学员的学习积极性，并为学员提供创造成功的机会。

一般认为，成人学习分为两个层次，一是专业方面的表面层次，二是情绪方面的隐含层次，隐含层次的问题（如个人关系）对学习效果有很大影响。为正确引导成人学习的过程，培训师要有社会情绪的敏感性，具有关于成人情绪发展方面的知识以及与成人交往的心理诊疗能力，如适时表示同情、理解、接纳和鼓励以及保持社会公平。培训师要有能力妥善处理社会冲突，建立良好的学习环境（如平等的参与式学习氛围），消除成人学习障碍，保证学习过程顺利进行。

(2) 跨职业能力和个性特征

成人对社会不公等社会问题十分敏感，诚实可靠是培训师与学员建立信任关系的基础，它对成人学习的效果有重要的影响。培训师的个人魅力，如热情、语言感染力和幽默感等也非常重要。一个知识渊博、能力全面的培训师，能在多方面与学员交流并获得学员的尊重甚至敬仰，这无疑会改善教学的效果。

(3) 专业能力

培训师的专业能力包括三个方面，即本专业的最新知识和技能，专业思维和反馈能力，以及与本专业有关的背景知识，如在社会、历史、技术和文化发展的大环境中，对本专业与相关专业教学横向比较。

(4) 教学能力

除了按照学习心理学、职业教育学和职业教学论规律进行教学设计，选择教学方法和教学媒体，以及设计学习活动，培训师在教学中还应有较强的交流能力，如主动倾听、合理使用肢体语言和提供咨询等。[1]

3. 培训师的培养

从世界范围来看，目前还没有特定的培训师培养模式。职业培训实践的本身，成为事实上造就培训师的摇篮。在我国，优秀企业和跨国公司对高质量培训的需求，带动了培训师培训的发展，它们提供了丰富的与国际接轨的培训项目，如华为、宝马等企业都有系统的培训师培训课程。

过去，很多人力资源管理培训将"培训"作为一门课程来讲授，这种建立在管理培训基础上的培训师培训模式，有可能忽略专业技术因素、课程与教学理论在培训中的应用。由于缺乏与具体工作过程的联系，此种模式培养的培训师在技术工人培训工作中会遇到方法上的困难。

德国以企业培训为主的双元制职业教育在国际上享有盛誉，大型企业多数建有结构完整的培训师队伍，其组成和职责相对稳定，包括培训主管、实训教师和承担部分培训工作的培训专员等。企业培训师通过协作完成的任务包括：按照《职业教育条例》管理双元制职业教育过程；制定培训流程和安排学徒在各工作岗位的学习和工作；制订培训计划（包括符合要求的学习目标、培训材料开发）；完成培训合同中规定的任务；开展教育教养工作，使学徒融入企业社会；评价学徒，促进其发展等[2]。

德国由联邦司法部颁布并实施全国统一的《实训教师资格条例》（德语 Ausbilder-Eignungsverordnung，AEVO），这保证了实训教师（Ausbilder，特指双元制职业教育中的

---

[1] 参见众行管理资讯研发中心：《如何成为优秀培训师》，157～171页，广州，广东经济出版社，2003。
[2] 谢莉花、余小娟：《德国企业职业教育人员：角色、职责与资格》，载《比较教育研究》，2019(6)。

企业培训师)的基本能力水平。行会机构按照 AEVO 的规定开展实训教师的培养,并组织相应的资格考试。按照 AEVO 的规定,实训教师应具备以下四个方面的职业教育学能力:(1)核查实施职业教育的前提条件,并制订职业教育计划;(2)关注组织和法律要求,做好职业教育准备工作;(3)采用行动导向方式,促进学习者在职业的典型工作过程和业务流程中独立学习;(4)实施成功的职业教育,并为学徒展示未来的职业发展前景。

AEVO 培训和考试对德国职业教育具有重要的意义。它以法律条例形式强制企业对培训师的投入,这有助于提升企业培训师的工作水平,从而保证企业职业教育的整体质量。但是有研究表明,尽管德国大部分企业都认可 AEVO 培训与考试,但是出于经济原因,自愿为员工提供此类培训机会的企业尚属少数。[1]

---

[1] 李思:《对德国企业〈实训教师资格条例〉发展的探析》,载《职业技术教育》,2019(21)。

第七章 职业教育质量保障体系

一、质量保障的基本理念

进入21世纪,我国职业教育的规模得到空前的发展,但是很多深层次的问题还没有得到有效的解决,其中最突出的就是教育质量。质量是生命,关系到职业教育的社会认可度和美誉度,关系到职业教育的生存和发展。建立高质量的质量保障体系,对于职教行政管理部门开展系统化的顶层设计和科学化管理,对职业院校提高人才培养质量,具有重要的理论和现实意义。

(一)"全面质量管理"与"评估"

质量管理[①]领域有两套主要的理论,即"全面质量管理"和"质量评估"。全面质量管理理论来自经济学领域,产生于企业。企业质量管理有简单明确的目标,即实现利润的最大化。评估理论属于社会学范畴,针对公共部门和非营利性组织,追求的是综合化的目标体系,包括社会效益和经济效益。职业教育既要关注教育投入的经济效益,又要追求社会效益,因此需要两方面的理论支持(见图7-1)。

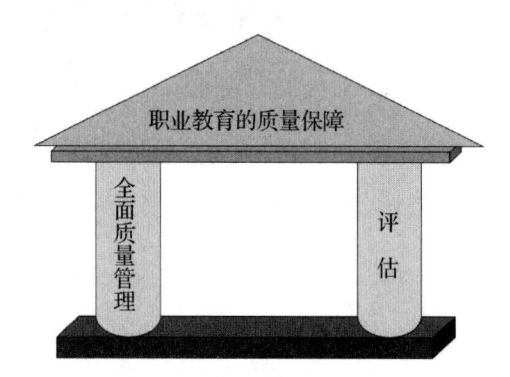

图7-1 职业教育质量保障体系的两个支柱

1. 全面质量管理

在经济管理领域,质量保障的基本内涵是确定并拟定产品或服务的标准,并不断改进。质量保障的水平,主要是通过顾客对产品或服务的满意程度体现的。对一个经济组织(企业)来讲,质量保障工作的目的是确定质量方针并实施这一方针,其主要内容包括:(1)质量规划:确定质量目标和质量标准;(2)质量控制:对过程进行控制,以提供尽可能无缺陷的产品和服务,并满足潜在顾客的质量要求;(3)质量保证:在组织内部和外部建立对提供产品或服务的质量的信任;(4)质量改进:进行持续质量改进,增强员工质量意识,形成质量导向的组织文化。

质量保障主要是通过建立和实施系统化的质量保障体系实现的。在工业生产领域的历

---

① 在质量管理研究和实践中,不同文化和研究背景下有"质量管理""质量保障""质量保证"等多种说法,本书采用"质量保障"和"质量保障体系"作为操作性概念,但在特定的概念中仍采用通行的表达方式,如"ISO质量管理标准"。

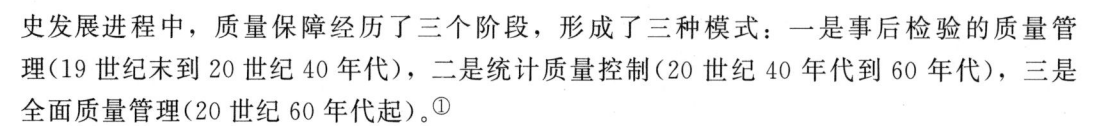

史发展进程中，质量保障经历了三个阶段，形成了三种模式：一是事后检验的质量管理(19世纪末到20世纪40年代)，二是统计质量控制(20世纪40年代到60年代)，三是全面质量管理(20世纪60年代起)。[1]

20世纪末以来，ISO9000质量管理标准在世界范围内得到了推广，其核心是加强基础性的制度建设。通过建立质量管理体系实施全面质量管理。ISO9000建立了一个没有行业差异、全面而广泛的框架，提供建立质量保障体系所必需的进程和步骤，并提出了质量管理的八项原则：(1)以顾客为关注焦点：满足和超越顾客的期望；(2)领导作用：领导者在组织质量管理中起决定性的作用；(3)全员参与：通过全体人员的共同努力来改进质量；(4)过程方法：把组织的所有活动和资源当成过程来管理；(5)管理的系统方法：将相互关联的过程作为系统加以识别、理解和管理；(6)持续改进：把持续改进组织业绩当成永恒目标；(7)基于事实的决策方法：决策建立在数据和信息分析的基础上；(8)与供方互利的关系：组织与供方互利、合作。这些原则已成为建立质量保障体系的基本技术要求。[2]

总的来说，全面质量管理理论和ISO9000质量管理标准为职业教育质量保障体系建设提供了重要的框架和指南，它们采用的现代统计和管理技术，以及专门的管理工具(如调查表、分层图、"头脑风暴"法等)，为职业教育质量保障工作提供了有效的技术手段。

2. 新公共管理的质量观

在公共管理领域发展起来的另外一套理念和管理模式，也为职业教育质量保障提供了重要的参考，即"新公共管理"与"新公共服务"理论。

(1)新公共管理与新公共服务

第二次世界大战以后，在福利社会理念推动下，西方国家政府职能发生了很大变化，并产生了"新公共管理理论"。据此，公共管理采用"经纪人"方式，按照顾客导向和竞争原则改进行政部门的服务提供过程，政府只负责制定政策而不负责执行政策，把管理和具体操作分开，主动、灵活和低成本地应对外界变化，并对不同利益需求做出反应，顾客满意度是评价政府绩效最重要的指标。[3]

"新公共服务"理论努力建立更加关注公共利益、适合现代公民社会发展和公共管理实践需要的理念。这给我们的启示是：应通过追求经济效益提高政府的行政效率，转变管理职能，把行政管理工作的重心从监督转移到公共服务上来。

(2)新公共服务理念下的质量保障

按照新公共服务理念，应改进公共部门提供服务的过程，按照"顾客导向"和"竞争导向"原则，实现公共管理向"绩效和效果导向"的转变，其战略目标是：

➢ **顾客导向**：顾客是从行政管理部门获得专门服务的人，这既包括管理部门内部的顾客，也包括外部顾客。

---

[1] 全面质量管理(Total Quality Management, TQM)的概念由美国国防部于1989年提出，目前已逐渐取代了管理学家费根鲍姆(A. Y. Feigenbaum)的"全面质量控制"(TQC)概念，这反映了质量管理理念和方式的发展。
[2] 程凤春：《教学全面质量管理——理念与操作策略》，10～11页，北京，教育科学出版社，2004。
[3] 参见彭未名、邵任薇等：《新公共管理》，广州，华南理工大学出版社，2007。

> 竞争导向：市场调控与行政调控相比，能产生更有益和有效的服务。
> 绩效和效果导向：管理的重点不是提供的资源，而是这些资源投入后所带来的业绩（产品）及其引发的效果。①

可以看出，建立全面的质量意识和质量保障体系同样是新公共管理的重要目标，这与全面质量管理理念是一致的。加文（D. A. Garvin）把公共机构的质量分为五个层面，即与产品相关的质量、与顾客相关的质量、与过程相关的质量、与价值相关的质量、政策质量[2]，这需要在职业教育领域做进一步的解释。

总体上看，我国职业院校很少有完全按照质量管理理论建立质量保障体系的，但很多院校借助全面质量管理理念、认证标准（如 ISO9000 标准）开展了大量的质量保障活动。职业院校有很强的公共机构的性质，采用新公共管理理念开展质量保障活动，也有重要的意义。

公共事业的供求关系不完全由市场调节，顾客有不同的价值取向和评价标准，因此公共管理无法完全通过全面质量管理模式进行质量保障，而更适合采用"效果导向"的管理模式。职业教育质量保障的重点是对取得的成果进行客观的评价，这首先要对各种影响（短期、长期、预期与非预期的影响）进行区分和识别，对复杂的因果关系进行分析，这需要建立在科学的评估理论和方法基础之上的扎实的实证数据。

(二)职业教育质量保障体系

1. 质量保障体系

一个组织为确保提供的产品和服务满足质量要求，并使所有员工都具备质量意识和责任感，需要建立质量保障体系，其实质是建立自己的"质量文化"，并对这一文化的遵守情况进行监督和调节。质量保障体系的功能包括质量策划、质量改进、质量控制和质量保证。

质量保障体系通过一系列的原则和准则来确定，并通过编写和出版质量文件被固定下来，如质量手册、质量保证计划和质量记录等。借助这些文件，组织可以建立统一的信息基础，按照一定标准进行评价和比较。质量保障体系有不同模式，其理论基础一般都是全面质量管理、ISO9000 或 EFQM 质量标准，但不管采用哪种模式，它都涉及组织结构的建构、过程控制以及对提供的生产及服务的质量保证。

质量保障体系的运作，就是稳定提供满足顾客需求和符合法律要求的产品和服务的过程，它涉及以下内容。

> 管理职责：质量标准的实施是自上而下的，最高管理者应预先给定质量目标和质量方针，所有员工都应支持质量保障体系并持续改进该体系。
> 资源管理：最高管理层提出愿景，监督愿景实施过程并提供所需资源，包括人力和

---

① [德]赖因哈德·施托克曼：《非营利机构的评估与质量改进：效果导向质量管理之基础》，唐以志等译，19 页，北京，中国社会科学出版社，2008。
② Garvin, D. A., "What does 'Product Quality' Really Mean?" *Sloan Management Review*, 1984(10), pp. 25-43.

财力资源、基础设施和有利的工作环境。
> 产品实现：包括实现绩效所需的一切过程。
> 测量、分析与改进：收集和分析数据既是为了保证效益和顾客满意度，也是质量管理体系的优化和改进。[①]

一个组织在成功引入质量管理体系后，可通过被授权的认证机构按照一定标准（如ISO标准或《华盛顿协议》等）进行认证。但是，认证并不能保证组织机构在获得认证后就一定实施了现代化的质量标准体系，也不能保证所规定的工作流程都得到了优化。

2. 职业教育质量保障体系的特点

质量是职业教育的水平和培养效果的优劣程度，是职业教育机构在遵循教育规律和职业发展逻辑基础上，在现有条件下培养的学生和提供的服务符合职业教育目标、现在与未来社会经济发展需要以及学生个性发展需要的程度。职业教育质量保障是通过保持和提高职业教育质量，以满足经济和社会发展需要为目的，由职业教育机构按照一定的质量目标、政策、执行标准和规定程序实施教育培训活动的过程，它涉及质量政策与目标、资源规划与管理、办学机构及其权责、教育教学过程管理与执行以及教师素质等多个方面。

进入21世纪以来，各级政府制定了很多提高职业教育质量的政策，职业院校也进行了大量质量保障体系建设实践。但从实际情况看，大部分院校并没有建立起完整的质量保障体系，只是选择性地引入了一些质量保障工具，这既有社会政策和技术方面的原因，也是职业教育的特点所决定的。

不同群体有不同的利益诉求，对职教服务的质量评价也会不同。例如，管理者关心如何按照法律法规进行合理的规划，并希望降低成本；学习者关心是否能够获得全面的教育和所获证书的含金量。职业院校要在法律和政策允许的范围内，平衡不同利益群体的需求矛盾，如提高教学质量和降低办学成本的矛盾。

职业院校是"教育服务"的提供者，其外部顾客是服务过程的参与者，因此很难实现服务过程的标准化。[②]"顾客"有多种类型，如"当事人""出资人""直接顾客""委托人"等，但这在职业教育中都有些牵强。例如，职教服务的直接接受者常常无法自主选择其接受的服务（如学校和课程），即购买决定权受到限制；服务不是提供给出资人（如政府），而是提供给那些符合条件的人（如享受免费教育的中职学生）。事实上，在职教机构运营中，顾客对服务质量的评价并不起决定作用，而行政管理部门的评估可能更为重要。

职业院校之间的竞争（如获得政府支持项目）不是市场化的竞争，因为我们不可能抛弃竞争的失败者。文化和价值观、地域特征等非市场因素对选择接受哪些职教服务具有重要的影响，如大城市较弱学校比小城市优秀学校有时对年轻人的吸引力更大。通常职业学校的质量保障体系运行非常困难，因为学校没有足够的办学自主权，其活动空间比企业要小得多。这一切均对职业教育质量保障方式产生了重要影响，其根本原因是职教发展无法完

---

① Radl, M., *Qualitätmanagement in Theorie und Praxis*, München u. a., Hampp, 2001, p.53.
② Matul, C. & Scharitzer, D., "Qualität der Leistungen in NPOs," in *Handbuch der Nonprofit-Organisation*, ed. Badelt, C., Stuttgart, Schäffer-Poeschel, 2002, p.64.

全通过市场调节来实现，必须考虑公共事务和非营利性组织的特点。

(三)评估与监测

1. 评估

"评估"[1]是以获得信息和评价信息为目的的专门活动，以及这一过程所获得的结果。评估是质量保障的重要手段，高质量的评估需要按照科学的标准，采用合理的获取数据的实证方法和系统化的评价方式进行，并保证不同主体可以进行重复测量。[2]

评估是过程透明，记录明确的数据收集和解释，服务于决策并最终带来效益的社会实践活动，它具有以下四个方面的功能。

- 获得认识：传达认识，为管理层的理性决策奠定基础。
- 执行监督：利用所获得的认识进行监督，衡量计划所确定的目标是否实现。
- 促进发展：实现过程的透明化，在利益相关者之间创造对话的可能性。
- 证明所实施措施的合法性：借助评估获得的数据检验项目或政策的投入、产出以及产生的长期效果，证明投入的有效性。

对评估对象的判断既要遵循已有规则(如 ISO 标准)，还要满足多元化要求。这些标准可以由评估的委托人、目标群体、相关利益群体、评估者本身或者以上所有人共同制定。评估可以帮助管理者认识到工作中出现的问题，从而提高效率和效益，减少开支并改进效果。

不同评估有不同的侧重点，完成不同的任务，如改进一个项目或政策的规划(事前评估)，对政策实施过程中的评估(过程评估)，或者确定干预的有效性(事后评估)。评估也有决策功能，即通过评估证明某些政策的正确性，如一个项目是应该继续还是应该被中止。

评估可以分为形成性(Formative)评估和总结性(Summative)评估。前者的特点是积极建构，针对过程，具有建设性并且促进沟通；后者则主要针对结果，具有概括性和结论性的特点。一般在项目设计阶段进行形成性评估，在项目实施阶段既可以进行形成性评估，也可以进行总结性评估；事后总结通常都是总结性评估。评估中最困难的工作是解释其中的因果关系。

2. 监测

通过评估可以建立持续的监测(Monitoring)。监测可以针对整个职业教育体系，也可以针对一项政策或一个项目，以获得关于投入、产出和效果方面的数据，如通过毕业生涯发展监测可以提供职业教育人才培养质量方面的信息。

监测是评估的一种形式，用来描述项目的执行情况，对项目履行其预定职责的好坏进

---

[1] "评价"和"评估"在英语里对应的都是 Evaluation，二者之间没有根本性区别。一般认为，评价依据一定标准进行判断，评估的准确程度偏低；评价多针对微观事物进行，如教学评价，而评估多针对较宏观的事物实施，如政策评估。在实践中二者经常被模糊使用，本书将其视为同一概念。

[2] Weiss, C. H., *Evaluationsforschung*, Opladen, Westdeutscher Verlag, 1974, p.19.

行评价。① 监测与评估的区别是：评估仅在某一时间段内进行，监测是一项长期任务，是持续、程序化的活动。监测的目的是监督项目是否按照原有计划进行，不关心项目计划及实施条件本身是否合理，效果的因果分析是评估的重要任务。在监测中，对所观察到的变化的解释处于次要地位。总的来说，监测是对状态的详细记录，评估是对结果与原因的因果分析。监测与评估结合，可以呈现职业教育的现实状态以及其中深层次的关系。表7-1以教学为例，说明教学监测与评估的区别。

表7-1 监测和评估的区别（以教学为例）

比较项目	监测	评估
主要活动	详细记录过程	进行因果分析
目的	判断教学目标是否达到	找出成败的原因
工作标准	看是否背离教学计划	分析教学过程中出现变化的原因
判断的证据	取得了哪些直接和间接的效果	在教学环境中出现了哪些变化
	教学活动的运行和管理效果	提出了哪些监测建议
结论	判断教学体系是否有效运作	确定教学目标是否需要修改

质量保障体系研究中还有一个重要概念，即"控制"（Controlling），人们经常会笼统地说"监控"，即"监测与控制"。控制也是起源于企业管理学的概念，主要含义是"引导、管理或调节"。监测与控制的区别是：监测提供信息，但控制还具备协调功能；监测报告的范围比控制更加广泛。在实践中，监测要提供关于所取得的效果的数据，而控制主要关注成本方面的问题；监测涉及过程性与系统性问题，而控制针对的是结构性因素。实施监测的意义在于，工作任务或项目实施是一个持续过程，需要对环境变化做出反应，并得到持续性的跟踪。监测遵循"从下到上"的原则，控制遵循"从上到下"的原则。

监测是一项长期性任务，它根据组织的内部和外部数据，不间断地告知管理人员项目发展的实际状况（期望值与实际值的比较），帮助管理人员做出相应的调整。监测与控制的共同点是：二者都为决策提供信息支持，但二者本身都不是决策的组成部分，决策是由管理人员做出的，而不是由控制人员、监测人员或评估专家做出的。

可以说，监测是持续性评估的一种特有形式，因此评估的科学理论对监测也是适用的，一般的评估方法也可运用于监测。控制主要采用量化分析方法，而监测同时运用量的和质的分析方法。控制的过程要求严格，而监测却比较灵活，监测什么，怎样监测，都可以由参与者各方通过内部协商共同决定。②

---

① Weiss, C. H., *Evaluationsforschung*, Opladen, Westdeutscher Verlag, 1974, p.19.
② [德]赖因哈德·施托克曼：《非营利机构的评估与质量改进：效果导向质量管理之基础》，唐以志等译，74～82页，北京，中国社会科学出版社，2008。

(四)职业教育监测与评估体系(M&ES)

1. 监测与评估体系

传统的职业院校评估主要关注人和物的要素,如足够的资金、良好设施设备以及高水平的教师,但对体制机制建设关注不够。这种评估建立在一个错误的假设基础上,即"人的本能是无为的"——学校的缺陷只能由校领导负责消除。现代社会对技术技能人才提出了更高的要求,相应提高了对职教教师工作能力的要求,这体现在教书育人和学校管理的方方面面。例如,教师要根据区域经济发展和教学标准制订更有效的学习计划,要对学校发展提供持续支持,还要与政府、企业和学生等保持合作,并提供个性化的教育咨询,这意味着教师承担了更多的管理功能。

按照现代精益管理理论,人是学校和社会发展的创新者和设计者。成功的学校应当是一个持续进步的学习化组织,它具备不断获取、传播和创造新知识的能力,并能在这一基础上不断改进。在此,每个员工都有自主权,可发挥更多的创造性,这不仅是工作质量的标志,也是提高工作质量的有效手段。建立科学有效的质量监测与评估机制,对建立优质高效的职业教育体系具有重要的意义。监测和评估的考察对象涉及整个教育培训体系、教育培训机构、教师、学生和家长等方方面面。

在质量管理领域,一个组织对自己工作质量的控制和管理被认为是开发自己的评估能力,即"评估能力开发"(Evaluation Competency Development,ECD),它是促进组织发展和质量管理的重要手段。"评估能力开发"指内部和外部人员合作,为一个组织(如学校)或项目开发包括概念、方法和发展战略在内的成套工具,即"确定做得怎样""发现错在哪里"和"知道怎样修正"的过程。在评估能力开发中,建立"监测与评估体系"(Monitoring and Evaluation System,M&ES)是最为重要的内容。

"监测与评估体系"是所有能够向管理人员连续反馈一个组织或项目运行状况的信息,识别获得成功的潜能,并尽早发现问题以保证及时调整的工具。完整的监测与评估体系包括"监测""评估""成本/效益评估"和"效果评估"四个部分。"监测与评估"是一个为保证组织有效运转并取得预期成果,各有关方面达成共识的沟通过程,它是服务于一个组织或项目的管理工作,帮助其完成任务,考核和检查工作进展,并确定阶段性成果的重要工具。

2. 职业院校的监测与评估(M&E)体系

对于职业院校来说,监测与评估体系是一个涉及整个学校和所有教职员工利益的长期而持续的变化过程,是一个为所有涉及者和参与者(如家长、老师、学生、学校、企业和社会等)都带来益处,能持续提高学校教育教学质量和工作效率,不断改善教职员工的工作和生活质量的现代化管理手段;它是一个能够向有关人员连续反馈相关工作(或项目运行)状况的信息,识别获得成功的潜能,尽早发现问题并保证及时调整的系统化工具,是一个为保证工作计划有效实施并达到预期目标,各有关方面达成共识并实现这一共识的过程。

职业院校的监测与评估体系的结构如图7-2所示。监测主要由职业院校的内部人员进行,评估则多由外部机构(特别是第三方机构)和外部专家承担。监测与评估的区别表现在操作主体、数据处理方式、工作频率和工作目标等方面,二者相辅相成:监测提供初步资料，评估使用监测所获得的数据和资料，并赋予其价值。没有监测，就没有需要或能够处理的原始资料，也就失去了评估的基础。

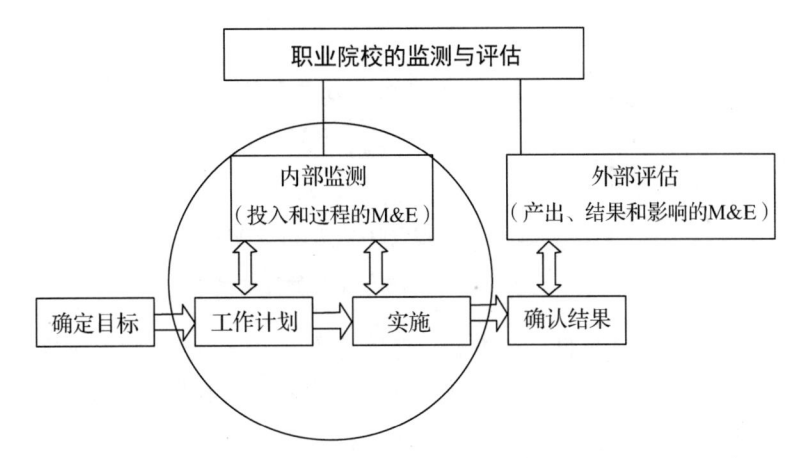

图 7-2 职业院校的监测与评估系统

监测与评估体系对职业教育质量保障体系建设具有重要意义，其考察对象包括职业教育体系涉及的所有机构和人员，至少由三部分内容组成。

➢ 促进区域、行业或企业人力资源开发的宏观职业教育质量监测与评估体系。
➢ 促进职业教育机构发展的职业教育和培训机构的质量监测与评估体系。
➢ 促进学生发展和教师提高教学水平的教学质量监测与评估体系。

尽管不同层面监测与评估体系的内容、具体工作方法有很大差异，但它们仍有类似的结构框架。[1] 例如，在实践中，职业院校质量监测与评估的对象主要是开发和推广新的人才培养模式，新的运行管理模式以及判断达到目标的程度；教学质量监测与评估则关心更为微观的问题，如对使用新教学资源的预期效果和实际效果进行比较，采用新课程标准后学生学习成绩的变化等，其目的都是通过系统的监测与评估手段，保证学校的工作达到预期的效果。

职业院校质量监测与评估过程表现为螺旋循环向上发展的过程。例如，教学活动是按课程标准规定的教学目标来确定的。经过一段时间的教学实践后，对学生发展现状进行分析，并与期望目标进行比较（即评估）。当人们再回到出发点时，已经有了一个有所改进的课程标准，这就已经在一个更高的起点上了（见图 7-3）。

监测与评估通常按照以下程序进行：确定评估内容和评估标准，设计评估工具，收集和分析数据与证据，明确改进要点并制订改进计划。监测与评估工作的核心是：客观和全面地判定监测与评估对象的实际情况。目前职业教育质量监测与评估呈现出一些共同的发展趋势，如监测与评估的对象从"投入"(Input)转向"产出"(Output)、"结果"(Outcome)，甚至"影响"(Impact)；与教育有关各方的参与者都有机会系统并长期从事这项工作；监测

---

[1] ［德］君德·瓦格纳：《调查与评估教育机构的现代化方法与手段》，载《中国职业技术教育》，2002(4)。

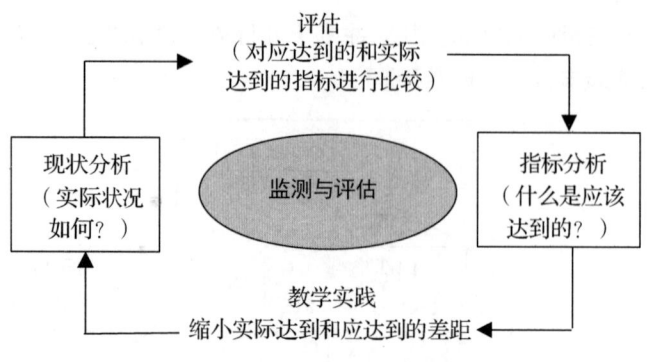

图 7-3　监测与评估的循环过程

与评估的目标演变为持续改良,即提高教育体系的人才培养质量和工作效率。

在现代职业教育中,监测与评估活动既可以针对整个教育机构(如学校和培训机构的 ISO9000 和 ISO29990 质量管理体系认证),也可以针对职业院校的某一个具体工作或项目,如示范院校或骨干院校建设和合作办学等。对日常工作和项目的监测与评估不完全相同,这主要是项目工作和日常工作的不同造成的(见表 7-2)。

表 7-2　项目工作与日常工作的区别

项目工作	日常工作
目标是短期的	目标是长期的
暂时的、特有的活动	持续的、重复的活动
短期内共享多种资源	在固定的时间里利用指定的资源
集多学科于一身的临时性机构	单一学科和职能的常规组织机构

理论上看,监测与评估是一个强大而有效的管理工具,但将其付诸实施却并非易事,这主要是因为它投入较高、耗时较多和技术复杂,此外还会经常遇到信息滞后和不准确以及受文化因素的困扰。正因为这样,有效的监测与评估系统必须按照较为简单的模式设计,遵循阶梯渐进和持续发展的原则,按照组织学习规律,让职业院校或项目的所有人员都能在工作岗位上得到学习和提高,不断发现机构或项目的问题并加以改善。

二、职业教育的评估[①]

(一)教育评估方法的发展

纵观人类历史,教育评估理念和方法论的发展大体经历了三个阶段,即"科学主义评估""人文主义评估"和"后现代主义评估",这对职业教育评估方法的建立和发展具有重要的启发。

---

① 本节在孙芳芳的博士论文基础上修改而成,参见孙芳芳、赵志群:《职业院校质量诊断:授权评价理论与实践》,21~27 页,北京,中国社会科学出版社,2019。

1. 科学主义评估

19世纪末20世纪初，科学技术在帮助人类征服自然的过程中取得了辉煌的成就，其唯效率的价值追求、归纳式的思维逻辑以及量化设计的研究范式对社会科学产生了重要影响。按照基于决定论的哲学思想，原因影响结果，教育评估是通过"科学"手段和量化方法收集信息，形成对评估对象客观状态的认识，从而了解事情的"本来面貌"的活动。[①] 强调定量和实证的科学主义评估观，使教育评估的质量和效率得到了很大提高。例如，教育部《高职高专院校人才培养工作水平评估方案》就是典型的科学主义评估观指导下的评估方案。它强调指标量化、评估标准统一，其特点是注重外部评估，被评估者需要向外部专家提供足够的证据去证明其质量。

20世纪中叶，学术界对纯粹的量化研究是否适用于社会科学产生了激烈的争论。批评者认为，科学主义评估对态度、创造力、能力等因素的测量有很大的局限性。受人文主义思想的影响，评估者开始接受多元化观点，或至少承认这一现实的存在，质的评估方法逐渐发展成量化评估方法的重要补充。[②]

2. 人文主义评估

人文主义者对科学主义评估的质疑是：科学研究的任务不应局限于纯粹的"客观事实"，也应关注意义、价值和情感等主观领域；管理者的授权和放权、团体凝聚力和合作思想在评估中同样重要。[③] 斯塔弗尔比姆（D. Stufflebeam）建立的CIPP评价模式是人文主义评估思想的反映，即关注背景（Context）、投入（Input）、过程（Process）和产出（Product）。据此，教育评估的重点是教育过程而非仅仅产出，强调交流，关注诊断和分析潜在问题，由此对教育过程进行有效的干预和改进。[④] 人文主义评估强调描述性的定性分析，考虑人的观念和主观经验在评估中的作用。由于此类研究多以倡议和讨论的形式进行，影响力较小。科学主义和人文主义评估观在社会的发展过程中呈现互相质疑又共同发展的态势。

3. 后现代主义评估

后现代主义思想注意到了科学主义和人文主义评估观的优势和不足，其解决方案是弱化量化研究，重视知识建构、应用条件以及由此带给人们影响的差异。这提高了非理性的价值，质性研究方法被逐渐接受。[⑤]

后现代主义评估思想的代表是第四代评估和参与式评估。第四代评估由于符合社会多元化的现实以及多元利益主体的需求，受到学术界的高度关注，并引发了一系列公共管理改革措施。参与式评估立足行动研究，要求评估者不仅要促进公民参与评估，而且还要成

---

① ［美］约翰·W. 克雷斯威尔：《研究设计与写作指导：定性、定量与混合研究的路径》，崔延强译，5页，重庆，重庆大学出版社，2007。
② ［瑞典］胡森等：《教育大百科全书：教育评价》，张斌贤等译，41页，重庆，西南师范大学出版社，2011。
③ 于璨、宋凤宁、宋书文：《教育组织行为学》，18页，北京，北京师范大学出版社，2009。
④ ［美］斯塔弗尔比姆：《方案评价的CIPP模式》，见瞿葆奎主编：《教育学文集》第16卷，313页，北京，人民教育出版社，1989。
⑤ 王景英、梁红梅：《后现代主义对教育评估研究的启示》，载《东北师大学报》（哲学社会科学版），2002(5)。

为社会中被剥夺权利和缺少声音的少数群体的代言人。① 授权评估理论进一步发展了参与式评估，为利益相关者提供了操作性工具，教育评估也更倾向于采用质性方法，同时对讨论过程进行量化，得出可视化结果，体现定性与定量评估方法的融合。

4. 职业教育评估的发展趋势

目前我国职业教育评估的基础仍然是关注共享价值观，价值多元化还没有受到重视，职业院校在建构质量保障体系时较少考虑相关利益者的多元需求。未来，应当也必须承认并尊重利益相关者的不同价值取向，建构各方认可的评估标准，适应从管理者的一元主导向多元主体发展的治理趋势的要求。

职业教育评估的发展走向是从外部评估转向内部诊断，从一元控制走向多元治理。尽管量化评估方法仍然占据主导地位，但质的方法会成为重要的补充；量化与质性方法相结合，可以更好地解释和分析社会现象。评估的专业化要求越来越高，在此，人的因素越来越重要。评估主体由"组织者和实施者"扩展到"所有利益相关者"，职业教育评估的重心也从"物本"转变为"人本"。②

（二）职业教育的评估指标

评估指标回答"应评估什么"的问题，它是评估活动开展的依据。制定科学而又能被普遍接受的评估标准是开展高质量评估的关键。国际评估学者从 20 世纪 80 年代开始对评估标准进行探索。例如，斯塔弗尔比姆首先提出了对评估的评估标准（元评估），包括技术可行性、实用性和有效性等方面。③ 他领导的美国教育评估标准联合委员会（JCSEE）1981 年发布了第一套对教育评估的评估标准《教育方案、计划及材料评估的标准》，从效用、可行性、适切性和精确性四个方面评价教育评估（见表 7-3）。

表 7-3　JCSEE 评估方案的评估标准（1994）

类别	含义	具体标准
效用性 Utility	确保评估的信息资料能够满足用户的需要	U1 利益相关者确定；U2 评估者的可信度；U3 信息的范围和选择；U4 价值认定；U5 报告清晰度；U6 评估报告及时性与公布；U7 评估影响
可行性 Feasibility	确保评估切实可行、严谨规范、灵活变通和节约资源	F1 实践程序；F2 政治可行性；F3 成本效益

---

① Cousins, J. B. & Earl, L. M., "The Case for Participatory Evaluation," *Educational Evaluation and Policy Analysis*, 1992, 14(3), pp. 397-418.

② 李凌艳、李勉：《从西方教育评价理论发展的视角看我国学校评估研究》，载《教育理论与实践》，2010(4)。

③ Stufflebeam, D. L., Toward a Technology for Evaluating Evaluation (ERIC Document Reproduction Service NO. ED 0900319), 1974.

续表

类别	含义	具体标准
适切性 Propriety	确保评估在法律和道德范围内实施	P1 服务导向；P2 正式协议；P3 受评者的权利；P4 人际交往情况；P5 完整和公正的评估；P6 结果报告；P7 利益冲突；P8 财政责任
精确性 Accuracy	确保评估所传递和体现的信息的充分性	A1 方案文件；A2 情境分析；A3 目的和程序的描述；A4 可明辨的信息来源；A5 有效的信息；A6 可靠的信息；A7 系统化的信息；A8 定量信息的分析；A9 定性信息的分析；A10 证实的结论；A11 公正的报告；A12 元评估

资料来源：美国西密歇根大学教育评估中心网址。

然而要想完全满足这些标准是很困难的，因为很多标准和指标之间有竞争关系。关于职业教育的评估指标，目前国内外存在着不同分类或理解。

1. 投入—过程—产出指标

"投入—过程—产出"是最基本的质量评估指标，即所谓生产架构（Production Framework）。传统的教育评估关注投入指标，如学校的基础设施、师资和课程等。后来人们发现，职业教育质量评估既要重视劳动力市场结果，更要关注学习过程、学生行为的改变及其对就业和非就业方面的长期影响，即对过程指标的重视。[1] 欧洲职业教育发展中心（CEDEFOP）在 2009 年发布的《职业教育质量指标：致力于促进欧盟合作》报告中提出职业教育质量指标包括教育与接受教育的比例、对教师的投入、弱势群体参与教育的比例、完成或未完成职业教育的比例、毕业率、就业率、所学技能情况和背景八个方面，这涉及了 CIPP 的"背景、投入、过程、产出"等所有方面。

2. 内部—外部质量指标

职业教育质量评估指标包括内部和外部两个方面。外部评估是由教育管理部门自上而下组织实施的，以宏观层面的行政管理为主；内部评估指职业院校基于自身需求开展的自下而上的自我评估活动，属微观层面的自我保障。[2] 这与国际通行的"（内部）监控"和"（外部）评估"的划分方式基本一致。

3. 动态化指标

教育作为培养人的复杂社会活动，其质量是动态变化的，教育质量指标包含教育成果的价值判断。伍德豪斯（D. Woodhouse）用"代理服务器（Proxies）"强调指标的动态性特点，提出"环境依赖型"假设，即当环境变化时，"代理服务器"（指标）也要适应变化并做出改变。[3] 各国职业教育质量指标一般会涵盖宏观、中观和微观等多个层面，体现各国在发展

---

[1] Grubb, W. N. & Ryan, P., *The Role of Evaluation for Vocational Education and Training*, International Labour Organization, 1999, p. 85.

[2] 韩奇生：《高等职业教育质量保障体系建设述评》，载《高教探索》，2012(4)。

[3] Woodhouse, D., "Research Issues in Quality in Open Distance Education," *Indian Journal of Open Learning*, 2000, 9(1), p. 105.

职业教育过程中的多角度取向。人们无法用特定和统一的指标衡量不同国家和地区的职业教育质量情况,因此世界银行在相关文献中也没有对指标进行具体的定义。

但是可以确定的是,在职业教育评估中对评估指标理解的发展趋势是:更多地采用产出导向和结果导向的评估指标,评估重心从外部评估向内部评估转移,微观层面的指标成为重点,而且没有统一和固定的评估指标,即依据评估目的和评估内容确定具体指标。[1]

(三)职业教育评估方法的分类

不同人群有不同的背景和迥异的世界观,因而也会有不同的评估方法,包括不同的设计理念、数据收集、分析和解释的方法。

1. 测量导向的方法

自从19世纪中叶开始,学业成就测验就成为评估学校教育质量的主要手段,历史上的标志事件是赖斯(J. Rice)对33 000名学生的拼写能力调查,标准化测验由此发展成为学业成就评价的重要工具。20世纪30年代,"评估之父"泰勒(R. W. Tyler)采用实验设计模式,对教学改革的成果进行比较分析。后来,这些方法中又引入了教学变量和学校变量。目前,泰勒的评估理念仍然在教育评估中发挥着重要的影响。

2. 质性评估方法

自20世纪60年代开始,评估者认识到,尽管测量导向的评估方法对促成目标达成有很好的效果,但是在过程性评估中的使用效果并不好;如果更多地采用人种学或质的分析方法,关注在自然情境下不同利益相关者的参与,则更容易深入理解和解释正在被观察的现象。受此影响,人们越来越重视质性评估方法,关注交互式评估和评估过程本身。[2]

3. 诊断性方法

"诊断"的概念起源于医学,本义是通过特定的工具检查病人的病症,并有针对性地开具处方。在教育领域,布卢姆(B. Bloom)最先提出"诊断性评估"的概念,即在学习开始之前对学习者现有水平进行评估,强调预防性的"事前行为"。[3] 诊断性评估方法是典型的内部评估方法,是自下而上的创新方法。对学校的诊断性评估应按照"协商模式",相关人员共同协商裁定和解决相关问题,从而提高评估结果运用的可能性。诊断不是简单的现状描述,而是通过获得足够深入的信息,揭示学校存在的问题及其成因,并通过制度化的措施形成持续改进的机制。[4]

进入21世纪,诊断成为引领学校建构反思意识、发现问题、提高效能、促进自主发展的新型教育技术。特别是教育部通过促进建立职业院校"教学诊改"机制的行政措施,使这一思想得到了普及。值得注意的是,"诊断"不仅仅是收集数据,更重要的是使利益相关

---

[1] [德]菲利克斯·劳耐尔、[澳]鲁珀特·麦克林主编:《国际职业教育科学研究手册》下册,赵志群等译,437~445页,北京,北京师范大学出版社,2017。
[2] [瑞典]胡森等:《教育大百科全书:教育评价》,张斌贤等译,42页,重庆,西南师范大学出版社,2011。
[3] [美]B. S. 布卢姆等编:《教育评价》,丘渊等译,10页,上海,华东师范大学出版社,1987。
[4] Scriven, M., "The Methodology of Evaluation," in *Perspectives on Curriculum Evaluation*, eds. Tyler, R. W. & Gagne, R. M., Chicago, Rand McNally, 1967, pp. 39-83.

者都参与到诊断过程中,共同发现问题并寻找解决策略。① 据此,"教学诊断"的含义是:采用量化或质性研究工具,根据职业教育利益相关者的共同诉求("会诊"),对职业院校某方面工作中的问题("病情")进行多维度分析,确认和总结原因(确诊"病因"),并提出解决策略("开处方"),从而保证职业院校人才培养质量的持续提高("健康")。

4. 多元化方法论

鉴于评估的对象过于复杂,单纯的量化和质性方法都不能满足所有的评估目的的要求,评估模式和评估方法的多元化发展成为未来的发展趋势。在社会多元化发展背景下,混合式评估方法得到了越来越多的应用。按照库克(T. D. Cook)的后实证主义的多元化思想,在评估中应提倡利益相关者的多元参与,对互相矛盾的数据进行分析和解释,强调动态建模,并关注在不同情境和时间段评估结论的可推广性。② 斯克里文(M. Scriven)还开发了关键评估量表,从而解决对了多个选择进行筛选时遇到的实际问题。③

三、典型的评估方法举例

国内外对评估的方式方法有很多研究,建立了不同的评估模型。多纳贝蒂安(A. Donabedian)提出,评估应从结构、过程和成效三个维度来考虑问题,其中结构要素是基础,过程要素是可能,它促使产生短期的产出,并最终促使产生效果(Outcome)。评估最终要体现在对效果的评价上。④ 目前世界银行、OECD等国际机构的项目评估常常强调效果和影响导向,而过程评估可以采取多种方法,有时评估的结果难以保证。

职业教育在很大程度上是需求导向的教育,它按照社会需求确定目标,根据目标决定投入、开展活动,并形成产出和效果。效果导向是职业教育评估的重要原则,在评估中要关注需求和目标之间的相关性,评估目标和效果、投入和产出的关系,即评估标准关注效率、效益、有效性和可持续性。

(一)教学评估方法

职业院校的教学评估是专业人员(评估专家)按照一定方法,收集教学系统各方面的信息,根据一定标准对教学的结果、过程、系统、措施或组织机构等做出客观的衡量和科学判定的过程。教学评估工作的主要内容包括:明确工作目标的基础,获取必要的信息,帮助制订计划和做出决策,进行自我质量监控,提供反馈信息的方法,检验目标完成程度,并对过去的工作进行总结和反馈。

---

① [英]科林·卡纳尔:《组织变革管理(第5版)》,皇甫刚译,180页,北京,中国人民大学出版社,2015。
② Cook, T. D., "Postpositivist Critical Multiplism," in *Social Science and Social Policy*, eds. Shotland, L. & Mark, M., Beverly Hills, California, Sage, 1985, pp. 38, 30, 57-58.
③ Scriven, M., "Truth and Objectivity in Evaluation," in *Evaluation for the 21st Century: a Handbook*, eds. Chelimsky, E. & Shadish, W., Thousand Oaks, CA, Sage, 1997, pp. 477-500.
④ Donabedian, A., *The Definition of Quality and Aproches to Its Assessment*, Michigen, Health Administration Press, 1980, p. 80.

1. 教学评估的功能与特点

合理的教学评估能体现党和国家的教育方针，尊重和体现学生的个体差异，激发学生努力实现自身的价值。教学评估从根本上说是以提高学习效率为目的、为学生终身发展提供服务的发展性评估，它具有以下基本功能。

- 反馈调节：将评估结果反馈给被评估者（教师和学生等），使其对教学活动有全面而客观的认识，从而及时处理问题和进行调整。
- 激励：为被评估者提供自我展示的平台，鼓励其展示自己的成绩，是鼓励先进、鞭策后进和调动工作学习积极性的激励手段。
- 反思总结：参与式评估有助于调动被评估者的内在动机，有助于促进个体建立良好的反思与总结的习惯。
- 记录成长：日常化的多元评估内容和灵活的评估方法，能够清晰而全面地记录个体的成长细节，从而起到促进成长的作用。
- 积极导向：把评估过程渗透到教学过程的各个环节，有助于构建促进教师、学生和学校全面发展的质量改进模式。

教学评估的重点是系统分析某一教学单位（如学校或专业系部）教育教学工作的价值和效益。在此需按照特定的标准，对相关文件、活动、课程和工作过程等数据进行系统化的收集，从而做出客观的评价。它不仅是结果监控，而且也是对教学过程的发展和优化。

教学评估是有计划地针对工作目标的系统化收集和分析信息的过程。参照欧洲质量管理基金会（EFQM）的定义，对评估要达成的目标是：以事实为依据进行评价，对取得的进步进行周期性监测，确定优势和可改进的潜力，并简化内部和外部的比较。为此，职业院校所有级别和岗位的教职员工都应当参与到评估活动中来。职业院校的教学评估有以下特点：

- 除教学工作外，评估对象还包括学校的组织结构、社会和家长的满意程度、资源利用率以及校企合作状况等。
- 评估专家来自相关机构，如教育管理、行业和企业等，是有实践经验和了解实证方法的专业人员和社会活动者。
- 评估指标体系由各方人员协商确定，它表述精确，与学校的重点工作相一致。
- 评估之前须对收集、处理和分析数据的方法进行周密计划，并妥善解决数据保密、时间安排和各方协调等问题。

在职业教育院校的评估工作中，不同阶段和不同性质的评估重点有所不同：对于新开发的专业和课程的评估，一般关注需求分析和专业设置的效果；对于成熟专业的评估，着重校企合作和教学资源建设；对于新教师的教学课的评估，则关注教学方法和教学质量等教学能力的提高；对外聘教师进行的培训（评估），则着重于课程设计和成本核算等。

2. 评估过程

评估的过程是回答六个 W 的问题的过程，即谁来评估（Who），评估什么（What），为什么评估（Why），怎样评估（How），何时评估（When），以及在哪里评估（Where）。美国评估协会(American Evaluation Association,AEA)曾经建议把评估流程分为六个步骤,即评估活动的规划与协商、评估方案的结构与设计、评估数据的收集与准备、评估资料的分析与解释、评估结果的沟通与公布、评估结果的利用。[①]

布卡德(C. Burkard)等设计了一个"评估钟",可以清楚地描述教学评估的流程,以及在重要的节点需要注意的问题(见图7-4)。

修改课程或工作计划

为什么要进行评估?要达到什么目的?

(0)目标(课程与工作计划、相关规定等)

工作的成果是什么?能达到原先制订的目标吗?

(11)决定发展阶段,制订实施计划

(1)定义评估的目标与用途

谁来进行评估?谁参加?怎样评估数据?

(10)预测,评估结果,确定采取措施

(2)确定评估领域,开发评估方法

(9)校内研讨会分析各方数据(数据反馈)

评 估 钟

(3)解释成功指标和评估指标

(8)处理数据并进行"技术"评估

(4)讨论和选择具体的评估问题

(7)获取数据或评估现有数据

(5)确定选择的数据种类及其来源

用什么衡量成果?有哪些评估基础和标准?

现有哪些信息和已有成果?

(6)选择收集数据的方法,开发工具

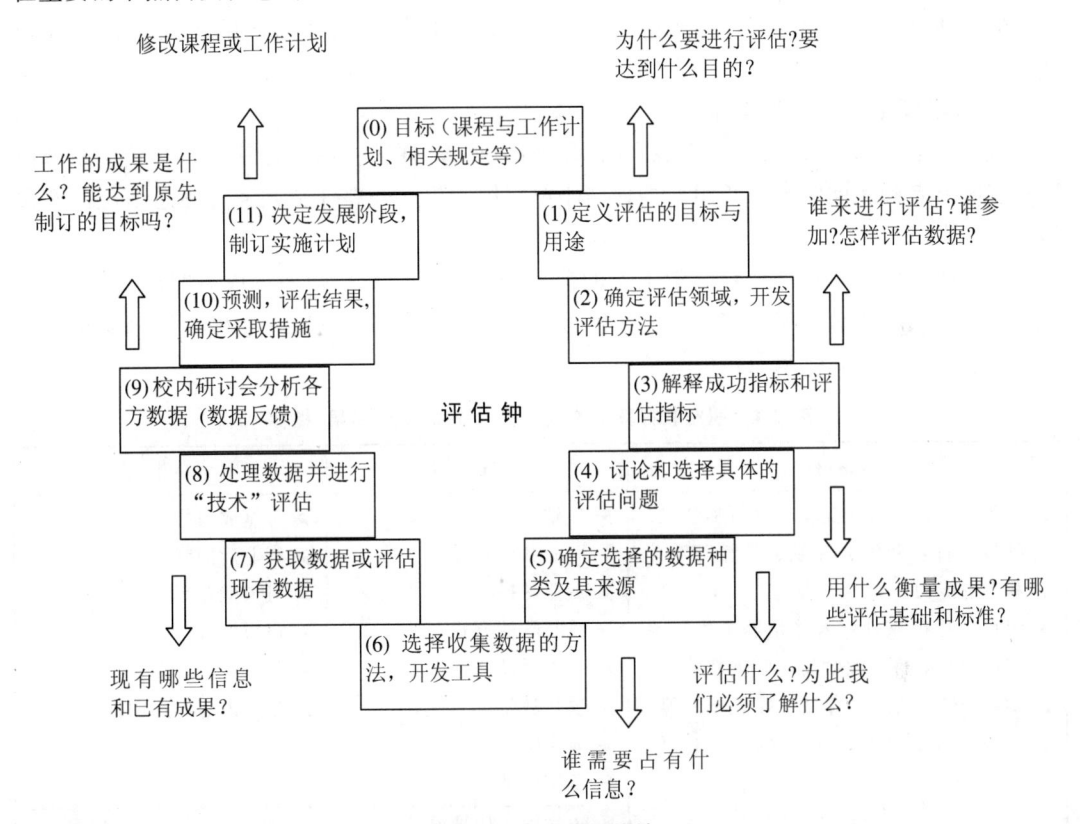

评估什么?为此我们必须了解什么?

谁需要占有什么信息?

图7-4 布卡德评估钟

斯塔弗尔比姆等从评估的组织实施方面提出了细化的程序,包括:
- 组建一个符合资质的评估团队;
- 识别评估的利益相关者,并安排与利益相关者互动交流;
- 明确评估要解决的问题;
- 协商确定评估的标准、准则或要求,以便对评估系统或评估进行评估;
- 完成一个互相沟通的备忘录,或商定一个正式的评估合同/协议书;
- 收集并审核已有的相关有用信息;
- 收集所需的新信息;

[①] 参见 Scarvia, A. et al., "Evaluation Research Society Standards for Program Evaluation," *New Directions for Program Evaluation*, 1982(15), pp. 7-19。

➢ 分析并综合评估的发现；
➢ 判断评估是否符合元评估的标准、准则或要求；
➢ 通过汇报、回应和表述等方式呈现评估的发现；
➢ 适当地协助委托方或其他利益相关者解释和应用评估的发现。[①]

有时评估可以采用分段的方式进行，基本的阶段划分方式是规划设计、具体实施、结果产生和使用。其间可以提交中期评估报告。评估最好在被评估的机构或项目所在地进行。

3. 教学评估的类型与指标

教学评估常常被分为内部(自我)评估和外部(他人)评估。内部评估可在学校、系部或教研室内由老师、同学或家长组成的评估小组组织实施；外部评估则通过熟悉情况的有关部门或机构进行。

按照评估对象，可把教育教学工作的前期和后期区别开来，即分成对"投入质量""过程质量"和"产出或结果质量"的评估。职业教育教学评估越来越重视产出和结果质量的重要性，加大对产出和结果质量的评估(见表7-4)。

表7-4　职业教育教学的投入、过程和产出(结果)指标

投入指标	过程指标	产出(结果)指标
➢ 设备条件：设备的配备、价值和状况 ➢ 师资条件：年龄、性别、受教育程度和专业能力 ➢ 组织与管理条件：人才培养方案的系统性和时效性，教学特色和创新能力 ➢ 学生条件：性别、年龄、家庭条件等 ➢ 学校环境：规模、所属区域、任务、师生比	➢ 出勤 ➢ 专业和课程设置 ➢ 专业转换 ➢ 教与学的方式 ➢ 小组活动 ➢ 项目教学 ➢ 典型实验 ➢ 考试成绩	➢ 考试成绩指标 ➢ 毕业后的就业率 ➢ 对口就业率 ➢ 适应期 ➢ 收入 ➢ 学习内容的适用性
	➢ 辍学率、休学者 ➢ 考试成绩 ➢ 家长、学生、教师及企业的满意度	

在进行评估设计时要特别明确，评估会对谁有帮助，谁是委托人，为什么要进行评估和如何运用什么方法，对相关数据及结果怎样处理，以及如何公布评估结果等问题。

4. 教学评估的一些具体方法

(1) 系统收集信息反馈的方法

信息的收集、分析和反馈在教学评估工作中具有重要的意义。系统收集的信息与一般的信息收集不同，它强调"参与式"，注重"记录"和"经验总结"。信息收集和分析的方式很

[①] Stufflebeam, D. L. & Shinkfield, A. J. *Evaluation Theory, Models, & Applications*, San Francisco, CA, Jossey-Bass, 2007.

多，在社会实证研究中普遍采用的定性和定量方法都可用来收集教学数据，最为常用的方法如：

- 访谈：包括标准化访谈（采用调查表，详细记录问题的顺序和表达方式）、电话询问、半结构式访谈（采用引导问题）、小组访谈和讨论等。
- 问卷调查。
- （参与或非参与式的）观察，借助笔记、录音或录像的听课。
- 二次文献分析：对教学文件和档案、统计数据、学生作业、教学日志、课程表、总结、报刊文章等原始文字资料进行分析。

教学评估是教育机构对教育教学活动所做的实证研究，在方法设计上应按照社会实证研究的一般流程进行（见图 7-5）。

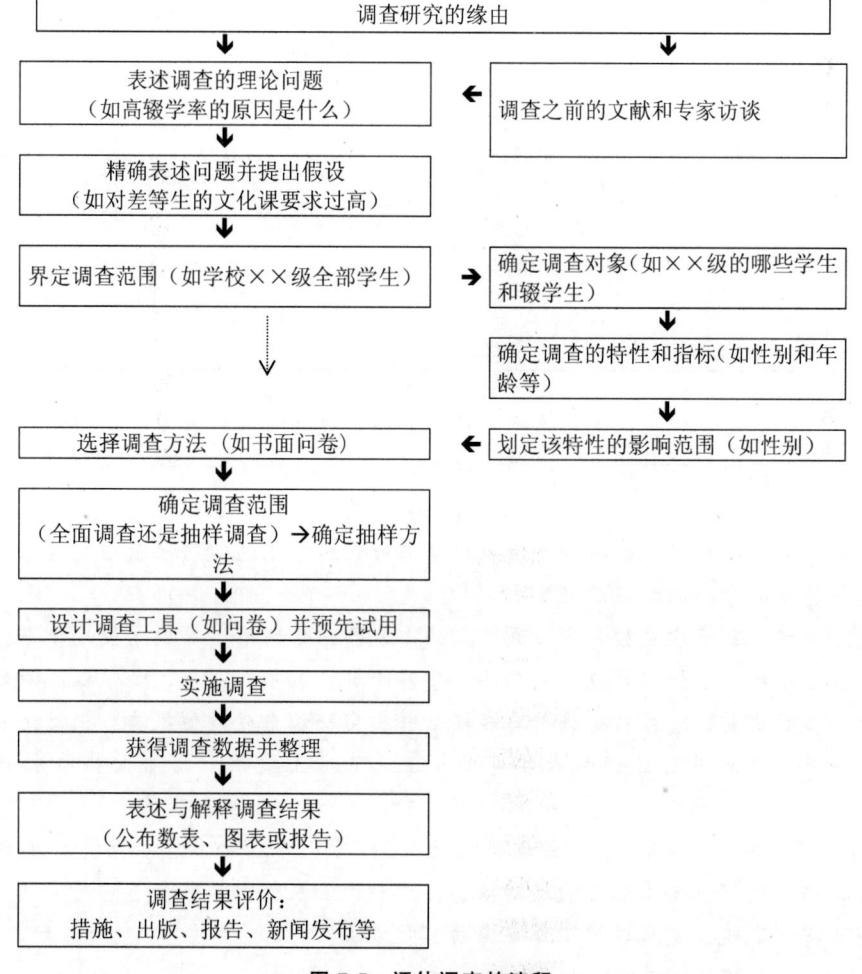

```
                    调查研究的缘由
                    ↓              ↓
    表述调查的理论问题
    （如高辍学率的原因是什么） ← 调查之前的文献和专家访谈
                    ↓
    精确表述问题并提出假设
    （如对差等生的文化课要求过高）
                    ↓
    界定调查范围（如学校××级全部学生） → 确定调查对象（如××级的哪些学生
                    ⋮                         和辍学生）
                                               ↓
                                       确定调查的特性和指标（如性别和年
                                       龄等）
                                               ↓
    选择调查方法（如书面问卷） ← 划定该特性的影响范围（如性别）
                    ↓
    确定调查范围
    （全面调查还是抽样调查）→确定抽样方
    法
                    ↓
    设计调查工具（如问卷）并预先试用
                    ↓
    实施调查
                    ↓
    获得调查数据并整理
                    ↓
    表述与解释调查结果
    （公布数表、图表或报告）
                    ↓
    调查结果评价：
    措施、出版、报告、新闻发布等
```

图 7-5 评估调查的流程

教学评估质量的高低在很大程度上取决于是否遵循了以下标准（元评估标准），即所有被涉及者都有代表参加，以全面了解各方意见；评估过程有清晰的目标；评估前明确了有关标准和指标；明确提出和描述了重要问题、评估方法和范围；所有参加者及时反馈信息；有足够的评估时间；对讨论结果、评估结论和相关决定有记录。

教学评估中常采用定性与定量相结合的混合式方法，如在第一次毕业生调查时采用问卷调查，在第二次调查时采取电话访谈，这样既可以获得一定数量的代表性数据，又可以得到更深入、详细的信息。

(2) 课堂教学评估方法

教学实践中发展起了很多简洁而有效的课堂教学评估方法，例如：

> 教师间相互听课：听课时间为 2～4 课时。根据听课情况，借助"教师授课行为—同事间互评表"做出反馈意见。下面是一份在项目教学评估实践中使用效果很好的课堂观察田野笔记表格样例。

授课教师：		授课班级：	
听课时间：		听课教师：	
实地情况	直接感受	疑问与思考	分析与建议

> 学生反馈意见：学生以无记名方式填写表格，提出对教师教学的反馈意见。其他信息反馈形式还有学习轮盘、每周回顾等。

> 课堂测验（随堂测验、大作业等）：考试和测验方法有自己的优势，但只有成绩并不能反映真实的情况。如将学生考试成绩与教师对学生的学习记录结合起来，则可以更好地反映学生的学习状况。

> 校际互评：若干学校按一定方式组成一个教学评估网络，每所学校委派若干人员组成校访小组，小组成员包括校领导、中层干部、教师、家长、督学以及教研机构代表。校访之前，学校首先进行自我评估并提交一份自我评估报告。校访者在学校停留一天，期间进行访谈和教学观摩。在此基础上提供一份书面报告和一次口头反馈。

> "影子"观察法：确定一个"关键性人物"，作为"影子"参与学校某一方面的日常工作，深入观察并给出相应的反馈信息。这种由他人提出客观和善意观点的做法，是消除墨守成规、克服学校工作盲点的有效方法。

(3) SWOT 参与式分析法

SWOT 分析法是产生于法国发展援助领域的一种参与式分析工具，被广泛应用在对局势、复杂条件、机构或项目所做的实证分析中，其目的是帮助参与者提高总结经验和展望未来的能力。这里的SWOT分别是英文的优势(Strengths)、劣势(Weaknesses)、机会(Opportunities)和威胁(Threats)的简写,方法的核心是绘制一个SWOT四分窗口图(见图7-6)。

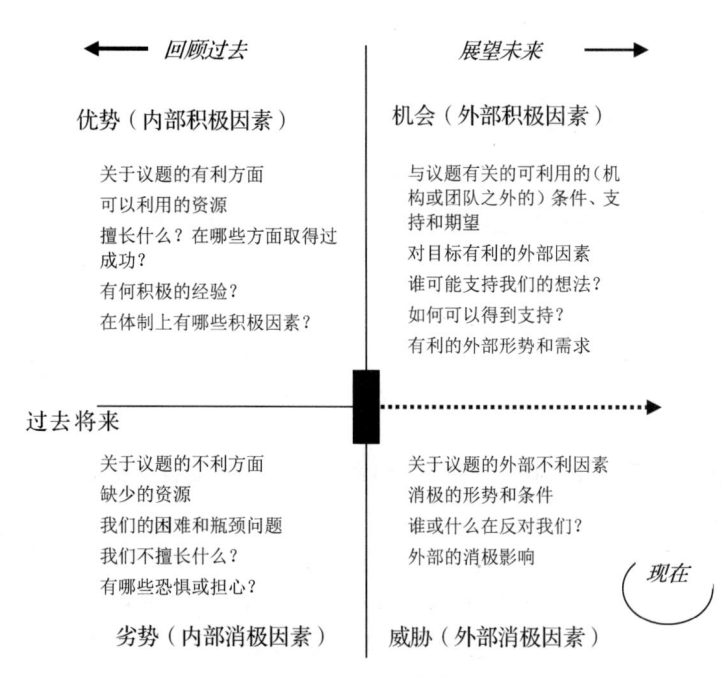

```
        ← 回顾过去              展望未来 →

    优势(内部积极因素)        机会(外部积极因素)

    关于议题的有利方面        与议题有关的可利用的(机
    可以利用的资源            构或团队之外的)条件、支
    擅长什么?在哪些方面取得过  持和期望
    成功?                    对目标有利的外部因素
    有何积极的经验?           谁可能支持我们的想法?
    在体制上有哪些积极因素?    如何可以得到支持?
                             有利的外部形势和需求

    过去将来
                                              现在
    关于议题的不利方面        关于议题的外部不利因素
    缺少的资源                消极的形势和条件
    我们的困难和瓶颈问题      谁或什么在反对我们?
    我们不擅长什么?          外部的消极影响
    有哪些恐惧或担心?

    劣势(内部消极因素)        威胁(外部消极因素)
```

图 7-6　SWOT 四分窗口图

SWOT四分窗口图的横坐标是时间,参与者根据自己的经验,针对议题,把存在的优势、劣势以及可能存在的机遇和挑战分别写入四个方框内。图可以画在黑板、白纸或沙地上,一次性帮助人们厘清思路和达成一致意见。作为制订工作计划的辅助工具,SWOT分析法可以鼓励参与者表达自己的经验、失望以及对未来的期望和恐惧,帮助其发挥想象力,提出容易被接受的建议,并关注共同的利益和价值取向。SWOT也是交流经验和描绘希望的方法。

(4)满意度调查

许多教育培训机构在培训期间和培训结束后,以填写表格的形式调查学员的满意度。调查以自愿和无记名方式进行。在此,应特别关注个性化的愿望和建议。

(5)学生自我评估法

学生定期在学习日志中做记录(每个课时、每天或每周)并回答一系列问题,如:学习重点是什么?我学到了什么新知识?我是如何参与的?我必须学会什么?我应怎样继续学习?教师应定期给出反馈意见。类似方式可以针对项目学习、企业实习活动。学生自我评估可以与他人评估相互结合。

(6) 教师自我评估

下面是一份"教学自我评估表"样例。

提出问题	检查形式	日期	教师签字	☺	☺☺	☹
	自我评估			✍		
	学生间互评				✍	
	教师评估			✍		

教师首先填写该表，然后再请两名同事进行评判。后者在较长时间（3～6小时）中仔细观察该教师的授课。他们是该教师信任的人，把这项任务看作是同志式的咨询。自我评价可以是相互的。

(7) 学校自我评估

要想使职业院校的质量监控工作实现螺旋式的上升和提高，应坚持做好以下日常工作：定期召开由学校、家长、学生、政府和企业等多方代表参加的会议。会议可分小组进行，每个与会者填写一份"评估调查表"，大家逐项讨论调查结果，可借助外界"关键性朋友"的帮助，将讨论结果加以归纳总结。这些资料可作为档案保存起来。

(8) 标准化测试

利用标准化测试可以检查学生在某个领域里的能力（如阅读能力、数学、自然科学和公民素质等）。国际著名的标准化测试有 OECD 的"国际学生评估项目"（Program for International Student Assessment，PISA），以及国际教育成就评价协会（IEA）的"国际数学和科学评测趋势测评"（The Trends in International Mathematics and Science Study，TIMSS）。

5. 教学评估的发展趋势

随着现代职业教育理念的引入和推广，我国职业教育的教学评估也出现了一些共同的、积极的发展趋势，如：

- 评估内容的多元化：强调多元价值取向和多元标准，注重学生综合职业能力的发展而不仅仅是现成知识的积累；尊重个体差异，允许对问题的解决可以有不同的方案；不仅关注认知领域，同时关注行为层面的考察。
- 评估主体的互动化：改变单一评估主体，由教师、管理者、学生和家长等共同参与公开答辩等，强调评估过程的参与性，关注评估结果的认同。
- 课程、教学和评价的整体化：一方面，把学生的各种表现和产品（如研究报告、模型、主题演讲等）作为评价的依据，另一方面，把教学评价作为师生共同学习的机会，为课程改革提供有用的信息。
- 评估过程的动态化：不仅关注结果，而且将终结性评估与形成性评估结合起来，促进评估对象的转变与发展；鼓励将评估工作日常化。

随着行动导向教学理念的推广，一些相关的新的评估理念也得到了应用。例如，不再强调精准的量化评价，而采用"自我参照"标准，引导学生对自己在学习和工作行动中的表现进行自我的"反思性评价",强调师生之间、学生同伴之间对彼此的表现进行个性化的评定;评价结果用语言描述的方式呈现,而不是简单的分数或等级等。

(二)职业院校的自我监控与评估法(Quind)

职业院校在其日常工作中,需要根据现有人力和设备资源、学生和教职工实际情况以及当地经济和社会发展的大环境,确定发展目标并制订各领域的工作计划,在此需要科学的分析和评估方法。德国技术合作机构(GIZ)在总结多年职教发展经验基础上开发了"质量监控与评估法",英语简称为"指标控制法"(Quind,即英文 Quality 和 Indicator 的简称),在实践中取得了良好的效果。

1. 重要概念与基本程序

学校自我监控与评估法是在"现状分析""涉及人分析"和"问题分析"的基础上,通过讨论,大家共同确定需解决的"问题范围"和未来的"工作目标",以保证学校工作质量的持续改善,并不断提高系统性解决问题的能力。利用本方法进行质量评估与监控,需要在学校建立专门的"自我评估与监控项目小组",引入评估与监控体系。

自我监控与评估法的实施流程如图 7-7 所示。

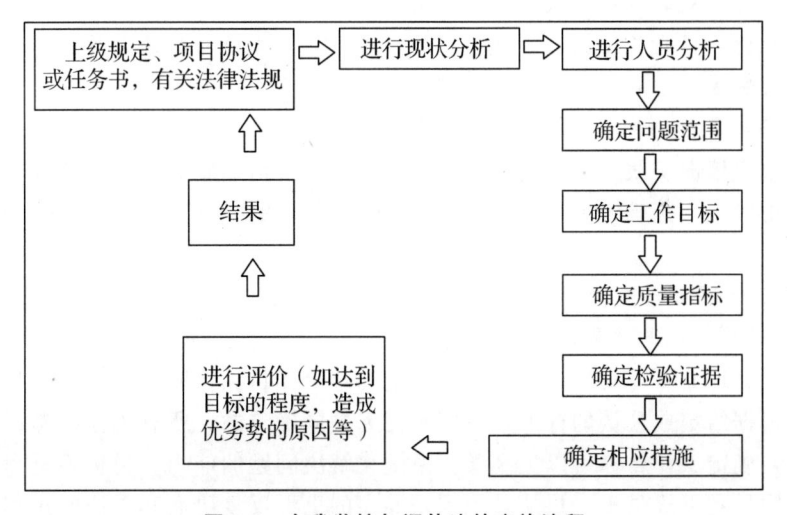

图 7-7 自我监控与评估法的实施流程

学校自我监控与评估法的具体步骤是:

➢ 进行现状分析:首先针对学校的实际工作内容(如课程开发或校企合作项目)做现状分析,分析目前的组织结构和资源状况,以及存在的问题和具备的发展潜力。这些工作和以下全部工作,都是在主持人的主持下进行的。

➢ 进行人员分析:为明确现有问题的实质并确定工作目标,须对学校或项目涉及的全体人员进行分析,可分为"主体人员""协助人员"和"目标人员"。主体人员是直接参与本项工作的人,协助人员指该任务涉及的个人或团体,目标人员是能在此项工作中获益的人员。所有人员可把自己在完成本项工作任务时涉及的子任务、资源、优劣势、利益和担忧描述出来(见 SWOT 法)，以更好地协调各方关系。
- 确定问题范围：如果需解决的问题过于复杂，可将其划分成若干较小的问题范围，并对其进行定义和归类，以全面、有序和高效地处理问题。
- 确定工作目标：以书面形式表述解决该问题应实现的目标，此时须考虑所有相关者的意见。
- 确定质量指标：为每个工作目标至少确定一个可检验的质量指标。指标是"对目标达到的状况的概述"，它为目标提供量和质的详细信息，显示目标达到的程度。[①] 指标是从理论导出的用于测量事物的计量单位。它尺度透明、界限分明，帮助在现状和目标之间进行比较。
- 确定检验证据：为判定在一定时间后是否达到了所确定的目标，须为每个指标确定检验证据。证据数量不宜过多，否则会在统计和数据处理时遇到麻烦。检验证据记录达到目标的程度，也是下一轮现状分析的内容。
- 确定相应措施：即实现工作目标应采取的措施。措施要有针对性，而且要与前面问题分析的结果相符。应在多种可能的措施中确定最合适的，并确定实施措施的负责人。应为措施的实施提供足够的时间。
- 进行评价：针对验证指标，将获得的检验证据与先前指定的工作目标做比较，确认在多大程度上达到了工作目标。用证据来验证指标、针对具体工作目标评估所获得的数据，是学校改革与持续发展的基础。

在职业教育培训实践中，利用指标控制法进行教育培训质量的监控与评估工作的重点体现在两个阶段，一是确定可行的"质量指标"及其相应的"检验证据"，二是确定应当采取的"措施"。

2. 关于工作目标与检验指标

(1)确定工作目标是质量监控的首要任务

按照现代管理原则，管理的首要任务就是确定工作目标。职业院校的工作目标是由全体教职员工根据给定或公认的标准、程序和任务共同确定的。所有工作措施都是针对工作目标制定的，确定工作目标可以提高学校系统化解决问题的能力。目标不是命令，确定目标是从上级领导到下级员工，再从员工到领导层的上下反复协商和妥协的过程。只有所有参与者都认可并认为可行时，目标才有实现的可能性。确定工作目标的基础是问题分析，需要综合考虑现实性和可行性。

以书面形式表达的目标、实现目标的方法和经费投入，共同构成了一种"合同"关系。教职员工共同制定的目标，既是校长和教师间的约定，也是教育主管部门和校长间的约定，是学校管理重要的质量监控手段。工作目标要明确将要进行的具体工作，还要确定负责人、任务完成期限和经费等具体内容。

[①] 指标应满足以下要求：重要性，即对所追求的目标来说是一个明显的重要特征，而不是连带影响；可行性，在现有条件下在给定时间内可以实现；说服力，未来应发生的变化能完全证明达到某个目标；独立性，采取措施时所需的条件不能作为指标。

(2) 确定可检验的指标

要想进行有效的评价,首先要对"好"有科学的认识,即要有科学的指标体系。职业教育的目标非常复杂,很难用"好"或"不好"进行简单判断。教育教学质量取决于多方面的因素,学生考试成绩也仅仅反映学校工作的一个侧面。教书育人是复杂的综合性任务,学校只能在社会、经济和可持续发展的大环境中,使教育目标具体化。

为了判断是否达到了具体的工作目标,需要为每个目标确定检验指标,包括运行指标(对照目标测量完成任务的效率)和效果指标(受益者的中、长期变化)。由于对什么是"好"有不同认识,因而会有不同的指标体系。确定评估指标时应关注以下方面的要求:

> 专业性:教师的专业能力,学校的领导能力和管理能力。
> 监督与支持:外部评估和自我评估,咨询和支持,合作机制,伙伴关系。
> 计划机制:人才培养计划,信息化建设,科研和教研,经验推广。
> 教育教学:新的教学方法,专业能力,综合素养和关键能力,跨学科教学,创新创业,校园文化,社会实践。

需要指出的是,质量监控方法的实施需要时间和经费方面的保证,特别是在起始阶段。按照系统化的质量监控方法进行质量控制是一项费时费力的工作,其实施效果一般要在多年之后才能显现,需要具备足够的耐心才能从中获益。

(三)学习绩效评估:柯氏评估

职业教育培训的教学是否有效,是教育培训机构、学生、家长和投资培训的企业决策层都很关心的问题。全面把握教学质量,可以对取得的成绩及时进行总结推广,发现失误和进行纠正,学习绩效评估具有重要的意义。

按照评估的判据、表达方式和工作方式分类的传统教学评价方法,对职业教育学习绩效评价过于抽象,因为没有考虑职业教育与职业活动间的紧密联系。职业教育的学习绩效与学习者的职业活动有直接关系。学习成功与否,只能放在具体的职业活动中来衡量,需要与职业工作绩效的提高结果相结合。

在职业教育培训中,常常通过学员反馈、学习效果、学员行为改变和学习为企业带来的工作绩效提高四个环节(或级别)来评价培训的效果(见图7-8)。

图7-8 学习绩效评估的四个级别

在此基础上,柯克帕特里克(D. L. Kirkpatrick)详细阐述了各级别的学习绩效评估的内容,这标志着柯氏评估理论的诞生。

1. 第一级评估:学员反应(Reaction)

确定学生对课程的喜爱程度,即顾客满意度测量。第一级评估可为教育培训组织者提供有价值的意见反馈,所获得的量化信息可以为后续评价标准制定提供依据,教师和学员相互正向的反馈,有利于双方工作的进步。

进行一级评估的主要方法是,在培训班或一门课程结束时,向学生发放满意度调查问卷,征求对教学的反馈意见,主要问题包括:对课程组织的意见;对课程设计、教材挑选及教学内容的意见;对教师教学技巧的反馈;对将来是否能在工作中用到所学知识技能的预期。学生的兴趣、受到的激励和对学习的关注对教学过程具有重要的意义。如果学生反馈是消极的,应分析是课程设计还是实施中的问题。

第一级评估未涉及教育培训的学习效果,学生满意并不一定意味着他们真正学到了东西,即发生了有效的学习。

2. 第二级评估:学习效果(Learning)

即确定学习者在教育培训结束后,在多大程度上在知识、技能和工作经验等方面得到了提高。第二级评估由教师基于概念、技能、理念等方面的教学结果进行,一般通过学习过程中的学习记录、学习结果测试、学习行为分析等方式进行。

开展第二级评估的核心是对学习者学习前和学习结束后知识技能测试的结果进行比较,确定达到哪个层次的教学目标,即对课程设定的教学目标进行核对。它可以体现教师的工作是否有效,但仍无法确定学习者是否能将他们学到的知识技能应用到实际工作中去。

3. 第三级评估:行为改变(Behavior)

即在学习结束一段时间后,确定学习者在多大程度上实现了行为转变,包括知识、技能和态度。这里要回答的问题是"在工作中是否使用了新学到的东西"。三级评估的数据比较难获得,因为只有当学习者真正将所学知识应用到工作中后,才能判断是否达到教育培训的目的,这需要一定的外部条件,如与学习者一同工作的人员和相应的生产条件。

第三级评估属于较高层次的评估,评估的内容和方法都更为复杂,需要通过正式测评或非正式方式(如观察)进行。例如,要留出一段时间,使学习者的行为确实有可能发生改变;如果在培训前后各评估一次,不仅要围绕参训学员进行调查,还需要对其长期的工作伙伴和上下级进行访谈。

开展第三级评估时还要意识到,并不是所有人都有改进工作的强烈愿望。希望改进工作行为的学习者有以下特点:(1)认识到自己的不足,(2)有提高现有水平的愿望;(3)有允许提高的环境;(4)能得到有能力的人的帮助;(5)有尝试新想法的机会。

4. 第四级评估:产生的效果(Result)

即学员参加教育培训项目后能够实现的最终结果,是因学习而带来的组织(如企业)的绩效改变,回答"培训为企业带来什么影响"的问题,包括经济和精神方面的影响,如产品质量改善、生产效率提高和投诉减少等。这里的评估对象既包括学习者本人,也包括外部人员和组织大环境。[①] 对于职业院校来说,第四级评估意味着要从劳动市场中了解课程对

[①] 参见[美]唐纳德·L. 柯克帕特里克、[美]詹姆斯·L. 柯克帕特里克:《如何做好培训评估:柯氏四级评估法(第三版)》,林祝君、冯学东译,北京,电子工业出版社,2015。

学生就业的促进作用。其中,"短线调查"了解对口就业情况,"长线跟踪"调查获知工作后的晋升机会。由于晋升取决于多种因素,所以必须注意长线调查结果的可信度。第四级评估的费用、时间花费和难度都很大,其结果是学校专业建设和课程改革的重要依据。

三级和四级评估发生在学校教育结束后和企业实际工作中,操作相对困难,但是它对整个职业教育制度建设的意义是很大的,它可以确定职业教育对实现企业的目标是否真的有所贡献,这有助于树立职业教育要给客户带来增值服务的概念,判断教学内容在工作中难以运用的障碍。

四、COMET 职业能力测评

迄今为止,我国职业教育学业评价主要是学校内部的教学监控活动,采用的评价方式和指标体系有较强的学校或地方性特征,无法借此进行范围更广的比较,也没有建立起反映职业认知能力发展的评价方法。

COMET 职业能力测评(Competence Measurement 的缩写)是一个起源于德国的国际职业教育比较研究项目,其内涵类似职业教育的 PISA。它采用大规模能力诊断(Large-scale Diagnostic)方法,对学生的职业能力、职业承诺和职业认同感发展情况进行评价,在此基础上进行不同院校的教学质量比较,并为教学改革和政策制定提供依据。[①]

(一)传统考试的"能"与"不能"

职业教育实践中有多种学业成果评价方式,其中最重要的是职业能力评价。现代社会对技术技能人才提出了更高的要求,职业能力评价不仅针对能力发展结果,还要关注能力发展的过程,因此发展出了两种基本形式:一是"考试",即针对教学标准考察对学习内容的掌握程度,有对错之分,反映课程的效度;二是"能力测评",即评价与特定工作相关的认知特征和水平,针对能力发展,有水平高低之分而没有标准答案,反映职业的效度。它们之间既有区别又有联系,每一种方式都有其特定的意义和功能。

1. 职业技能考试

技能考试的目的是检验职业教育的学习成果是否符合特定的职业标准(或教学标准)的要求,通常与职业资格(等级)有关。通过技能考试,在真实的职业工作情境中考察考生的实践能力是否达到了职业标准的要求。

由于很多技能只存在于真实的职业工作中,只有在特定的工作情境下才有可能被辨识出来,所以技能考试只能在真实的工作情境中,以情境考试的方式进行。能够辨认出这些技能的人,一定是该职业实践共同体的优秀成员。由于社会上的职业数量多且差别巨大,我们无法建立起统一的技能考试模式。

传统的技能考试采用专家观察评分法,对职业行动能力进行观察并评分。研究发现,由于无法判断情感态度和实践性知识的影响,这种基于行为主义的观察法对复杂工作活动

---

① 参见赵志群、[德]劳耐尔等:《职业能力测评方法手册》,北京,高等教育出版社,2018。

评价结果的可信度很低。① 其次，开展大规模技能考试也是不现实的，因为根据观察结果对技能进行评价时，要想得到足够多的样本和有效的测评数据，测试费用会高到令人无法接受的程度。

各国职业教育发展史上都曾经出现过一些因不了解其缺陷而盲目推广某一种新的教育技术的失误，如过去推广的标准化考试，因为职业活动无法按照简单的"对/错"标准进行衡量——但是标准化考试目前仍然是我国技能考试的重要方式。② 中国也有类似的不成功案例，如某些省份开展的大规模技能抽查考试。尽管出发点是好的，但从长远看，其对职业教育发展造成的伤害可能比促进作用还要大。

2. 职业能力测评

职业能力测评以建立在教育学理论基础上的标准化能力模型和测评模型为基础，对特定职业领域的认知能力特征进行考查。能力测评的目的是对不同院校或教学模式下学生的学业成果进行比较，同时收集被测学生的背景资料，分析学生职业能力、职业认同感及职业承诺的发展状况及其影响因素。

对职业能力的考察非常困难，因为要想了解一个人是否具备在困难情境中解决复杂专业问题的能力，只能通过观察，而观察法恰恰是一种无法准确鉴定社会现实的实证方法。我们无法对职业能力进行准确的测量，只能对其进行诊断性的评估。因此严格意义上讲，职业能力测评不是"测量"，而是"诊断"。采用"能力测评"这一概念仅仅是出于约定俗成的原因。

COMET职业能力测评通过纸笔测试的方式进行，其主要特点是：

➢ 诊断被测学生在特定职业领域的认知能力特征，对三个层次的工作过程知识进行诊断性评估，即引导行动的知识、解释行动的知识和反思行动的知识。③

➢ 在职业的典型工作任务基础上开发测评题目，进行能力水平调查，确定职业能力发展水平和能力轮廓。

➢ 针对不同职业建立统一的能力模型，可以对不同职业的职业能力进行评价和比较。

职业能力测评用于评估应用知识技能解决实际问题能力，主要针对职业认知能力，采用质性、量化和混合式测评方法。因为总的来说，质性能力测评方法过程复杂，对评价人员专业化要求高，很难大面积应用，而纯量化测评方法无法关注隐性知识的影响，因此，混合式能力测评方法是能力测评的发展方向。

3. 大规模职业能力测评

大规模测评是指针对数量很大的学生实施的测评，旨在诊断学生学习状况，评定学生

---

① Latham, G. P. & Wexley, K. N., "Behavioral Observation Scales for Performance Appraisal Purpose," *Personnel Psychology*, 1977, 30(2), p. 255.

② Rademacker, H., "Analyse psychometrischer Verfahren der Erfolgskontrolle und der Leistungsmessung hinsichtlich ihrer didaktischen Implikationen," *Programmierte Prüfungen: Problematik und Praxis*, 1975(25), pp. 63-100.

③ Rauner, F. et al., *Competence Development and Assessment in TVET*, Dordrecht, Springer, 2013, p. 6.

个体成绩并评估教育项目或课程的质量。① 国际上被普遍认可的大规模测评项目如 PISA 和 TIMSS 等,它们对大范围(某个国家甚至多个国家)的学生进行抽样,同时对考察内容进行复杂的考试设计,这与我国高考、中考等选拔考试不同,后者定位于"在确保公平的条件下,对大量考生进行的检测、评价和甄选活动"②。

职业能力测评是技能考试的一种补充方式,而不是替代。与技能考试不同的是,职业能力测评不考核以行动能力形式表现出来的那部分能力。COMET 大规模职业能力测评与技能考试的区别表现在:

- 能力测评评价学生应用知识和技能解决实际问题的能力,而不是考核其对课程内容(专业知识和技能)的掌握情况。
- 能力测评通过复杂抽样选出有代表性的样本,从而实现对教育体系的整体评价,而不是针对学生个体进行选拔。
- 能力测评同时要收集教育系统、学校、家庭和学生个人特征等因素的信息,分析它们对测评结果的影响,为教育决策提供依据③。
- 职业能力测评具有跨职业领域的特性,能对不同职业的认知能力发展水平进行诊断,但由于职业之间差别太大,无法建立统一的技能考试形式。
- 在进行大规模职业能力测评的同时,通过学习者背景资料的收集与分析,可以确定影响职业能力发展的个体、学校和企业乃至政策层面的因素,从而进行职业教育的效能分析。

大规模能力测评题目的内容依据职业的效度开发④,只有按照职业效度评价学习者的职业能力,才可以对不同地区、不同职业教育模式的受教育个体以及教育机构进行比较。国际层面的大规模职业能力测评,可以比较不同国家教育体系(包括课程标准)的优势与劣势,为制定教育政策和进行教育教学改革提供实证基础。

(二)COMET 职业能力测评方案

1. 职业能力的概念

在 COMET 职业能力测评中,职业能力是指人们从事一个或若干相近职业所必备的本领,是在真实的工作情境中整体化地解决综合性职业问题的能力。具备职业能力的人,可以在承担社会、经济和生态责任的前提下,参与到技术、工作和社会发展的设计中。这里的职业能力强调理解、反思、评估和完成职业的典型工作任务时所需要的主观认知潜力,而不仅仅是简单按照指令完成常规性的具体任务时表现出的技能,它与个人的素养发展密

---

① De Lange, J., "Large-scale Assessment of Mathematics Education," in *Second Handbook of Research on Mathematics Teaching and Learning*, eds. Frank, K. & Lester, J., Charlotte, NC, Information Age Pub, 2007, pp. 1111-1142.
② 王蕾:《大规模考试和学业质量评价》,38 页,北京,高等教育出版社,2013。
③ 陆璟:《PISA 测评的理论和实践》,1~2 页,上海,华东师范大学出版社,2013。
④ Hoey, D., "How Do We Measure Up? Benchmarking the World Skills Competition," in *International Handbook of Education for the Changing World of Work*, eds. MacLean, R. & Wilson, D., Dordrecht, Springer, 2009, vol. 6, pp. 2827-2840.

切相关，也是全面发展的社会主义接班人培养目标以及创新能力和职业精神的具体表现。

2. COMET 职业能力测评的特点

COMET 职业能力测评的目的是诊断和评价被试在特定职业领域内的认知能力特征。其特点是：按照教育性目标和职业规范的双重要求，采用开放式测评题目，并以相关背景数据为基础分析被试的职业认知特征。它采用大规模标准化心理诊断技术，测评的题目追求"职业效度"，与具体的职业教育制度和课程体系无关。COMET 职业能力测评有以下特点：

> 满足职业教育管理的需要。它以科学的职业能力模型为基础，获得职业教育的核心参数，从而对职业教育体系设计和教育质量控制的认识在质量上跃上一个新台阶。

> 满足职业教育教学实践一线的需求。有充分教育理论基础并经过实证检验的能力模型，以及在此基础上发展起来的测评方法，可以帮助教师在教学改革中分析教学设计和实施中的问题；科学的能力诊断工具能为教师提供教学法的直接技术支持。

> 满足职业教育比较研究的需求。类似 PISA 测试，大规模职业能力测评可以为国际或地区间的职业教育比较研究提供实证基础，以量化数据为基础的评价对职业教育参与者展开建设性的对话提供了实证基础。

3. COMET 职业能力测评的理论基础

(1) COMET 职业能力模型

COMET 职业能力模型是由德国不来梅大学劳耐尔教授领导的由德国、中国、瑞士和南非等多国科研人员组成的国际研究团队开发的（见图 7-9），并在中国等地多个职业领域进行了测评技术验证。

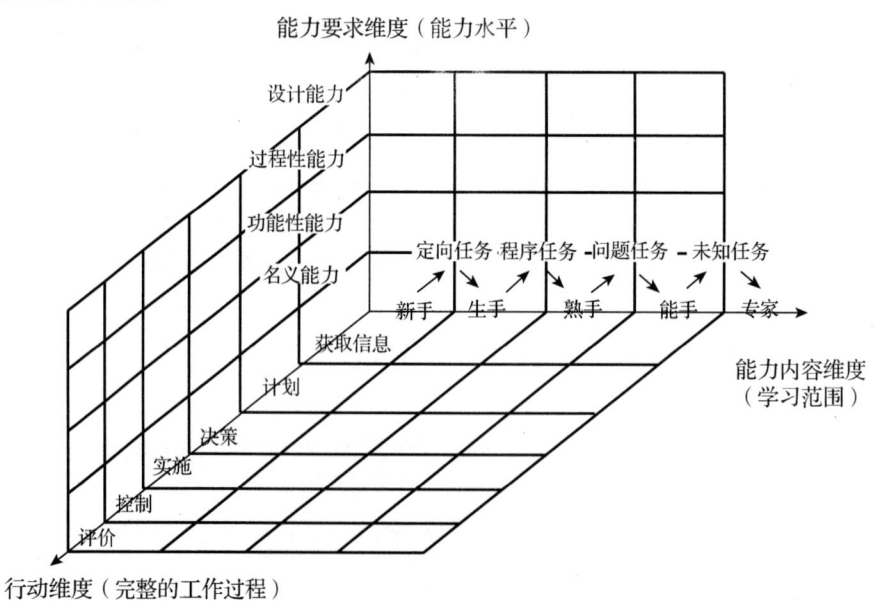

图 7-9 COMET 职业能力模型

COMET 职业能力模型由三个维度构成，分别是能力的"内容维度""要求维度"和"行动维度"。

- 内容维度：包括"职业定向性的任务""程序化的任务""蕴含问题的特殊任务"和"不可预见的未知任务"四个职业工作范围，对应四个学习范围，即"定向和概括性知识""关联性知识""具体与功能性知识"和"学科系统化的深入知识"。
- 能力要求维度：包括四个能力级别，即名义能力、功能性能力、过程性能力和整体化的设计能力。
- 行动维度：包括获取信息、制订计划、做出决策、实施计划、控制和评价六个阶段。[1]

(2) COMET 职业能力模型的理论基础

COMET 职业能力模型建立在一系列现代职业教育理论基础上，如情境学习和行动导向的学习理论，多元智能和发展性任务的心理学理论，设计导向的职业教育指导思想从"初学者到专家"(From Novice to Expert)职业成长逻辑以及工作过程知识的工业社会学理论等，本书前文都有详细介绍。

4. 职业能力测评的测试工具

COMET 职业能力测评按照专业类别，以笔试形式进行，目的是评价被试的职业（认知）能力，即"完成和处理一组任务时所需要的主观能力潜力"。测试中，每位被试需完成测试任务卷、背景情况调查问卷和测试动机问卷。监考教师完成教师关于学生测试动机的问卷，即考场情况问卷。

被试需填写一份背景情况调查问卷，用于收集和确定职业能力发展的背景条件，包括被试的背景特征、职业学校和实习实训企业状况（见表 7-5）。背景问卷还包括用于测量职业认同感的题项，对职业认同感的发展以及在此基础上建立的职业承诺进行评价。

表 7-5　背景情况调查问卷的主要内容

个人背景状况	企业实习实训的特点	职业学校的特点
社会经济背景	企业的一般特征	学校的基本数据
在校成绩水平和就业前学历	企业实习的工作过程导向	教学情境特征
接受职业教育动机	企业内的实习情况	工作过程导向

测试动机问卷用于了解被测试者的测试动机，涉及完成测评任务的时间、对测试任务的兴趣和认识，以及付出努力的程度。测试监考教师填写一份考场情况问卷，用于了解该班级被试的测试动机和测试氛围。

5. 测评题目

COMET 测评的测试任务是开放性的测试题目，它因职业不同而异，其基础是职业的

---

[1] Rauner, F., Heinemann, L. & Maurer, A. et al., *Competence Development and Assessment in TVET (COMET): Theoretical Framework and Empirical Results*, Dordrecht, Springer, 2013.

典型工作任务，通过一个职业及其职业描述而定，并且符合职业教育培养目标的要求。测试题目有足够的复杂性和综合性，能体现职业工作的内容和要求。能力测评诊断的是"冰冻三尺非一日之寒"的能力，测试无需准备。被试需要提出完成任务的解决方案，并用易于理解的方式解释采取该方案的理由。开放性任务允许给出不同答案，可以利用草图、文字、表格和清单等技术语言说明，并向客户详细阐述理由。

测试题目案例（物流管理专业）：物流市场开发

情境描述

你是一家物流公司的市场开发人员，现收到某饮料企业北京公司2016年度运输招标邀请，招标文件内容如下。

(1)招标内容：北京市内A工厂至B工厂间的调拨。

(2)操作量：

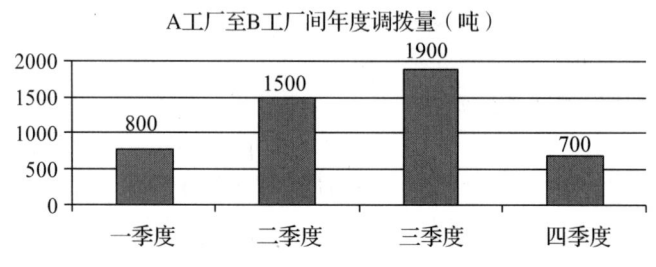

A工厂至B工厂间年度调拨量（吨）

一季度 800
二季度 1500
三季度 1900
四季度 700

(3)操作要求：要求每天下午17:00前接收的订单于次日中午12:00前送达，且能够通过信息系统进行运输实时监控。

(4)合同期限：2016年5月1日至2017年4月30日。

(5)评价标准：按照运输方案质量及报价进行综合评分。

与此同时，全国将于2016年9月21日执行GB1589新规定，对超载超限做出严格规定，明令要求车货总重不得超过49吨。因此，9月21日后，将不能按照当前的车货总重不超过55吨进行运作。

任务要求

你的任务是：(1)为了制作一份完整的投标文件，请思考需要进行哪些工作，并请列出市场调研要点。(2)鉴于GB1589新标准的执行，请制订一份应对预案。

为了完成给定的任务，允许使用所有学校常用的辅助工具，如手册、专业书籍、自己的笔记以及袖珍计算机。

6. 评分表和问题解决空间

(1)评分表

为了解释和评价被试提供的任务解决方案，COMET建立了针对四个能力级别的由八个能力指标（见图7-10）组成的指标体系，这八个指标分别是："直观性/展示""功能性""使用价值/可持续性""经济性和效益""工作过程和企业生产流程导向""环保性""社会接受度"和"创造性"。

第七章 职业教育质量保障体系

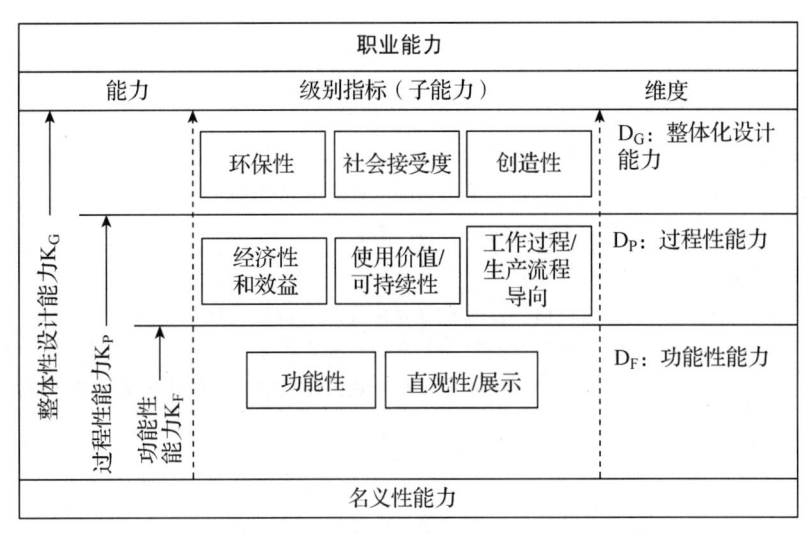

图 7-10 COMET 职业能力的级别与评价指标[①]

每个能力级别和能力指标的含义如表 7-6 所示。

表 7-6 能力级别与能力指标的含义

能力级别	能力指标的含义
四、整体化设计能力 有设计能力者具有丰富的工作经验和专业知识，能创造性地完成工作	8)创造性 创造性来自学生在特定情境下为完成任务预留的设计空间。不同职业对"创造性"指标的解释与评判不同。解决方案的创造性也体现在对问题情境的敏感性方面。在职业工作中，专家有时会对具有不寻常创造性的解决方案提出质疑，解决方案在满足创造性要求的同时，也要有助于目标的实现
	7)环保性 环保性不仅是一般的环保意识，而且要针对工作过程和生产结果提出特定的要求。同时要考虑，解决方案多大程度上使用了对环境无害的材料，以及工作计划在多大程度上符合环保要求。解决方案还要考虑节约能源和废物回收与再利用
	6)社会接受度(社会责任感) 社会接受度主要指人性化的工作设计与组织、健康保护以及其他超越工作本身的社会因素(如委托方、客户和社会的不同利益)。同时要考虑劳动安全、事故防范以及解决方案对社会环境的影响等

---

① [德]劳耐尔、赵志群、吉利主编：《职业能力与职业能力测评：KOMET 理论基础与方案》，57~59 页，北京，清华大学出版社，2010。

续表

能力级别	能力指标的含义
三、过程性能力 有过程性能力者，可以独立完成任务，并且知道为什么要这样做，知道他的工作在整个生产流程中的位置	5）工作过程/生产（经营）流程导向 本指标针对企业的上下级结构以及不同的生产部门，具有特殊的意义。以企业生产流程为导向的解决方案会考虑与上下游过程之间的衔接，考虑跨越个人工作领域的部门间的合作
	4）经济性和效益 在工作行动中，需要考虑经济性并估算各种成本因素。决策时最重要的是权衡支出与收益间的关系，并考虑未来可能产生的后续成本。具有经济责任感的行动，还体现在对宏观国民经济发展的积极影响的考虑上
	3）使用价值/可持续性 职业行动、行动过程、工作过程和工作任务始终要以顾客为导向。有较高使用价值的解决方案除了满足用户的直接使用要求和减少使用中的故障外，还要考虑后期保养和维修的便利性。解决方案还要有持久性和扩展的可能
二、功能性能力 有功能性能力者可以（在没有他人指导下）独立完成任务，但还不知道为什么要这样做	2）功能性 解决方案要想满足任务要求，实现功能是最基本的，也是决定性的。功能性指标包括工具性的专业能力、与具体情境无关的学科知识以及专业技能
	1）直观性/展示 在计划和准备阶段，技术工人通过语言或文字描述，利用图纸和草图条理清晰、结构合理地向委托方展示完成工作任务后的结果，使委托方（上级领导或顾客）能针对这一建议性方案提出意见并做出评价
一、名义性能力 有名义能力者有一定的知识，但还不能独立完成任务，需要有他人的指导	名义能力是能力等级的最初级，处于这个能力级别的测评对象已经属于职业的"风险群体"，因此不再设二级能力指标进行细化评级

为了使八项指标都具有可操作性，每项指标设置五个观测评分点，这些指标都经过了心理测评技术的信度和效度验证。例如，"功能性"二级指标的五个观测评分点为：①解决方案是否满足功能性要求？②是否达到"技术先进水平"？③解决方案是否可以实施？④是否（从职业活动的角度）说明了理由？⑤表述的解决方案是否正确？

评分者按照观测评分点给学生的测评解决方案打分。每个观测评分点设有"完全不符合""基本不符合""基本符合"和"完全符合"四个档次，对应的得分为0、1、2、3分。如果解决方案里没有提及该评分点的相关内容，则判定为"完全不符合"（0分），简单提及但没有说明的判定为"基本不符合"（1分），提及并说明怎么做的判定为"基本符合"（2分），明确提及且解释了理由的则评定为"完全符合"（3分）。

(2)问题解决空间

通常情况下,为确保评分能够达到足够高的评分者信度,常常会有一份"标准答案"帮助评分的进行。但是 COMET 测评采用开放性题目,不存在这样一份"标准答案",它为每道试题设计了一个"问题解决空间",描述开放性测试题目可能出现的各种解决方案,它提示评分者,在按照八个能力指标进行评分时应重点考虑哪些方面。[①]

7. 职业能力测评结果呈现

(1)呈现给每位被试的测评结果

测试完成后,每位被测学生可以得知能力总分和自己所处的能力级别,并得到一份描述其职业能力特点的轮廓图(见图 7-11)。轮廓图展示三个能力级别,包含了八项能力指标,这可以使被试了解自己的优点和缺陷,明确未来的努力方向。

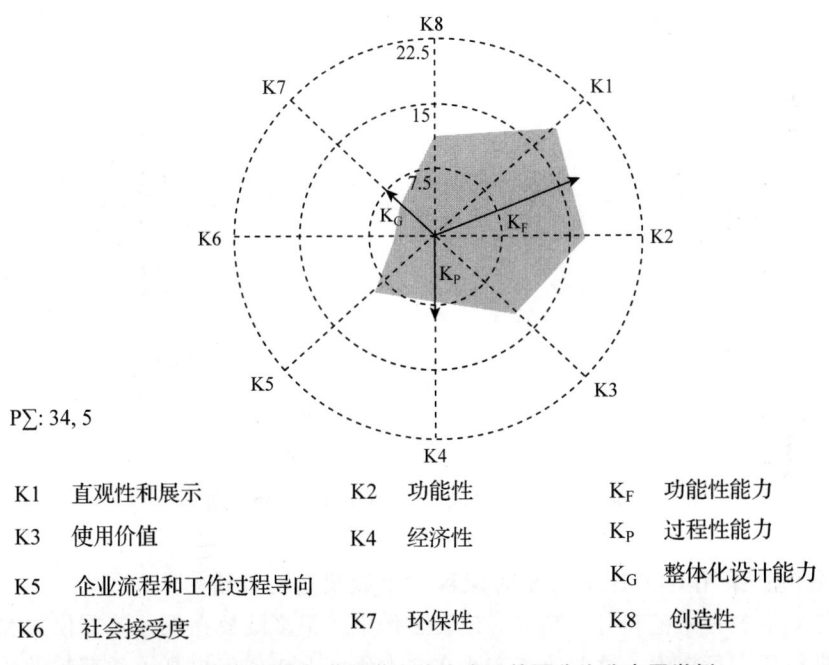

P∑: 34, 5

K1 直观性和展示	K2 功能性	K_F 功能性能力
K3 使用价值	K4 经济性	K_P 过程性能力
K5 企业流程和工作过程导向		K_G 整体化设计能力
K6 社会接受度	K7 环保性	K8 创造性

图 7-11 参加测评各学校学生能力水平的百分比分布图举例

(2)呈现给学校的测评结果

通过测评,学校可以了解到自己在所有参加测评的职业院校中的人才培养水平,了解自己学生的职业能力总体状况(见图 7-12),了解不同班级学生职业能力水平的差异和课程改革的效果(见图 7-13)。

[①] 关于 COMET 能力测评数据处理方式,参见赵志群、[德]菲力克斯·劳耐尔等:《职业能力测评方法手册》,北京,高等教育出版社,2018,以及[德]劳耐尔、赵志群、吉利主编:《职业能力与职业能力测评:KOMET 理论基础与方案》,北京,清华大学出版社,2010。

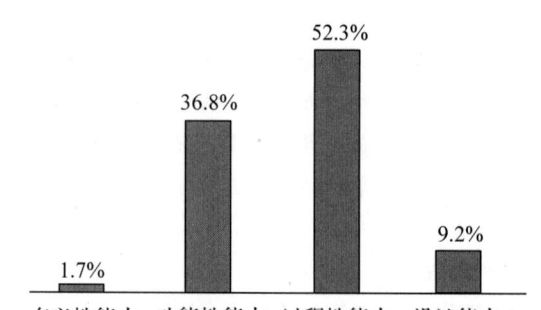

图 7-12　参加测评学生能力水平的总体分布

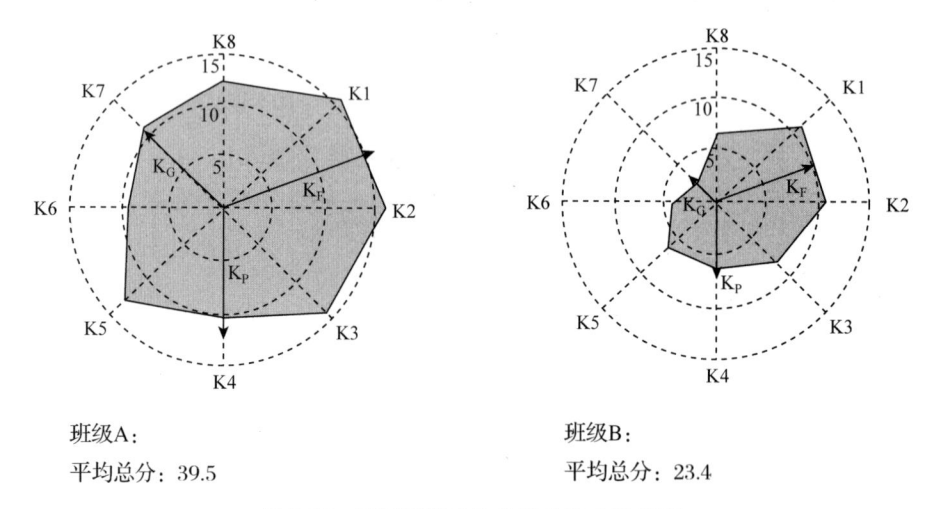

班级A：
平均总分：39.5

班级B：
平均总分：23.4

图 7-13　不同班级学生的职业能力轮廓图

(三)案例：采用 COMET 方案对课程改革效果进行评价[①]

在高等职业教育示范和骨干院校等建设工作中，很多院校在人才培养模式和课程教学改革方面进行了大量探索。这些改革实践在多大程度上或如何提高了教育教学质量，对此需要进行科学的评价和分析。下文对采用新课程的实验班与采用传统课程的普通班进行比较，分析课程改革的学习效果与存在的问题。研究对象为四川省一所国家级示范高职院校。

1. 学习效果评价过程

采用 COMET 学生职业能力测评方案分析学习产出效果，包括职业能力和职业认同感，对不同班级学生职业能力和职业认同感的发展情况进行诊断。

[①] 赵志群、林来寿、张志新：《高等职业教育课程改革学习效果评价：一项实证研究》，载《国家教育行政学院学报》，2014(7)。

(1)评价对象

针对该校汽车运用技术专业二年级两个班级进行，一个是课程改革实验班，一个是未参加课改的普通班，其中前者有 40 名学生，后者有 45 名学生。两班在分班时随机挑选学生，学生入学能力水平没有显著区别，两班配备的教学场地设备亦没有显著差别。

(2)评价工具

能力测评采用四道开放式"综合测试题目"，以及"背景问卷""学生测试动机问卷"和"考场情况问卷"，由德国不来梅大学开发并经过多国(包括中国)的多次使用。测试题目根据我国实际做了技术和语言表达的修改，背景问卷删减了部分在我国无法回答或答案没有明确意义的题目。

(3)评价实施及评分过程

实施测评时被测学生多在企业实习。他们在统一时间回到学校参加测试。每一份解决方案均由两名教师分别评分。采用了一系列措施确保评分者信度，如"问题解决空间"和进行评分者培训等。在培训中，五道练习题目的评分者间信度 $Finn_{just}$ 分别达到了 0.79、0.84、0.78、0.84 和 0.83(0.5 以上为及格，0.7 以上为良好)。

2. 测评结果

两个班级被测学生职业能力水平总体分布如图 7-14 所示，被测学生中，有 22.4% 处于名义性能力水平，58.8% 达到功能性能力水平，17.6% 达到过程性能力水平，1.2% 达到设计能力水平。多数学生达到了功能性能力水平，但是达到设计能力水平的学生比例很低，且有 1/5 以上的学生处于名义性能力水平。

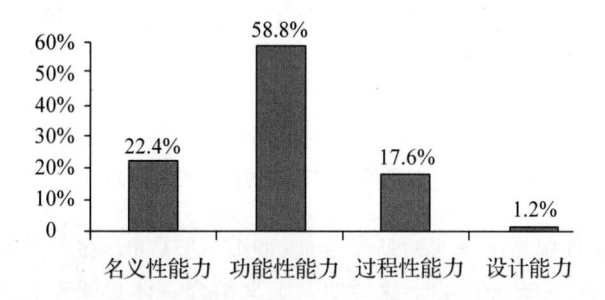

图 7-14 被测学生职业能力水平的总体分布

结果显示，普通班和实验班学生总体能力水平存在显著差异(卡方检验 $\chi^2(3)=27.796$，$P<0.001$)，实验班学生能力优于普通班(见图 7-15)。实验班学生在各能力水平均有分布，且 40% 达到过程性能力及以上水平；普通班学生集中在功能性能力水平上(82.2%)，没有达到过程性能力及以上水平的。实验班学生处于名义性能力水平的比例比普通班略高。

在总成绩分布方面，实验班比普通班更为分散。实验班平均分(26.4)高于普通班(22.3)，高分段也优于普通班，但实验班低分段劣于普通班低分段。两个班级学生的能力轮廓形状相似(见图 7-16)。实验班在三个一级指标(功能性能力、过程性能力和设计能力)和八个二级指标上的平均值均比普通班高。两个班级在"设计能力"一级指标上存在显著差

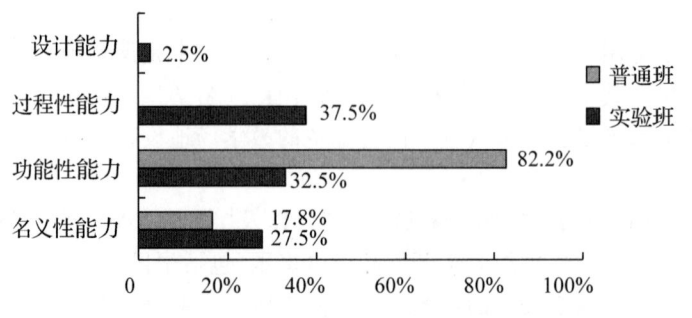

图 7-15　两个班级学生能力水平总体分布

异(t 检验表明，t=4.128，p<0.001)，在过程性能力水平上的"企业生产流程和工作过程导向"(t=2.288，p=0.026)以及设计能力水平上的"社会接受度"(t=2.112，p=0.039)和"创造性"(t=4.663，p<0.001)这三个二级指标上也存在显著性差异。

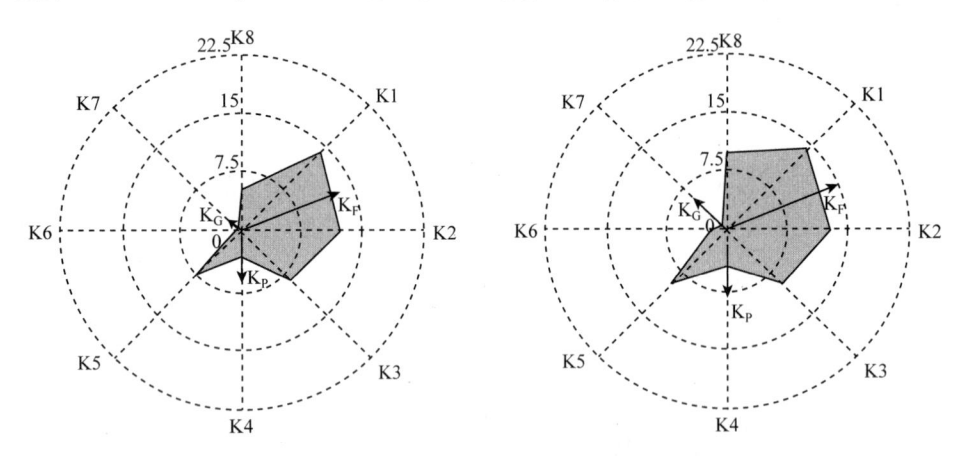

图 7-16　普通班和实验班的能力轮廓图对比

分析发现，新课程提高了学生对所学专业(职业)的认可，在专业认可度方面两班学生有明显差异(t=2.301，p=0.024)。这说明，工学结合一体化课程有利于职业认同感的建立，从而为职业道德的发展奠定基础。

实验班职业能力普遍优于普通班，达到过程性能力及以上水平的比例比普通班高，在过程性能力二级指标"企业生产流程和工作过程导向"、设计能力的二级指标"社会接受度"和"创造性"上也优于普通班，而且职业认同感发展较好，说明工作过程导向新课程较好地实现了当时设定的促进学生全面职业能力发展的目标。[1]

3. 学习效果差异的影响因素分析

研究发现，不同课程对学生职业能力的发展造成了影响。

---

[1]　秦兴顺：《基于工学结合一体化的高职工科类专业课程整体教学设计研究——以〈汽车简单故障诊断与排除〉课程为例》，载《当代职业教育》，2013(6)。

(1)课程结构

普通班理论教学和实践教学按照传统方式进行，时间比例约为1∶1。实验班按照职业能力发展逻辑开展教学，学生依次学习完成"职业定向性的任务""程序化的任务"和"蕴含问题的特殊任务"，即加强初始阶段（一年级）的实践教学，在一年级（$t=2.185$，$p=0.032$）和二年级（$t=2.48$，$p=0.015$）开设"与专业有关的实习课"，而不是按照传统的基础课、专业基础课和专业课顺序。调查发现，学生从学习一开始就了解职业工作，可以提高学习兴趣，这不仅有利于奠定更好的"职业基础"，也有利于提高学生对职业的认同感。

(2)学习任务的选择与组织

普通班按照学科课程组织教学内容，注重理论知识习得，实训任务多为针对专业技术知识寻找或设计的"载体"。调查发现，基于专业技术设计的实训项目与实际工作情境差距很大，学生并不认为能将所学知识迁移至企业实际工作中。这种教学设计与情境主义和建构主义学习理论也是矛盾的。

(3)教师指导情况

相比普通班（55.5%），实验班学生（67.5%）更经常得到指导教师的反馈和支持（$t=2.001$，$p=0.049<0.05$），18%的普通班学生认为自己很少得到实训指导人员的反馈和支持，而实验班的这一比例仅为5%，这与实验班采用的行动导向教学有关。

(4)教学方法

普通班采用传统的程序化技能培训教学法，教师示范操作技能和讲解知识，学生通过模仿和多次练习学习新知识技能。虽然这种方式可以使学生在较短时间内掌握一些学习内容，但学生普遍认为，与实验班相比，少有机会"做不同的工作并用到多种知识和技能"，这不但打击了学生的学习积极性，而且限制了学生创造性的发挥。实验班采用自我管理式的学习方式，学生更加了解其他同学的岗位和工作任务，更有机会和不同人员交流。宽松的学习氛围有利于学生间的交流，促进了社会能力的发展。但这种以学生为中心的教学方法在促进多数学生职业能力发展的同时，对极少数独立学习能力弱的学生教学效果欠佳。

4. 结论与讨论

工学结合课程采用综合化的工作任务和"做中学"的教学方式，与传统学科课程相比，增加了深入实践学习的可能性，学生对工作过程的参与度提高，这对综合职业能力的提高起到了促进作用。新课程对过程性能力的提升作用尤其明显。学生的整体设计能力还有待提高，提醒教师应特别注重学生创造性解决问题能力的培养，以及社会责任感的养成，这与职业教育的"教育性"要求是一致的。

研究发现，场地设备和师资水平是影响课程实施质量的主要瓶颈。由于场地和设备数量限制，以及教师缺乏足够的教学环境和教学任务设计能力，很多学习任务很难反映真实工作情境的要求，学生参与职业实践活动的深度受到限制。

新课程采用（较为）个性化和灵活的教学组织，在促进大部分学生职业能力成长的同时，也影响一些自控力较差的学生的学习，这需要学校做出灵活调整，完善配套的学生管理机制。相对于传统课程，工学结合一体化课程的教学和训练安排更集中、紧凑，密切了学习与企业实际的联系,但由于所学知识相对零散且接触时间跨度较短,学生的接受度有时不高,需要通过相应的教学设计给学生提供更多的反思和整理知识的机会。

五、授权评价:基于第四代评估理论的诊断工具[①]

"授权评价"(Empowerment Evaluation,EE,又译为使能评价、赋权评价或赋能评价)是一种质性和量化相结合的评价方法,它协助项目参与者和利益相关者开展评价活动,将评价内化为项目计划和管理的一部分。[②]

作为职业教育内部质量诊断的重要工具,授权评价以质量改进为目标,创设民主、透明的环境,由评价主持人引导参与评价的利益相关者开展自下而上的内部质量诊断活动。参与者在主持人引导下展开交流讨论,共同确定评价指标体系,通过个人赋值、解释分数、协商讨论等方式对职业教育的现象和问题进行解释,共同识别一项工作(或项目)的运行状况,尽早发现问题并及时调整和改进。

授权评价的关注点是项目实施过程中"发生了什么",评价结果关注利益相关者的参与度和满意度,授权、参与、协作、利益相关者是授权评价过程必不可少的元素。研究表明:在参与深度和实践操作方面,授权评价在教育领域有很大的推广价值。[③] 目前职业院校正在建立教学诊断与改进工作机制,但是实践中出现了诸多困惑和问题,建立在传统评价范式基础上的方法难以满足社会多元化和职业学校质量保障的现实需要。授权评价可以帮助职业院校分析工作中的问题,建立能够持续向管理者反馈问题并及时调整策略的动态机制,为职业院校建立自我评价机制提供理论指导和技术支持。

(一)理论基础

授权评价方法具有来自多种学科的理论基础和社会实践。

1. 心理学基础

群体心理学(Community Psychology)认为参与具有社会性,相关者通过活动,能更好地控制自身事务。对话和参与的目的是反思和行动,是认识过程不可或缺的部分。授权是个人、组织或群体对自身事务的控制。在解码对话过程中,参与者对自己的观点会更加清晰,对世界的"真实意识"更加明确,达到"对先前认识的认识",从而改变或拓展自己的视野。[④]

人本主义(Humanism)心理学是相对于传统(行为主义、认知主义等)心理学而言的。

[①] 本节在孙芳芳的博士论文基础上修改而成,参见孙芳芳、赵志群:《职业院校质量诊断:授权评价理论与实践》,106~134 页,北京,中国社会科学出版社,2019。

[②] Fetterman, D. M. & Wandersman, A., "Empowerment Evaluation," *American Journal of Evaluation*, 2007, 28(2), pp.179-198.

[③] Smith, N. L., "Empowerment Evaluation as Evaluation Ideology," *American Journal of Evaluation*, 2007, 28(2), pp.169-178.

[④] Rappaport, J., "Terms of Empowerment Exemplars of Prevention: Toward a Theory for Community Psychology," *American Journal of Community Psychology*, 1987, 15(2), pp.121-148.

据此，在促进认知发展的同时，要重视个人需求和情感以及自我诊断在学习中的重要性。评价过程是发展的过程，评价可以促进教师、学生以及其他利益相关者的发展。从建构主义的角度看，评价参与者与学习者同样具有个人知识和经验，能够在已有经验基础上通过与他人相互学习而建构知识。[1]

2. 社会学基础

授权评价强调各类社会角色在发展过程中的平等参与，相互交往，在社会中建构平等的关系。这种关系不仅意味着内部诊断参与者相互之间磋商，而且他们的基本愿望和知识系统都应得到充分的尊重。[2]

按照对话理论，"对话"是"在各种价值相等、意义平等的意识之间相互作用的特殊形式"。在一个集体里，每个人接受的话语和信息输入都来自与他人的对话，任何对话都是他人的观点与个体原有假设之间张力的融合。[3] 这意味着，人的思维需要人与人之间的话语互动，授权评价方法可为这种互动提供空间。它创设民主、宽松、平等的环境，让每个参与者都能够平等对话，在对话中生成新的知识理解。

20世纪90年代以来，"相对主义"和"文化多元论"对"科技理性"思维形成了极大的冲击，哈贝马斯(J. Habermas)提出"交往理论"，通过建立具有普遍意义的"规范基础"来描述、分析和批判现代社会。据此，人具有理性讨论和相互学习的能力，可通过创造条件相互沟通形成共识。[4] 交往理论与授权评价方法的理念非常相似，即认为共识是可以达成的，其唯一途径是深度参与和不断沟通，这需要参与者在没有内外压力的情况下，以真诚的态度和协商的方法进行讨论。

3. 管理学基础

传统的理性决策模式表现为自上而下，即下级为上级搜集信息，由上级来进行决策。有限理性主义(Bounded Rationality)认为，决策者的视野受到决策能力、组织资源数量的限制，不可能列出所有方案并保证其完美。"授权决策"允许员工对工作范围内的事情做出决策，由一个利益共同体被授权发挥"群体决策"的优势。群体决策是否优于个体决策取决于任务的性质：复杂决策需要群体做出；对于简单的决策，专家决策可能比群体决策的效果更好。职业教育是利益相关方共同治理的过程，与经济发展、学生发展、社会贡献联系密切，要想对其进行深入剖析、反思、改进，群体决策更优于个人决策，这体现了"授权评价"思想。[5]

利益相关者理论是在对"股东至上"的企业治理模式的质疑中发展起来的，由Stockholder(股东)演变为Stakeholder(利益相关者)，它经历了"利益相关者影响""利益相关者

---

[1] 陈向明：《在参与中学习与行动——参与式方法培训指南》上册，160~163页，北京，教育科学出版社，2003。

[2] 周忠学：《互动交融教学法探析》，载《教学研究》，2012(6)。

[3] [俄]米·巴赫金：《巴赫金文论选》，佟景韩译，252页，北京，中国社会科学出版社，1992。

[4] 董青梅：《语言沟通抑或语言权力？——当哈贝马斯相遇布迪厄》，载《平顶山学院学报》，2013(3)。

[5] [美]杰拉尔德·格林伯格、[美]罗伯特·A. 巴伦：《组织行为学(第七版)》，范庭卫等译，391~398页，南京，江苏教育出版社，2005。

参与"和"利益相关者共同治理"三个阶段,从"否认权利"到"赋予参与权利",再到"授予治理权利"。① 职业教育是一个利益相关者系统,其发展必然要兼顾各方利益相关者的诉求与期望,这需要相应的管理与质量保障工具。利益相关者治理语境下的职业教育授权评价的突出特点是治理主体的多元化、治理方法多样化、治理态势多变化和治理理念服务性。

(二)授权评价的过程与原则

评价的目的经历了"鉴定""诊断"和"改进"三个阶段。随着职业教育内涵建设的逐步加强,教育评价活动不再将"鉴定"作为主要目的,而是通过"诊断"获取各类信息,提供关于评价对象的问题和原因,开具有针对性的"处方"。

1. 授权评价的过程

授权评价的关键是"自我诊断"和"利益相关者参与",评价由利益相关者共同融入评价的计划与执行过程,"制定目标""诊断现状""改进规划"和"追踪反馈"的整个过程中,都要有利益相关者的参与和共同治理(见图 7-17)。

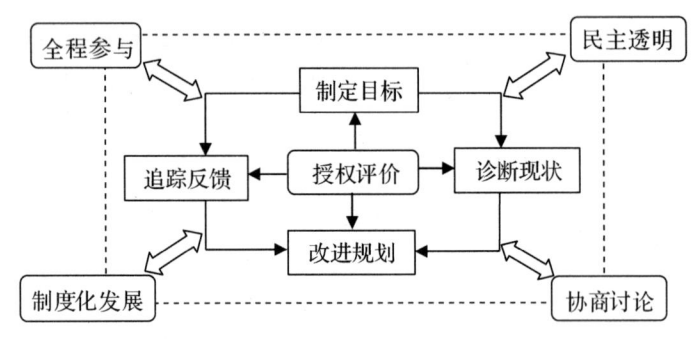

图 7-17 授权评价的过程与原则

授权评价过程是一个社会化学习过程,即从别人的经验中学习来提高整个组织的学习能力,包括以下环节。

- 制定目标:参与者明确目标,通常由第三方机构与项目单位共同协商,确定评价的目标,明确双方的诉求、担心和争议。
- 诊断现状:召开参与式研讨会,由项目的利益相关者参加,由职业院校选择与项目紧密相关的核心人员组成。
- 改进规划:使用评价现状的活动列表作为他们为未来做计划的基础,诊断现状的结果,用来指导改进计划。
- 追踪反馈:对照计划确定取得的成果和存在的不足,需要明确具体措施、负责人和时间限制,对不能解决的问题要自动转入下一个 PDCA 循环。

---

① 杨瑞龙、周业安:《企业的利益相关者理论及其应用》,北京,经济科学出版社,2000。

2. 授权评价的原则

授权评价应遵循以下基本原则。

- ➢ 全程参与：评价者和被评价者都参与和投入整个评价过程中，以保证评价过程的合理性，增强参与者的认同感。
- ➢ 民主透明：在开放和民主的对话环境中，参与者进行交流、反思和自我评价，允许矛盾的相互冲突，以此反映不同的立场和观点。
- ➢ 协商讨论：评价过程是一个协商、妥协的系统反思过程，参与者根据评价指标解读和反思优点和不足，形成或修订原有的观点。
- ➢ 制度化发展：将评价逻辑和价值观制度化为日常工作和组织管理的一部分，将评价作为工具促进自我决策和项目发展。[1]

授权评价的过程和效果质量在很大程度上取决于评价活动组织的规范与严谨程度，建立授权评价的标准，并根据这一标准开展评价工作，可以保证评价的效度。

(三)授权评价活动的设计

评价是一项专业性很强的工作，需要遵循特定的程序和要求。第四代评价理论认为，有效评价的关键是达成一种大多数利益相关者都同意的行动计划，它不是对"客观"真理的探寻，而是经过公开透明过程得到的实际结果。费特曼(D. M. Fetterman)有意抛弃了客观性、可靠性这些经典标准，认为评价不是"中性"的，不可能得到绝对科学的真相；参与是评价的主要需求，参与的目标不是获得一致结果，而是对某一观点形成深入的理解。[2]

1. 选择参与人员

授权评价的参与者的选择是影响评价效果的关键因素。在教学质量诊断中，教师是最重要的利益相关者，管理者和学生也有发言权，校长对组织发展的总体工作负责。[3] 授权评价会需要一名具有评价专业知识和主持能力的主持人，他帮助界定质量指标，组织参与者共同协商对话，从而发现问题并提出改进方案。在我国，这些"诊断人员"一般由在高校或科研部门的专家担任。

2. 行政上的准备工作

(1)自愿申请

明确诊断主持人和被诊断学校双方承担的责任和义务，应坚持自愿原则，即被评价的学校主动提出申请。

(2)双方洽谈

评价工作开始之前的洽谈十分重要，洽谈的目的是：①了解学校管理者对存在问题的看法和所持态度；②了解学校申请评价的动机和诉求；③主持人介绍授权评估的性质和一

---

[1] [美]斯塔弗尔比姆等：《评估模型》，苏锦丽译，37页，北京，北京大学出版社，2007。
[2] Fetterman, D. M. & Wandersman, A., *Empowerment Evaluation Principles in Practice*, New York, The Guilford Press, 2005.
[3] Cedefop., *Handbook for VET Providers: Supporting Internal Quality Management and Quality Culture*, Luxembourg, Publications Office of the European Union, Cedefop Reference Series 99, 2015, p.27.

般方法；④就评价工作目标和双方承担的义务达成协议。

（3）现场准备工作

包括工作人员、场地和设备等。

（4）收集与分析有关资料

学校根据评价主持人列举的清单，整理评价所需资料。这里需要注意：

➤ 收集的资料必须是本次评价活动的关键资料，如近年来的自我评价报告、改进计划、工作计划和总结、学校管理制度等。

➤ 尽量减少对文字资料准备的要求，以免干扰学校的正常教学工作。

➤ 强调资料的真实性，资料应是自然形成的，不需要刻意编撰。

3. 指标设计

与传统评价的指标不同，授权评价指标是过程性、开放性的，由利益相关者经过协商讨论生成。授权评价指标的建议稿采用专家效度法开发，即以专家评定问卷的方式进行。授权评价的关键是，按照这一指标体系，参与者进行一个有效的协商和对话过程。

在此需要关注评价指标与评价标准的区别。指标由指标名称和指标数值两部分组成，体现了事物质和量的规定性两方面的特点。评价标准是对评价对象进行价值判断的准则和尺度。在学校评价中，评价指标通常是难以精确量化描述的，所以要确定评价标准非常困难。一般做法是，将评价指标与标准结合起来，反映在评价的观测点中，如"校园文化建设"指标的观测点（评价标准）包括校园整洁美丽、社团活动丰富等，量化和定性标准相结合，以定性标准为主。

（四）案例：学习任务自我评价法

"学习任务自我评价"（德语 Sebstevaluation für Lern-und Arbeitsaufgaben，SEVALAG），是由德国不来梅大学开发的针对任务引领课程的授权评价工具，它是一个内部质量诊断手段，也是课程监控与评价体系的重要组成部分。

在现代职业教育中，学习任务的质量是课程质量的重要体现。学习任务设计受到很多因素的影响，如具体的产品类型、工艺流程、服务对象以及学校教学设备、学生学习能力等，因此很难按照统一标准对学习任务的质量进行评价，而更适合在教师层面进行课程质量控制活动，即学习任务评价是"在教师团队内部进行的共同分析诊断和共同改进的过程"，它既可针对课程设计，也可以针对课程实施的结果。

1. 方法简介

SEVALAG 的基本含义是：按照授权评价理论，专业教师团队和利益相关者（如教学管理人员、企业合作伙伴、学生等）通过参与式研讨会形式，共同确定评价指标体系，通过个人评分、解释分数和讨论评价结果，最终形成共同认识，对学习任务的设计和教学效果进行评价。作为教学活动的执行者和参与者，教师在 SEVALAG 中起着关键的作用，每个教师都有机会自由表达对课程质量的真实看法。这样，大家对课程（学习任务）质量的认识会在讨论和观点的交锋中变得越来越清晰。

SEVALAG 的最高目标不是形成针对某一学习任务质量的统一看法，而是通过讨论，使每个教师都能发现和认识教学设计和实施中存在的问题,通过相互交流和启发,帮助自己总结工作经验并进行深入反思,从而找到可行的解决问题方案。为了给评价工作提供一个公平和透明的环境,SEVALAG 需要一个外部主持人。主持人的角色是方法上的专家,而不是课程专家,其主要任务是系统引导评价过程的实施,保证每一个教师都有机会表达自己的感受和愿望。

2. 基本流程

(1)参与者在研讨会主持人的主持下,按照两个维度,共同讨论确定用于评价学习任务的指标,这两个维度分别是"学习任务设计质量"和课程结束后学生的学习收获,即"学习任务的实现程度"。

(2)通过讨论,共同为每一个维度确定一级指标和二级指标体系,指标可以根据参与评价教师的意见进行修改,甚至完全新建,表 7-7 仅仅是一个案例。

表 7-7 SEVALAG 指标案例

| 维度一:典型工作任务的潜力 || 维度二:学习任务的实现程度 ||
一级指标	二级指标	一级指标	二级指标
职业行动能力	➢ 新知识、新技能 ➢ 学习与工作方法 ➢ 交流与沟通 ➢ 教育性目标	职业行动能力的学习成果	➢ 新知识、新技能 ➢ 学习与工作方法 ➢ 交流与沟通 ➢ 教育性目标
对工作和技术的设计潜力	➢ 与企业实践的联系 ➢ 技术的适用性 ➢ 解决方案的多样性 ➢ 工作与技术的革新性	对技术和工作的设计能力	➢ 与企业实践的互动性 ➢ 应用现实的技术 ➢ 获得多样化的解决途径 ➢ 对工作和技术设计产生了新的认识
典型工作任务的特点	➢ 典型工作任务的质量 ➢ 典型工作任务的描述 ➢ 对记录、展示和时间安排提出建议	学习的结果	➢ 产品或服务的质量 ➢ 产品或服务过程的质量
校企结合	➢ 促进学校与企业合作 ➢ 促进企业与学校合作	学生的参与	➢ 存档记录 ➢ 展示 ➢ 对学习任务的批判性反思

(3)每一位参与者对一级指标赋予不同权重,并填入一个 Excel 表,如表 7-8 所示。

表 7-8　SEVALAG 指标体系及权重确定

SEVALAG 一级指标	一级指标权重生成表									
	讨论后的最终结果	平均值	标准差	最高值	最低值	教师 1	教师 2	教师 3	……	教师 n
1. 职业行动能力	10.0%	9.3%	5.2%	14.0%	2.0%	2%	14%	12%		
2. 职业行动能力的学习成果	12.0%	14.7%	4.1%	20.0%	10.0%	20%	10%	14%		
3. 对工作和技术的设计潜力	15.0%	20.0%	0.0%	20.0%	20.0%	20%	20%	20%		
4. 对技术和工作的设计能力	20.0%	14.0%	1.4%	15.0%	12.0%	12%	15%	15%		
5. 典型工作任务的特点	10.0%	18.0%	4.2%	24.0%	15.0%	15%	24%	15%		
6. 学习的结果	13.0%	7.7%	2.1%	10.0%	5.0%	10%	5%	8%		
7. 校企结合	10.0%	9.7%	3.3%	14.0%	6.0%	14%	6%	9%		
8. 学生的参与	10.0%	6.7%	0.5%	7.0%	6.0%	7%	6%	7%		
	100.0%	100.0%				100%	100%	100%		

Excel 自动计算出权重的平均值和标准差，并显示最高值和最低值。这里最有价值的是标准差最高的项目的最高值和最低值。这说明参与者对学习任务某一方面的特性的理解有很大差异。讨论这些差异，可以帮助大家建立共同的质量观和愿景。这时，应请给出最高值和最低值的参与者说明他这样做的理由，从而引发大家思考。最后采用的权重数应当是大家协商讨论后的结果，而不是平均值，因为这代表了一次组织学习的结果。如果时间允许，可对二级指标赋予不同的权重，并重复同样的过程，最终形成带有权重的评价指标体系。

（4）每位参与者按照指标体系给出评分，并填入 Excel 表，如表 7-9 所示。

表 7-9　SEVALAG 评分表（节选）

SEVALAG	用 1~10 分给各二级指标评分（1 表示最差，10 表示最好）							
	权重	平均值	最高值	最低值	教师 1	教师 2	教师 3	……	教师 n
1. 职业行动能力	10.0%								
1.1. 新知识与新技能	25.0%	5.33	7	4	4	5	7		
1.2. 学习与工作方法	25.0%	6.00	6	6	6	6	6		
1.3. 交流与沟通	25.0%	7.33	9	5	5	8	9		

续表

SEVALAG	用1~10分给各二级指标评分(1表示最差，10表示最好)							
	权重	平均值	最高值	最低值	教师1	教师2	教师3	……	教师n
1.4. 教育性目标	25.0%	5.67	7	4	6	7	4		
		得分	6.08	7.25	4.75				
2. 职业行动能力的学习成果	12.0%								
2.1. 新知识与新技能	25.0%	6.33	8	5	5	6	8		
2.2. 学习与工作方法	25.0%	8.00	10	6	6	8	10		
2.3. 交流与沟通	25.0%	7.67	9	6	6	8	9		
2.4. 教育性目标	25.0%	7.33	8	6	8	8	6		
		得分	7.33	8.75	5.75				
3. 对工作和技术的设计潜力	15.0%								
4. 对技术和工作的设计能力	20.0%								
5. 典型工作任务的特点	10.0%								
6. 学习的结果	13.0%								
7. 校企结合	10.0%								
8. 学生的参与	10.0%								
		得分	7.44	8.67	6.00				

Excel 自动计算出被评价学习任务每一项指标的得分，并自动生成雷达图和柱状图，如图7-18和图7-19所示。分析这两张图，可以得到很多有关学习任务质量的信息。

从雷达图中可以看出学习任务设计和实施结果之间的差异，特别是差异大的项目，如设计能力培养，从而帮助寻找课程实施过程中的问题。

由于能够同时反映不同指标的权重、最高分和最低分，SEVALAG柱状图可以帮助我们确定和分析大家对课程质量存在的最大异议。如图7-19中，设计潜力是大家很重视的一项指标，而恰好是在这项指标上，大家对学习任务的评价很不一致，这就需要进行深入的讨论。

（5）最后，大家通过讨论对评价结果达成一致意见，并根据分析结果撰写评价报告。

一段时间过后，重新进行SEVALAG分析评价，这时会发现大家的课程质量意识和质量控制能力得到了提高。

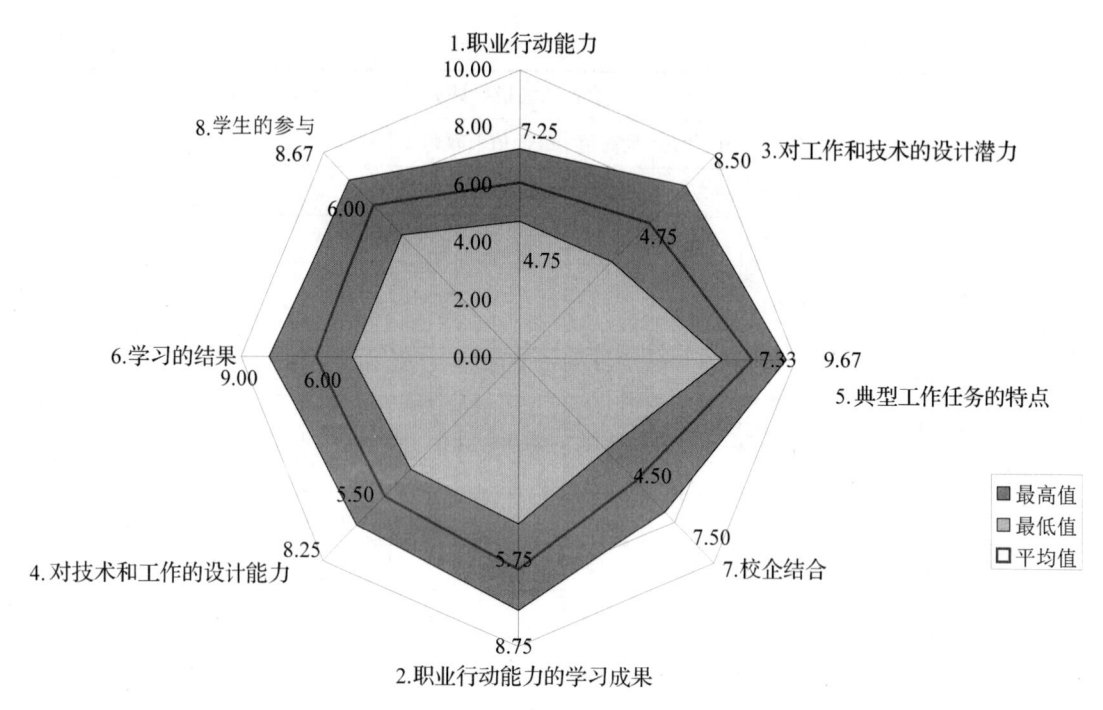

图 7-18　SEVALAG 雷达图

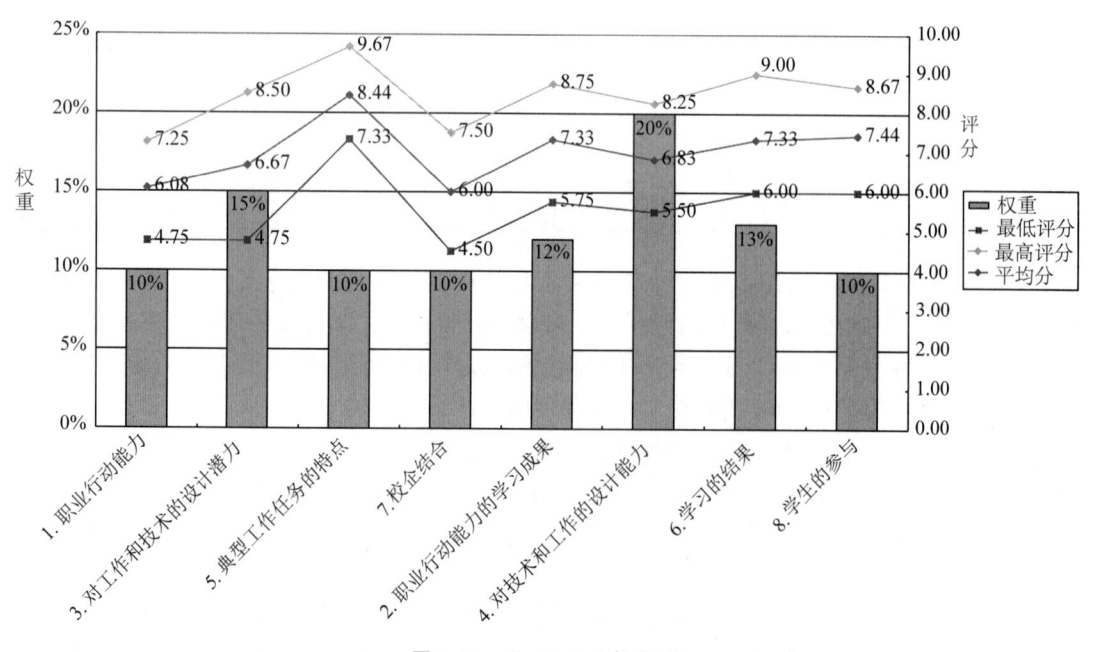

图 7-19　SEVALAG 柱状图

3. 总结

SEVALAG 是一个建立在授权评价理论基础上的组织学习方法,教师个体和教师团队间通过交互作用发生组织内部学习,每个参与者都对课程质量控制的过程和结果产生重要影响。在 SEVALAG 的帮助下,教师可以在过去的行动和绩效与未来的行动之间产生新观点、新知识和建立新的联系,提高发现错误和进行相应修正的能力,从而改变教师的价值和知识基础,并帮助教师产生新的行动标准和策略。[1]

---

[1] Deitmer L., *Management regionaler Innovationsnetzwerke: Evaluation als Ansatz zur Effizienzsteigerung regionaler Innovationsprozesse*, Baden-Baden, Nomos, 2004, pp. 153-164.

关键词索引

案例分析教学法 / 95
扁平化管理 / 5,108
布卡德(C. Burkard)评估钟 / 177
程序性任务 / 53
传统教师角色 / 140
垂直劳动分工 / 4,8
"从初学者到专家"发展逻辑 / 51,62,199
单循环学习 / 39,136
第四代评估理论 / 171,200
典型工作任务(德语 Berufliche Arbeitsaufgaben, BAG；英语 Professional Task) / 10,24,52,59,64,71,77—84,191
独立学习 / 42,43
对话理论 / 201
多元智力理论 / 28
发展性逻辑结构 / 52
发展性任务(Developmental Task) / 52,64,77
反思的实践者 / 32
方法能力 / 10,12,13
分散式培训 / 105,106,108
格式塔心理学 / 32
工学结合一体化课程 / 58,61
"工业4.0" / 6
工作分析 / 56,66,70,71

工作岗位学习方法 / 105
工作过程,工作过程系统化 / 13,28,49,59
工作过程知识(Work Process Knowledge) / 20,22,23,24
关键能力(核心素养) / 8,14,67
关联性知识 / 54
国际学生评估项目(Program for International Student Assessment, PISA) / 182,187
行动 / 11
行动导向,行动导向教学 / 34,46,90,128
行动领域 / 62,64
行为主义学习 / 31
行业情况分析 / 76
合作学习 / 43,44
核心能力 / 14
后现代主义评估 / 170,171
机械教育学理论 / 31
技术批判理论 / 21
技术实体理论 / 21
技术实验教学法 / 102
建构主义学习 / 33
交往理论 / 201
角色扮演教学法 / 101
教学方式 / 40

关键词索引

教学简化（Didactical Reduction） / 28，57
教学性评估 / 175
教学组织形式 / 43
进化教育学理论 / 31
经验性学习 / 36
精益生产（Lean Production） / 4
柯氏评估理论，柯克帕特里克（D. L. Kirkpatrick） / 185
科学管理原则（Principles of Scientific Management） / 3，57
科学主义评估 / 171
可能性教学策略 / 31
课程（Curriculum） / 56，61
课程开发方法 / 66，69
课堂教学评估 / 180
劳动生产组织方式 / 2
能力本位（Competence Based Education，CBE） / 56
培训（部门）负责人 / 156
评估 / 162，166
评估与监测 / 166
情境学习 / 35
全面质量管理 / 122，162
群体心理学 / 200
人文主义技术观 / 21
人文主义评估 / 171
认知学徒制 / 35
任务引领学习 / 52
入门知识和概念性知识 / 54
设计（德语 Gestaltung），设计导向 / 16
社会能力 / 13，30
社会认知学习 / 37
社会性学习 / 36
实践专家研讨会（Expert Worker Workshop，EXWOWO） / 71，77
授权评价 / 200

双人学习 / 43
双循环学习 / 39，136
水平劳动分工 / 4
泰勒模式，福特制 / 3
完整的行动模式 / 55
网络联盟，网络联盟学校 / 119
无法预测结果的任务 / 53
详细知识和功能性知识 / 54
项目教学法 / 96
小组学习 / 43
新工业革命 / 7
新公共服务 / 163
新公共管理 / 163
学科系统化 / 20
学科系统化知识 / 54，69
学习车间（德语 Lernstatt） / 107
学习岛 / 108
学习教练 / 135
学习领域课程（德语 Lernfeld） / 58
学习情境 / 65
学习任务自我评价法 / 204
学习型组织 / 37，117，127
以教师为中心的教学方式 / 41
以项目和迁移为导向的教学（PETRA） / 14
以学生为中心的教学方式 / 42
引导文教学法 / 98
隐性知识 / 9，33，39
蕴含问题的特殊任务 / 53
再循环学习 / 40
张贴板教学法 / 92
诊断与改进 / 200
整体化职业教育 / 16
正面课堂教学 / 43
职教教师职业的专业化 / 149
职业承诺 / 11，187

职业的专业化(Professionalization) / 149
职业定向性任务 / 53，191
职业行动能力 / 11
职业技能 / 10
职业教育集团 / 119
职业教育教师 / 140
职业教育质量保障体系 / 162
职业描述(Profile) / 77，150
职业能力 / 9
职业能力测评 / 188
职业能力发展的逻辑规律 / 51
职业认同感 / 11
职业性技术 / 19
职业学(Vocational Discipline) / 68
监测与评估体系(M&ES) / 168
职业资格 / 16，67

职业资格研究 / 66，67，75
质量管理体系，ISO9000 / 163
质量监控与评估法(Quind) / 183
质量小组(Quality Circle) / 107
专业化(Professionalization) / 149
专业能力 / 12
咨询，咨询机构 / 132
组织发展能力 / 124
组织发展项目 / 128
组织学习 / 128，132
主持人 / 141，142，183，200
COMET 职业能力测评方案 / 187
DACUM，全称 Developing a Curriculum / 56，70
PDCA / 123
SWOT 参与式分析法 / 180

插图索引

图 1-1　技术发展、劳动组织与人力资源开发的关系　／3
图 1-2　精益生产的团队作业方式　／4
图 1-3　职业的垂直划分与水平划分　／4
图 1-4　"精益生产"和"扁平化管理"　／5
图 1-5　职业能力的组成　／12
图 1-6　人力资源开发规划的模式　／17
图 1-7　技术涉及的领域　／19
图 1-8　人与机器的界面　／22
图 1-9　实践性知识与工作过程知识　／23
图 2-1　职业能力的培养过程　／30
图 2-2　经验性学习　／37
图 2-3　单循环学习和双循环学习　／39
图 2-4　再循环学习　／40
图 2-5　职业教育教学法体系　／41
图 2-6　以学生为中心的教学　／42
图 2-7　学习任务相同和不同的小组教学步骤　／44
图 3-1　学科系统化课程与工作过程系统化的区别　／50
图 3-2　各阶段的典型工作任务　／52
图 3-3　不同发展阶段所需要的知识形态　／54
图 3-4　完整的行动模式　／55
图 3-5　工作过程的组成要素　／60
图 3-6　典型工作任务、学习领域与学习情境的关系　／65
图 3-7　课程开发过程　／66
图 3-8　DACUM 课程开发方法的流程　／70
图 3-9　典型工作任务分析与 DACUM 的比较　／72
图 3-10　课程开发的基本流程　／75

图 3-11　典型工作任务分析是学习领域课程设计的基础　/ 77
图 3-12　学习内容是典型工作任务和教育性目标从两个方向逐渐靠近的结果　/ 81
图 4-1　行动导向教学的学习阶段　/ 90
图 4-2　张贴板及其附属物品　/ 92
图 4-3　"头脑风暴"的目的是获得大量建议　/ 94
图 4-4　某中职学校园林专业的教学项目：设计与建造校园的花坛　/ 97
图 4-5　学校教育体制下的技能型人才职业成长　/ 105
图 4-6　岗位培训教学法的功能　/ 106
图 4-7　学习岛示意图　/ 108
图 4-8　RS-JD 加工中心实训台　/ 114
图 5-1　新时代职业院校的组织特征　/ 117
图 5-2　网络联盟学校的基本构成　/ 120
图 5-3　PDCA 循环　/ 123
图 5-4　组织发展的途径　/ 125
图 5-5　组织的学习　/ 126
图 5-6　领导是组织学习的组织者和促进者　/ 127
图 5-7　组织学习能力的发展　/ 129
图 6-1　学科课程是以学科内容和教师为中心的教学　/ 140
图 6-2　引导文教学法中教师的任务和角色　/ 141
图 6-3　以学生为中心的互动式学习　/ 142
图 6-4　职业教育教师的类型　/ 147
图 6-5　学科教学论、职业教学论与职业学的关系　/ 151
图 6-6　教学论研究的流派　/ 152
图 6-7　电气职业技术学的研究与教学内容　/ 154
图 6-8　培训师的任务　/ 158
图 7-1　职业教育质量保障体系的两个支柱　/ 162
图 7-2　职业院校的监测与评估系统　/ 169
图 7-3　监测与评估的循环过程　/ 170
图 7-4　布卡德评估钟　/ 177
图 7-5　评估调查的流程　/ 179
图 7-6　SWOT 四分窗口图　/ 181
图 7-7　自我监控与评估法的实施流程　/ 183
图 7-8　学习绩效评估的四个级别　/ 185
图 7-9　COMET 职业能力模型　/ 190
图 7-10　COMET 职业能力的级别与评价指标　/ 193
图 7-11　参加测评各学校学生能力水平的百分比分布图举例　/ 195

图 7-12 参加测评学生能力水平的总体分布 / 196
图 7-13 不同班级学生的职业能力轮廓图 / 196
图 7-14 被测学生职业能力水平的总体分布 / 197
图 7-15 两个班级学生能力水平总体分布 / 198
图 7-16 普通班和实验班的能力轮廓图对比 / 198
图 7-17 授权评价的过程与原则 / 202
图 7-18 SEVALAG 雷达图 / 208
图 7-19 SEVALAG 柱状图 / 208

表格索引

表 1-1　"工业 2.0"与"工业 3.0"模式的比较　/ 5
表 1-2　现代企业员工应当具备的"关键能力"　/ 15
表 1-3　不同管理模式下职业教育与培训的目标和内容　/ 16
表 1-4　工程技术与职业性技术的区别　/ 20
表 1-5　工作过程知识的特点　/ 24
表 2-1　生产性教学策略与可能性教学策略的比较　/ 31
表 3-1　某高职院校数控技术专业学习领域课程　/ 62
表 3-2　学习领域课程与传统学科课程的比较　/ 63
表 3-3　典型工作任务分析的引导问题(访谈提纲)　/ 79
表 3-4　学习领域描述案例　/ 82
表 3-5　学习情境设计案例　/ 85
表 4-1　采用"头脑风暴"法的注意事项　/ 94
表 4-2　引导文教学法和传统的四阶段教学法比较　/ 100
表 4-3　质量小组的组成　/ 107
表 4-4　适合进行岗位学习的工作岗位　/ 111
表 5-1　网络联盟学校与传统学校的区别　/ 121
表 5-2　职业教育的质量体系要求　/ 122
表 5-3　职业院校 PDCA 循环案例　/ 123
表 5-4　某职业学校举办的组织发展初级研讨班　/ 130
表 5-5　学习咨询活动的指导性与咨询委托人的类型　/ 134
表 6-1　某职技高师"植物科学与技术"专业课程结构及学分比例　/ 148
表 7-1　监测和评估的区别(以教学为例)　/ 167
表 7-2　项目工作与日常工作的区别　/ 170
表 7-3　JCSEE 评估方案的评估标准(1994)　/ 172
表 7-4　职业教育教学的投入、过程和产出(结果)指标　/ 178
表 7-5　背景情况调查问卷的主要内容　/ 191

表 7-6　能力级别与能力指标的含义　／193
表 7-7　SEVALAG 指标案例　／205
表 7-8　SEVALAG 指标体系及权重确定　／206
表 7-9　SEVALAG 评分表（节选）　／206

致　谢

在本书撰写过程中，得到了很多师长、朋友、同事、学生和机构的支持和帮助。首先感谢德国不来梅大学劳耐尔（Felix Rauner）教授，是他为我提供了系统的理论基础和广阔的国际实践空间，并始终支持和伴随着我的成长。衷心感谢辜东莲、姜大源、刘京辉、余祖光、杨进、刘杰、唐以志、刘育锋、庄榕霞、王炜波、沈军、吉利、魏庆曜、万巧慧、张曙、李欣、Dr. Hans-Günter Wagner、Dr. Herbert Rösch、Dr. Eberhard Trowe、Prof. Dr. Martin Fischer、Prof. Dr. Friedhelm Eicker、Dr. Ludger Deitmer、Prof. Dr. Jörg-Peter Pahl、Prof. Dr. Ralph Dreher 和 Volker Ihde，他们为我写作本书提供了支持和帮助，或者提供了实践机会；感谢孙芳芳、何兴国、张志新、周瑛仪、李东琦和林来寿同学的研究工作，进一步充实了本书的内容；感谢黄敏、何兴国、刘晨和崔钰婷在文字校对方面的帮助。

特别感谢教育部职业技术教育中心研究所和北京师范大学对我工作的支持。感谢广州市职业技术教研室、广州教育局教研室、北京教育科学研究院职业教育与成人教育研究所、重庆市教育评估院、中国职业技术教育学会、中国教育学会、中国就业培训技术指导中心、德国技术合作机构（GIZ）、德国联邦职业教育研究所（BIBB）、联合国教科文组织国际职业技术教育与培训中心（UNESCO-UNEVOC）、国际创新学徒制研究网络（INAP）、苹果公司、中兴公司、北京联合大学高职研究所、清华大学继续教育学院、北京千秋业教育顾问公司、四川交通职业技术学院、杭州职业技术学院、北京工业技师学院、广东省机械技师学院、广州市交通运输职业学校、北京市昌平职业学校、上海群益职业技术学校和重庆市立信职业教育中心等为我提供的科学研究和教育实践的机会！

本书的出版得到了北京师范大学出版社职业教育分社社长姚贵平以及责任编辑岳蕾的关照和帮助，在此一并感谢。